Peter Mathei

Im Licht des Evangeliums

Peter Mathei

Im Licht des Evangeliums

Meditationen zum Matthäus - Evangelium Lesejahr A Band 1

Fromm Verlag

Imprint

Cover image: Vom Autor bereitgestellt

Publisher:
Fromm Verlag
is a trademark of
International Book Market Service Ltd., member of OmniScriptum Publishing Group
17 Meldrum Street, Beau Bassin 71504, Mauritius

Printed at: see last page
ISBN: 978-613-8-36194-7

Vorwort

Matthäus-Evangelium
Band I

Über das Jahr 2018 sind meine Überlegungen zu den Sonntagsevangelien bei Markus (Lese Jahr B) und bei Lukas (Lese Jahr C) veröffentlicht worden einschließlich der Johannes-Evangelien an den entsprechenden Sonntagen im Kirchenjahr. Gegen Ende dieses Jahres 2019 kann ich mit den Betrachtungen zu den Matthäus-Evangelien (Lese Jahr A) den Zyklus über die drei Lesejahre abschließen.
Weil ich aber diese Überlegungen oft zu drei oder auch vier Matthäus-Lesejahren aus meinen „Speichern" hervorgeholt und überarbeitet habe - und nur wenige Gedanken weglassen wollte (es geht ja um das Fundament!), wäre das Buch zu umfangreich geworden. So habe ich mich diesmal für drei Bände entschieden.
Dieser erste Band enthält die Sonntagsevangelien vom 1.Advent bis Pfingstsonntag.
Und wieder habe ich mich zahlreicher Sätze aus dem Geistlichen Tagebuch *Er und Ich* von Gabrielle Bossis bedient zur Deckung und Verstärkung meiner assoziativen Ausdeutungen. In größtem Gehorsam schreibt sie jahrelang auf, was sie in ihrem Inneren von Ihm hört.
Z.B. im Band III, S 88: *Denke, so hätte er es gemacht, so hätte er gesprochen, so hätte er gelächelt. Bin ich nicht in dir, genauso wie du in mir bist? Dass es dir doch Freude machte, für mich zu handeln, wie es mich freut, durch dich handeln zu können...Ich erbitte von dir diese Anstrengung des Glaubens. Bediene dich des Glaubens, während es noch Zeit ist. Im Himmel wirst du ihn nicht mehr benötigen…* (III,88f.)

Für Laien sei geraten, man möge sich einen Lesejahr-Kalender besorgen, damit man übers Kirchenjahr nachsehen kann, der wievielte Sonntag zu welchem Datum in der Kirche gelesen wird.

Was mir besonders wichtig ist: Danke zu sagen meiner Nachbarin Uta Lässer. Ohne ihr computertechnisches Können und ihre formalen Korrekturen wäre das Buch vielleicht nicht zustande gekommen.

Peter Mathei Pfr
Herbst 2019

Inhaltsverzeichnis

1. Adventsonntag A 2014 Mt 24, 29-44

Auf der neuen Licht-Tafel in der Sakristei gibt es auch die Taste *Übersicht.* Wenn man auf dieses Feld tippt, erscheint blitzartig eine Übersicht über die ganze Kirche mit sämtlichen Beleuchtungen –und man sieht, welche schon brennen, welche nicht.

Uns wird mit dem Evangelium zum ersten Adventsonntag auch eine Art *Übersicht* geboten - nicht über einen Raum, auch nicht den Weltraum, aber über die Zeit, über die Geschichte.

Wir - jeder von uns - leben mitten in der großen Geschichte zusammen mit allen andern Menschen.
Auch denen, die vor uns gelebt haben bis zurück (wir sagen *zurück)* zum Ötzi und noch viel weiter:
In der Heiligen Schrift bis zu den Ersten Menschen.
Wir – du und ich – leben gerade in der Zeit vom zweiten zum dritten Jahrtausend. Wir könnten aber auch vor tausend Jahren gelebt haben oder erst in tausend Jahren.
Aber was die Zukunft betrifft: Wir können nicht sagen, ob dann die Welt noch besteht. Nach der Naturwissenschaft würde sie noch so und so viel Millionen Jahre bestehen, bis sie verbrannt wäre.
Vom Glauben her gesehen muss es nicht das natürliche Ende sein.
Doch immer ist es eines, das von Gott gewollt ist.

Dieser Tage wurde ein Buch vorgestellt mit dem Titel: *Knappe Zeit.*
Der Autor beschreibt, dass wir die Zeit immer als knapp erfahren.
Meist aber sei es so, dass wir *ausschließlich* auf die kurzen Fristen und Termine starren und dabei übersehen - vielleicht übersehen wollen - dass das Ganze Leben eine Frist ist.
Die vielen kleinen Fristen lenken uns ab von der Übersicht, von dem Bewusstsein, dass es die Große Frist des Lebens gibt, der großen Zeit des Lebens und der Welt.

Aber diese große Übersicht könnte einen, wenn man sie wirklich üben würde, erschrecken und unendlich traurig machen. Und damit ich nicht traurig werde oder gar verzweifle, denke ich gar nicht dran:
Was bringt es auch?
Und denke stattdessen, dass alles immer irgendwie *vorwärts* geht.

Advent
Es muss vorwärtsgehen, sagt man öfter.
Besonders wenn es schwierig ist.
Wenn man krank ist, sagt man es auch.
Sogar wenn man alt geworden ist und weiß, dass man nahe dem Sterben ist.

Die Welt geht dann vorwärts, ohne mich, ohne uns.
Aber vorwärts wohin ? Gibt es da ein Endziel?
Eine letzte Generation von Menschen , die in einer vollkommen perfekten Welt leben? Wo die Wissenschaft es so weit gebracht hätte, dass die Menschen nicht mehr sterben müssten…?

Es ist freilich Unsinn zu meinen, es sei ein glückliches Leben, wenn man nie sterben müsste, um dann hier auf der Erde zu leben ohne die Große, die Jenseitige Zukunft - und damit ohne die wesentliche Knappheit der Zeit, die das Leben erst einzig macht und die Zeit unendlich kostbar.

Aber irgendwie ist es ohnehin so, dass der Mensch lebt,
als würde er ewig hier auf der Erde leben.
Jeder von uns lebt zeitenweise so.
Auch wenn man am Sonntag fromm in die Messe geht.
Deshalb heißt es hier:
Denn wie die Menschen in den Tagen vor der Großen Flut aßen und tranken und heirateten - und nichts ahnten und sich über Noah und seine Arche und über seinen Glauben und seine Ahnungen lustig machten, bis die Flut hereinbrach und alle wegraffte, so wird es auch bei der Ankunft des Menschensohnes sein.

Essen und Trinken und Heiraten:
Wenn uns der Glaube fehlt, wenn uns diese geistige Dimension fehlt, dann gehen wir auf im irdischen Leben und legen alles hinein in das Alltägliche. *Die Mittel werden zum Zweck.*
Alles wird von den *Dingen* erwartet, von den Rahmenbedingungen:
...wenn wir das und das haben werden, dann....
Da ist dann die einzige und letzte Heimat diese Erde.
Und die Menschen werden alles tun, um sich hier einzurichten.
(Was die tiefste Ursache für ihre Ausbeutung ist!)
Vor allem die reichen Völker...

Aber es heißt - und es ist ein glaubwürdiges Wort,
weil so nüchtern, so realistisch:
Alles wird auf halbem Wege stehen bleiben..
Spürst du nicht, dass deine Heimat anderswo ist...?
Warum hier unten hängen bleiben?
Morgen schon wird das andere Leben sein...
jenseits dieses Lebens hier auf der Erde.
Advent
Es ist ein letzter Horizont, der uns gegeben wird mit dieser Verheißung vom Ende. Dem Ende, das zugleich ein Kommen ist,
das Wiederkommen Gottes.
Ankunft des Menschensohnes. Ankunft der Ewigkeit.
Die Zeit vergeht und die Ewigkeit ist im Kommen.
Doch jenen Tag und jene Stunde kennt niemand, auch nicht die Engel im Himmel, nicht einmal der Sohn, sondern nur der Vater.
Und wir dürfen dabei nicht überhören:
Das Ende, Sein Kommen ist Trennung, ein Erwählen, ein Berufen,
eine Art Gericht, das nicht von Außen kommt, sondern sich von Innen her ergibt.
Es geht dabei um den Stand der Reife des je einzelnen Menschen.
Nicht um Völker, nicht um Gruppen, sondern um den je einzelnen Menschen geht es, wenn es da heißt:
Dann wird von zwei Männern, die auf dem Feld arbeiten, einer mitgenommen und einer zurückgelassen.

Und von zwei Frauen, die mit derselben Mühle mahlen, wird eine mitgenommen und eine zurückgelassen.

Zwei , die ein Geschäft machen mit ihrem Besitz:
Der eine verkauft allein mit der Absicht, möglichst viel Geld herauszuholen, ohne sich zu fragen, wie es dem Käufer damit geht...
Der andere verkauft auch, aber nicht nur mit der Gewinnabsicht, sondern zuinnerst mit der Frage und Sorge, dass es auch dem Käufer gut geht dabei. Sozusagen Win-Win...

Zwei, die zuschauen bei einem Fußballmatch.
Der eine kann bei aller Vorliebe für die eine Mannschaft die Klasse auch der andern sehen und ihr Spiel, wenn es gut ist, auch bewundern. *Der andere* ist ein Fanatiker, der feindselig eingestellt ist gegen die Gegner, der aber auch jeden Fehler der eigenen Mannschaft mit Tadel quittiert und erst recht böse ist und zornig über die eigene Mannschaft, wenn sie verlieren. Und der auch jede Schiedsrichterentscheidung böse kommentiert, wenn sie gegen die eigene Mannschaft gerichtet ist.
Der eine wird ***mitgenommen***: Er kommt persönlich wirklich weiter.
Der andere wird ***zurückgelassen***, schon während des Lebens - und möglicherweise muss er einmal endgültig zurückgelassen werden, wenn er sich nicht ändert.

Zwei Menschen, die arbeiten, zwei Einstellungen:
*Der eine h*etzt und schindet, um die Arbeit ein für alle Mal *hinter sich zu bringen...*und das immer wieder, immer neu und immer leidenschaftlicher und immer atemloser: Um endlich das wahre Leben in der Freien Zeit zu finden oder um dem Chef zu gefallen oder seinem Ehrgeiz zu befriedigen...oder um möglichst viel Geld zu machen...
Er kann die Arbeit nicht wirklich lieben.

Der andere tut dieselbe Arbeit, vertieft sich aber in seine Arbeiten, lässt sich ein, in seine kleinen oder größeren Pflichten verschiedenster Art. Für ihn ist der Unterschied zwischen Arbeiten und Privater Zeit nicht ein emotionaler Gegensatz. Er gibt sich seiner Arbeit, seinen Pflichten und seinem Kreuzen möglichst ganz und ungeteilt hin.

Zugleich aber lebt er das biblische Wort:
Alles hat seine Zeit...

Eine Mutter sagt: Immer wenn ich abends etwas vorhabe, was für mich privat ist und *ich fixiere mich darauf*: Zum Beispiel einen Fernsehfilm anzuschauen oder einmal auszugehen oder auch nur die Bügelarbeit fertigzubringen: Dann kann ich fast sicher sein, dass unser kleines Kind nicht zum Einschlafen zu bringen ist.
Wenn ich dagegen gelöst bin und es kommen lasse, wie es kommt - und *mich nicht fixiere* auf meine Wünschc,
dann ist die Chance groß, dass ich *frei* komme.
Mitgenommen wird, wer offen bleibt und beweglich, was seine eigenen Wünsche betrifft.
Zurück bleiben muss, wer sich ständig reibt an der Mitwelt, weil er an seine Wünsche fixiert ist und weil er vielleicht ein Kind überhaupt als Hindernis seiner Lebensverwirklichung sieht.
Aber diese Mutter hat bekannt:
Mein Leben ist zwar regelrecht auf den Kopf gestellt worden durch unser Kind. Aber ich fühle zum ersten Mal in meinem Leben, dass dieser Dienst, diese Aufgabe echt Sinn hat und dass ich echt gebraucht werde. Bei all der noch so tollen beruflichen Arbeit hatte ich nie so stark das Gefühl, gebraucht zu werden und etwas so Sinnvolles zu tun....
Mitgenommen (in die Große Zukunft) wird, wer sich selbst hingeben kann und will, wer sich in diesem Sinn verlieren kann im Dienen den objektiven Bedürfnissen etwa eines Kindcs.

Dann wird von zwei Männern der eine...
und von zwei Frauen die eine...
Bei aller gemeinsamen Entwicklung der Menschen gibt es letztlich und immer schon ein Inneres Leben, für das zunehmend die je einzelne Person verantwortlich ist (die Seele), die Gedanken, die jeder denkt, die Absichten, die innersten...
Vielleicht ist es uns lange gar nicht bewusst, noch nicht bewusst, warum wir tun, was wir tun und lassen. Welche Ziele und Absichten eigentlich hinter unserem Tun und Lassen, hinter unserm Arbeiten und Vorwärtskommen uns antreiben und anziehen...

Es hat mit diesem *Gericht*, mit dieser *Scheidung* zu tun, wenn gesagt wird, dass die Zukunft eines Menschen davon abhängt, wie seine *Absichten* sind...und welcher *Geist*, welche *Einstellung* hinter allem ist...
Dann wird von zwei Männern, die auf dem Feld arbeiten, der eine mitgenommen, der andere zurückgelassen…
und von zwei Frauen, die an derselben Mühle mahlen, wird eine…
Fast erscheint es mir selbst gar zu fromm, wenn da gesagt wird:
*Der Mensch könne und solle danach trachten, seinen Gott glücklich zu machen...*Eine merkwürdige Sicht der Dinge!
Ihn glücklich machen mit den ganz kleinen Dingen, die jeder tun könne und es genüge, dass man dabei die *gute Absicht* habe.
Die Absicht würde bei diesem Gott mehr zählen als die Handlung, weil jede Handlung aus dem Herzen, dem Ort der Absichten, entspringt…
und weil es eben das sogenannte *Herz* sei, auf das geschaut werde…
Der *Innere Mensch (Pl)* und die Entwicklung dessen, was wir *Herz* nennen.

Prüfe also den Wert nicht nur deiner Handlungen, sondern vor allem deiner Absicht, in der du etwas tust.
Es ist die Redlichkeit des Willens und der Absicht, die Gott verherrlicht...die den Menschen selbst verherrlicht.
Dann wird von zwei Männern, die auf dem Feld arbeiten, der eine mitgenommen, der andere zurückgelassen.
und von zwei Frauen, die an derselben Mühle mahlen, wird eine zurückgelassen… und…
Wenn es äußerlich auch völlig unterschiedslos aussieht, was sie tun.
Aber *wie* sie es tun und das heißt, mit welcher Einstellung sie es tun und vor allem: Ob alles letztlich ein Dienst für Gott ist oder nicht.
Und weil es so ist und sein wird, dass diese Scheidung, dieser Prozess der Scheidung stattfindet im Hinblick auf die gute Absicht,
den Guten Willen, deshalb heißt es:
Seid also wachsam, denn ihr wisst nicht, an welchem Tag euer Herr kommt! Haltet euch bereit…
...er kommt zu eine Stunde, in der ihr es nicht erwartet

1. Adventsonntag A 2011 Mt 24, 24-44

Seid wachsam!
An vielen Gemeindestraßen stehen Geschwindigkeitsanzeigen:
Wenn du zu schnell kommst, zeigen sie Rot, fährst du brav,
zeigen sie grün. Die Tafel zeigt dir, wie du grade unterwegs bist.
Das Evangelium heute ruft uns auf, zu prüfen, wie wir in unserem Leben unterwegs sind: Wie wir unser Leben *führen.*
Seid also wachsam! Sei wachsam! Erkenne dich selbst!
Sieh dein Verhalten und bessere dich! Sei dir des Ganzen bewusst!

Es kommt vor, dass du mitten in einem Gedanken dir bewusst wirst, was du grade denkst und dir sagen musst: He! Was denke ich denn da...!
Wie kann ich nur so denken…!
Dazu heißt es bei *Er und Ich*, meiner geistlichen Quelle:
Habe Acht auf deine Gedanken. Siehst du nicht, dass die Gedanken den größten Teil deines Lebens ausmachen? Dass die Gedanken ein inneres Königreich darstellen, welches man lernen soll zu regieren…
und dass von deinen Gedanken das Gute und das Schlechte deiner Tage ausgeht...? Du hast die Freiheit, deine Gedanken zu lenken.

Denke also Gedanken der Güte und der Nachsicht und der Pflicht…
Und denke an die Nähe Gottes... an die Nähe seiner Güte und Milde...

Apropos Denken :
Wir reiben uns an Verhaltensweisen Anderer. Wir bleiben hängen an ihren Fehlern. Stattdessen sollte man nach vorne schauen:
Du sollst deine Nächsten nicht nur so sehen wie sie in der Gegenwart sind – die Gegenwart vergeht – sondern sie schauen, wie sie sich mit der Gnade entfalten können...

Seid wachsam!
Es kommt vor, dass man verstrickt ist in einen Streit
oder man weiß davon als Außenstehender.
Ein christliches Ur-Gebot heißt: *Böses durch Gutes überwinden…*

Seid wachsam heißt:
Lasst euch nicht ablenken von eurer Aufgabe.
Denn ... *er übertrug alle Verantwortung seinen Dienern, jedem eine bestimmte Aufgabe...*

Seid wachsam...
im Umgang mit der Zeit, deinen Tagen und Stunden.
Hl Paulus schreibt:
Kauft die Zeit auf, denn diese Tage sind böse.
Es gibt so viel Ablenkung vom Notwendigen und Nützlichen, das ich heute tun kann und muss, beruflich und privat.
Noch nie, schreibt *Aldous Huxley*, noch nie sei die Macht der Ablenkung so groß gewesen wie heute, wo ganze Wirtschaftszweige nur funktionieren, wenn die Nachfrage nach Ablenkung nicht nur aufrecht erhalten, sondern ständig vergrößert werden muss, um das Wachstum zu sichern.

Seid wachsam heißt: Reg dich nicht auf über Dinge, für die du nicht verantwortlich bist. Du brauchst deine Zeit und Kraft für deine eigenen Aufgaben. Und gib den Kleinigkeiten nicht diese Macht in deinem täglichen Leben.
Sprich oft dieses Gebet:
Befreie mich, o Herr, von den Sorgen um die Kleinigkeiten.

Seid wachsam, was die Kranken betrifft.
Sie verschwinden meist still und leise aus dem öffentlichen Leben.
Aus dem Augen - aus dem Sinn.
Man darf sich, ja, man soll sich informieren: Wie geht es ihm…ihr? Und sich aufmachen zu einem kleinen Besuch. Einem Anruf.
Ich war krank und ihr habt mich besucht, sagt der König zu denen auf der Rechten.

Seid wachsam!
Von ihrer verstorbenen Mutter haben die großen Kinder gesagt:
Sie war nie untätig.
Wach-sein meint Tätig-sein für das gemeinsame Leben.

Bei einem Besuch verspreche ich, dass ich das und das bringen werde. Und hatte schon angefangen, das Versprochene aufzuschieben!
Wir wollen nicht in Wort und Zunge lieben, sondern in Tat und Wahrheit.

Seid also wachsam, denn ihr wisst nicht, wann der Hausherr kommt...Er soll euch, wenn er plötzlich kommt, nicht schlafend antreffen.
Er und Ich: *Ich betone immer wieder die Kürze der Zeit und es stimmt...Wenn das Ende gekommen ist, welch eine Freude für jene, die nur danach gestrebt haben, mir zu gefallen.*
Und welch ein Qual für jene, die nur gelebt haben, um sich selbst zu genügen. Und das Ende kommt mit der Geschwindigkeit eines Sturzbaches, der alles mit sich reißt...

Der irische Mönch St. Kolumban hatte die vergangene Woche seinen Gedenktag. Von ihm ist das Wort überliefert:
Habe nicht nur acht auf das, was du jetzt bist, armer Mensch, sondern auf das, was du einmal sein wirst...Was du bist, ist für jetzt, was du sein wirst, ist für immer..

Advent erinnert an das Erste Kommen Jesu als Kind in Betlehem.
Advent erinnert ebenso an sein Zweites Kommen am Ende der Zeit.
Doch dazwischen liegt noch ein Drittes Kommen des Sohnes Gottes:
Es ist Sein verborgenes Kommen... in den Zufällen, in den Begegnungen, in den Ereignissen... in den Sakramenten...im Nächsten...im Evangelium...
Ich habe Wegbiegungen, die ihr nicht voraussehr, aber im Glauben verstehen lernen könnt....
Sieh mich in deinem Nächsten; sieh mich in den Kindern; sieh mich im Einfall deines Herzens; in der Krankheit, die dich heimsucht und im glücklichen Ereignis...

Vom Seligen Carl Lampert, unserem Landes-Seligen, heißt es, er habe einen großen Glauben an die Gütige Vorsehung Gottes gehabt.
Advent heißt: Wach sein für das tägliche Kommen Gottes.
Jesus sagt: *Lebe von nun an in dem Bewusstsein, dass Ich anwesend bin...*

1. Adventsonntag A 2017 Mt 24, 37-44

Advent - vier Adventsonntage als Vorbereitungszeit auf den Geburtstag dieses einen Menschen *Jesus von Nazareth* -in der gläubigen Überzeugung, dass in ihm Gott selbst als Mensch geboren wurde.

Aber die ganze Geschichte des Jüdischen Volkes war *Advent* als Vorbereitung auf Jesus von Nazareth…

Mehr noch: Die Jahr-Milliarden des Universums vor Christus waren *Advent:*
Vorbereitungszeit auf das absolut größte Ereignis der Weltgeschichte, der Schöpfungsgeschichte: Dass der Schöpfer ein Geschöpf geworden ist. Gott einer der Menschen.
Und noch eine Ebene muss man verstehen:
Es gehört zu unserm christlichen Weltbild, dass eine zweite Ankunft erwartet wird.
Dass also die ganze Weltzeit als ein *einziger Advent* angesehen wird…
ja dass die Zeit selbst - als Schöpfung – vergänglich ist und auf ein Ende hin begriffen werden muss.
Das Ende der Zeiten naht, heißt es…
Und: *Die Ewigkeit kommt ständig auf uns zu und die Erde wird dann nur noch wie der Traum von einer Minute sein.*

Und wir: Wir können uns das bewusst machen, dass wir *in dieser Geschichte* leben; ja dass jeder von uns für dieses Jahrhundert *gedacht* sind: Damit jeder *hier* seinen Part für das Heil der Welt erfüllt.

Das Leben eines jeden von uns ist *Advent*:
Die Zeit ist dir gegeben, dass du dich entwickelst in den Tugenden Gottes bis hin zur Vollkommenheit deiner Person -
- und das in der Gegenseitigkeit mit deinen Nächsten - für sie und durch sie .
Er zu G. Bossis: *Du hast alles, was du brauchst, um die Gabrielle zu vervollkommnen, die ich ins Leben rufen wollte, als ich dich erschuf...*

Mt: Werdet vollkommen, wie Gott vollkommen ist.

Und angesichts der *Kürze der Zeit* wird uns gesagt:
Seid also wachsam.
Ihr wisst nicht, an welchem Tag euer Herr kommt…
Dann wird von zwei Männern, die auf dem Feld arbeiten, einer mitgenommen und einer zurück gelassen.
Und von zwei Frauen, die mit derselben Mühle malen, wird eine mitgenommen und eine zurückgelassen.
Von außen gesehen tun Menschen jeden Tag das gleiche.
Aber die Absichten und Einstellungen sind nicht die gleichen.
Und auf die kommt es an:
Der wirkliche Wert einer Handlung liegt der Absicht, mit der ich etwas tue und nicht im Erfolg oder wie viel jemand leistet…
Nein, mehr brauchst du nicht tun. Aber anders.
Mit mehr Freude bei den täglichen kleinen Prüfungen.
Heiligkeit besteht darin, dass man die gewöhnlichen Dinge mit Liebe erfüllt.
Könnte sein, dass der Eine nur auf sich schaut und auf das Geld, der Andere zuerst auf die Aufgabe..
Dass der Eine voller Ehrgeiz die Andern als Konkurrenten sieht und immer der Bessere sein will, während der Andere ruhig seine Arbeit tut und dem Nächsten hilft, auch wenn ihm das selber zusätzlich Arbeit bringt.
Paulus sagt es noch griffiger:
Lasst uns ehrenhaft leben wie am Tage.
Er will sagen, ähnlich wie im Himmel.
Ohne maßloses Essen und Trinken...
Wenn der Mensch kein Ziel hat, für das er arbeitet und leidet, sucht er den Trost im Essen und Trinken...
Jetzt habe ich endlich eine große Aufgabe! Jetzt geht es mir auch mit Weniger-Essen gut..., sagt eine junge Mutter nach der Geburt ihres ersten Kindes, nachdem sie vorher zwischen Zuviel Essen und Magersucht lebte.

Maßlos Essen heißt auch: Maßloses Konsumieren von Unterhaltung von Medien...Fernsehen ...Computer… und es heißt maßloses Kaufen… und maßloses Tätig-sein...

Und **Paulus** schreibt:
*Lasst uns leben...**ohne Unzucht und Ausschweifung…***
Dass wir uns nicht von Trieben beherrschen lassen,
sondern von der Vernunft ...
Ausschweifend kann man aber auch im Reden sein …
Also bei der Sache bleiben...!
Und leben ***ohne Streit und Eifersucht**...*
Die Kriege im Kopf abstellen!
Den Stolz mit Dienen bekämpfen…
Das Großtun mit Bescheidenheit.
Die Eifersucht als Anlass nehmen, Demut zu üben…

Er: *Liebe es, klein zu sein: Ich liebe das Klein-sein.*

M.a.W.: Man könnte denken, es herrscht eine totale Überschätzung dieser Welt und der Materie und zugleich eine totale Unterschätzung des Geistigen und der Kommenden Welt…
Ja, eine totale Unterschätzung Gottes selbst in einer armseligen Gottes- und Christus-Vorstellung..
Von den meisten Menschen werde ich nur als etwas Zusätzliches gesehen...

So viel Anstrengung, Zeit, Geld, Energie...ja, alle Gesundheit, alle Ungerechtigkeit...wird investiert in das Leben dieser Welt!
Dabei muss der Mensch das alles morgen schon verlassen.
Theresa von Avila:
Nichts soll dich erschrecken,
nichts dich beunruhigen…
Alles vergeht,
Gott allein bleibt.
Und was bleibt?! Die Liebe, die wir gelernt und geübt haben und die gewachsen ist in unserem Herzen... Der Lohn für das Gute, das wir jeden Tag getan haben, ist das Glück am gelungenen Leben…

Maria Empfängnis A 2005 Lk1, 26-38

... in der Geschichte der Welt und der Menschheit ist am Anfang nicht nur ein Ur-Knall geschehen, sondern da ist ein Ur-Fehler hineingekommen in den Anfang der Geschichte, in das Erbe der Menschheit;
in die *reine* Natürlichkeit des Menschen...

Ein Kino-Film, der dieser Tage gelaufen ist (- ich gehe ins Kino, um Geschichten über den Menschen und das Menschliche zu sehen),
- dieser Film mit dem Titel *Stolz und Vorurteil* zeigt auf verdichtete Weise viel von dem Ur-Fehler im Menschen:
Wie selbstherrlich, wie eitel, wie maßlos ehrgeizig der Mensch in seiner verderbten Natur ist! Wie abhängig vom Urteil anderer...
Wie sehr der Mensch materiell reich sein will und mächtig...
Welches Übergewicht das Gefühl hat über den Geist,
die Triebe über die Vernunft..., die Lüge über die Wahrheit ...
Wie Menschen einander grundlos verdächtigen...
und den Andern völlig verkennen...
Wie tief der Mangel an Nächstenliebe...!
Und wie wenig der Mensch bereit ist, sich selbst als schuldig zu erkennen..., Verantwortung zu übernehmen für Fehler und Sünden...
Wie sehr der Mensch - also wir! - mit allen Mitteln bemüht ist, fehlerlos dazustehen...

Zu dieser Verirrung des Menschen gehört - insgesamt -
dass der Mensch ernsthaft behauptet, es gebe gar kein richtiges Leben, sondern so wie jeder lebt, sei es richtig.

Aber das Entscheidende in alldem: Dass der Mensch sich der Rede von einem Gott entfremdet hat; dass der Mensch angefangen hat, für sich selbst zu leben und nicht für ein Größeres...; nicht für das Geistige, das Höhere ... sondern im Grunde *gegen* das Schöne, das Reine, das Hohe, gegen das Wahre und das Heilige in ihm selbst und im Andern und in der Schöpfung...
Oder:
Wenn ich an die zwei kleinen Geschwister denke, wo das ältere Kind dem Kleineren mit aller Gewalt das Spielzeug wegreißt:

Das gehört mir! ...obwohl es selber mehr als genug hätte…
Da ist doch ein *Fehler* in der Natur des Menschen, der nicht nur als *natürlich* erklärbar ist! Und den wir als Erwachsene auf subtile Weise noch viel mächtiger in uns haben: Die Habsucht entwickelt sich zu einer maßlosen Gier im Kleinen und im Großen...

Oder der Stolz und der Zorn...
Du fährst hinter einem Lkw und bemerkst, dass dich einer überholen will, sich hineinzwängen zwischen den Lkw und dich. Du ärgerst dich über den Überholer; gibst Gas, so dass er wieder zurück muss hinter dich – oder auch noch den LKW überholen müsste...

Aber da müssen und können wir zu diesem Feiertag *Maria Empfängnis* verkünden: In diese verirrte und sich verfehlende Weltgeschichte hinein will Gott sein Leben bringen; den *Himmel* in diese *Hölle* hinein verpflanzen; sein vollkommenes Beispiel in die heillose Unvollkommenheit....
Aber wie kann sein Himmel, sein Heil-sein in die Geschichte kommen, wo doch die Welt diesem Göttlichen gegenüber feindlich gesinnt ist?
Durch Wen kann das Heilige, das Herrliche, das Schöne, die demütige Liebe selber in die hochmütige Welt *hineinkommen* und dann auch in mich und in jeden von uns, der will…?

Der Himmel braucht einen ersten Zugang, eine Eingangstüre,
ein Empfangendes Herz: Der Schöpfer braucht ein Geschöpf,
das Ihn empfängt, Ihn aufnimmt in sich; das Ihn Mensch werden lässt in sich und durch sich...
Das Heil braucht eine menschliche Mutter; Gott braucht eine Mutter,
um ein Menschenkind werden zu können… um Gott zu sein in einem Menschen.

Der Himmel braucht einen Menschen, der ganz für Gott lebt;
der keinen Egoismus in sich kennt, keine egozentrische Ich-Bezogenheit…,
um *von außen* in diese in sich abgeschlossene Welt hinein zu gelangen.

Maria ist die Stellvertreterin der Erde und der Menschheit.
Ist gleichsam die *Rezeptionistin* der Welt für den Gast,
dem eigentlich alles gehört…

Aber wie sieht dieses Neue Leben aus, dieses Heil, das in Maria schon sichtbar geworden ist; und das Maria in sich aufgenommen hat...
Wo zeigt es sich dann in der Welt…?

In der Film-Geschichte, von der gerade die Rede war, geschieht zum Schluss Verwandlung! Die Menschen überwinden ihren alten Stolz.
Sie durchschauen ihre eigenen Vorurteile und sehen plötzlich,
dass sie sich schuldhaft geirrt haben…
Wie sie z.B. jemand Anderen für stolz gehalten haben, der es in Wirklichkeit gar nicht war, sie selber aber schon.
Das *Neue Leben*, das Leben, das durch Maria in Christus in die Welt gekommen ist...

Beispiel:
Da ist letzte Woche öffentlich geworden der Wunsch oder die Idee:
Österreichische Lehrer sollten ein paar Worte in Türkisch können, um den türkischen Kindern ein wenig mehr noch entgegenkommen zu können.
Es geht hier nicht um Politik, sondern um die je einzelnen türkischen Kinder, die ein Lehrer vor sich in der Klasse hat;
ein Lehrer, der sie fördern und weiterbilden will und zwar einfach weil sie Kinder sind – unabhängig von Nationalität oder Religion oder Volkszugehörigkeit, unabhängig von Macht-Politik.
Das ist eine christliche Geste, das ist ein Anfang von Himmel…,
eine Geste, die von den türkischen Kindern ganz sicher nicht vergessen wird.

Die *Identität des Christen* besteht darin, dass er alle Identitäten umfasst; dass er ein Fisch ist, der im Süßwasser genau so leben kann wie im Salzwasser; im Gebirgssee wie im Meer. Dass er zuerst und zuletzt in jedem Menschen das Geschöpf Gottes sieht…also ein Bild Gottes selbst; den Bruder, die Schwester, die Seele...
und zwar *in* und *vor* allen verschiedenen Kulturen und Nationalitäten...

Es gibt die Klage, dass man *uns Christen* in der Türkei und erst recht in anderen islamischen Staaten niemals so entgegenkommen würde wie wir hier in Europa den Muslimen. Aber dieses Argument ist schwach. Man kann von den islamischen Kulturen von vornherein nicht die Offenheit und das universale Denken erwarten, das für den Christen als solchen gilt. Wobei letzteres mehr ist als nur eine aufklärerisch-gleichmachende Einstellung.
Die christlich-europäische Kultur ist Vorbild in ethischer, sozialer, demokratie-politischer, rechtsstaatlicher und bildungsmäßiger Hinsicht.

Das neue, christliche Leben..
In letzter Zeit ist wieder bekannt geworden, dass in Vorarlberg die Wohnungen besonders teuer sind:
Der Verdacht ist unweigerlich, dass Wohnungsgesellschaften und Eigentümer versucht sind, sich zu bereichern an dem Grundbedürfnis *Wohnen.* Dieses Profit-Machen, dieses Geldmachen um den Preis der Mit-Menschlichkeit, das ist ein deutliches Symptom für den Zustand des Menschen, den man *sündig* nennt.
Da ist die Sünde als Erbsünde sichtbar: In diesem Reich-werden wollen um den Preis der Nächstenliebe…
Das christliche, das Neue Leben ist umgekehrt da,
wo Wohnbaugesellschaften ihr Motiv nicht nur im Geldverdienen und in Gewinnen haben, sondern in dem Interesse, vor allem jungen Familien zu helfen, halbwegs günstig wohnen zu können.
Dass es einem Wohnungsinhaber also eine Freude wäre, zugleich mit einem reellen Profit den Menschen zu helfen.
Christliches Leben... Das ist vor allem auch die innerliche, geistliche Beziehung zu Maria selbst. Ein Hinüber-Sprechen zu ihr in dem liebenden Glauben, dass sie lebt, dass sie wirken kann und wirkt;
dass sie in ihrer Liebe zur Menschheit und zur Kirche die mächtigste Fürbitterin ist… *Bitte für uns Sünder… Heilige Maria...*
jetzt und in der Stunde unseres Todes…
Und es ist ein Danksagen. Maria Dank sagen... als der größten und niedrigsten Schwester.

Maria Empfängnis A 2008 Lk 1, 26-38

Gegrüßt seist du, Maria...
Wir grüßen Maria mit den Worten, mit denen der Engel Gabriel Maria gegrüßt hat. Und wir glauben, dass es so war – wie könnte man das erfinden.
Wie wohl ein Engel aussieht?
Wenn wir das *Gegrüßet seist du* beten, sagen wir das Wort des Engels nicht nur nach: Wir begegnen Maria in diesem Gebet persönlich und unmittelbar und rufen so hinein in die jenseitige Welt – als ob Maria uns kennen würde...Und so ist es auch! Das sagt uns doch das Gefühl beim Beten dieser Worte...
Er: *Du brauchst nicht erst vorgestellt werden.*
Wir kennen dich seit langer Zeit, besser als du dich selber kennst.

Du bist voll der Gnade...
Was das heißt, sagt Jesus an anderer Stelle:
Meine Mutter lebte ganz für Gott...
Es gab bei ihr keinen Egoismus, keine Ichbezogenheit...
Sie entsprach genau dem Ziel des Schöpfers, auf das hin er das Geschöpf erschuf. Ahme sie nach...

Maria ist ohne Erbsünde empfangen, das heißt:
Sie war von Anfang an bedingungslos offen für Gottes Plan mit ihr...
Sie war bereit, den Blanko-Scheck zu unterschreiben, den Ihr Gott vorgelegt hat. Zugleich glaubt die Kirche, dass Maria unaufhörlich um die Gnaden Gottes gefleht hat.
Das wird aber auch uns gesagt:
Bittet Gott um jegliche Gnade!
Denkt nie: Das ist doch unmöglich, das wird Gott mir niemals gewähren können. Bittet Gott um jegliche Gnade!
Kranke beten um die Gnade, ihre schwere Krankheit annehmen zu können. Das Annehmen der schweren Krankheit ist die größere Gnade als das Wunder der Heilung.
Als Eltern bitten wir um die Gnade, wahre Erzieher unserer Kinder zu sein.

Wir bitten um die Gnade, unseren erbsündigen Ehrgeiz zu verwandeln in selbstvergessenes Arbeiten.
Wir bitten um die Gnade eines starken Willens;
um die Gnade der Tatkraft; um die Gnade eines gerechten Urteilens;
um die Gnade...
Maria wird von der Tradition auch *Mittlerin der Gnaden* genannt...
Wie könnte es übertrieben sein, Maria um Vermittlung von Gnaden zu erbitten?
Der Herr ist mit dir...
Nein, nicht ein Herr, der vor irdischen Nöten schützt.
Muss ich auch wandern in finsterer Schlucht, heißt es im Psalm, aber:
Ich fürchte kein Unheil, denn du, Herr, bist bei mir...
dein Stab und dein Stock geben mir Zuversicht...
Er ist Herr der Geschichte und der Schöpfung: Aber zugleich ist er ein Herr, der den Menschen fragt und bittet, ob er ihn führen darf,
ob Er in ihm leben darf und durch ihn. (Maria!)
Er zu jedem Gläubigen: *Du musst mir schließlich erlauben, dass ich dich das Leben führe, das du brauchst...*

Du bist gebenedeit unter den Frauen...
...ja, Maria ist nur eine Frau gewesen, aber eben *die Frau*,
die der Schlange den Kopf zertreten hat: Die durch ihre Demut, ihre vollkommene Bereitschaft zum Dienst den Hochmut des Bösen besiegt; der Hochmut, der sagt: *Ich diene nicht...*
Haben Frauen allgemein oder sogar von Natur die größere Neigung zum Dienen und zum Mitgefühl?
Jesus sagt einmal: *Alle Frauen sind ein wenig meine Mutter...*
Und gebenedeit ist die Frucht deines Leibes...
Der Geburtenrückgang unserer Tage hat seinen *äußeren* Grund in den modernen Verhütungsmitteln, also darin, dass die Verhütungsmittel es möglich machen, in Freiheit für oder gegen Kinder entscheiden zu können.
Aber diese Freiheit ist zugleich die große Herausforderung und Verantwortung, entscheiden zu müssen...(nicht nur zu können…)
ob wir ein Kind wollen… und wann und wie viele...

Diese Entscheidung solle, so die Bischöfe Österreichs, eine Gewissensentscheidung sein. Aber die Frage an das Gewissen kann nicht bloß die neutrale Frage sein: Wollen wir ein Kind oder nicht, sondern: Sind unsere Motive gerecht, wenn wir kein Kind wollen, obwohl es uns möglich wäre… Denn es gibt doch im Menschen den ursprünglich-menschlichen Wunsch, ja, den *Ruf* nach Kindern.
Die künstliche Verhütung (Pille) könnte (sollte) von der Kirche als Konzession an die menschliche Schwäche zugelassen werden, abgesehen von Grenzsituationen. Aber die Kirche wird niemals predigen dürfen: Nehmt die Pille! Sie muss predigen: Sucht (geht) den steileren (den schwierigeren) Weg....
Heilige Maria , Mutter Gottes, bitte für uns Sünder...
Mit dieser Bitte erheben wir uns aber schon über unsere Sünder-sein hinaus: Da sind wir schon anfanghaft Heilige, indem wir uns in unserer Egozentrik sehen ...und indem wir für *uns* beten: Wären wir nichts als Sünder, dann würden wir erstens unsere Hässlichkeit gar nicht sehen können... und würden nicht *für uns*, sondern höchstens *für mich* beten, wenn überhaupt!
Bitte für uns Sünder...
Es heißt: *Maria liebt dich mehr als deine Mutter dich geliebt hat.*
Danke ihr, der Gottesmutter. .und bitte sie um ihre Hilfe.
Sie wird dich lehren... Sie wird dir helfen bei deinem Aufstieg...
Jetzt und in der Stunde unseres Todes ...
Dieses wunderbare Gebet hält uns vor Augen die zwei absolut wichtigsten Zeitpunkte des Lebens:
Das Jetzt des gegenwärtigen Augenblicks –
und das Jetzt der Stunde des Todes, *unseres* Todes..
Der Tod eines jeden von uns möge ein Tod *für uns* alle sein.
Ja, ein Tod *für* Gott...
Er: *Opfere mir jetzt schon deinen Tod auf und deine Gedanken an den Tod.*
Jetzt und in der Stunde unseres Todes...
Verliere dich nicht in der Vergangenheit und sei dir bewusst,
wie nutzlos es ist, von der Zukunft zu träumen.
Gib dir besser Rechenschaft über den Wert des gegenwärtigen Augenblicks.
Lebe einfach und liebend den Moment, den du inne hast....
..und gebenedeit ist die Frucht deines Leibes Jesus...

...Der Geburtenrückgang unserer Tage, sagt jemand, hat einen massiven Grund in der Allgegenwärtigkeit und Allmächtigkeit des Kapitals, des Geldes: Alle Lebensbereiche sind der Berechnung unterworfen.
Kinder sind da ein massiver Störfaktor, sie belasten die Haushaltsbilanz, sie rechnen sich nicht...
Wer Kinder hat, zahlt drauf...
Aber: Darf es denn kein Draufzahlen geben?
Soll die Politik darauf hinzielen, dass Kinder sich *rechnen*?
Dass Mutter-Sein sich rentiert...?
Flankierende Maßnahmen müssen sein, ja. Hier vor allem.
Das Wohnen ist für junge Familien zu teuer.
Das hindert die *Wahlfreiheit* zwischen Daheimbleiben und Beruf.
Diese Wohnungspreise machen ein Daheimbleiben der Mutter oft unmöglich: Sie muss dazuverdienen.

Das Wohnen ist ein Grundbedürfnis, deshalb sollte man sich mit Wohnungsbau und Wohnungsvermietung nicht bereichern können.
Mit dem Wohnen von Familien sollte man keine Geschäfte machen können. Es sollte sich nur so weit rentieren, als man die Wohnungen erhalten kann und der Wohnbau-Unternehmer davon für sich und die Mitarbeiter ein normales Leben finanzieren kann.
Allein die Provisionen von Immobilienbüros sind schon sündhaft...

Gewissensentscheidung aber heißt: Dass man sich aufrichtig prüft:
Warum will ich /wollen wir kein Kind…?
Fürchten wir, dass die Belastung über unsere Kräfte geht...?
Oder dass wir nicht die notwendigen Mittel dazu aufbringen...?
Dazu sagt die Erfahrung, dass man mit der Aufgabe wächst...
Die Erfahrung sagt: Dass ein Leben mit Kindern die Liebe wachsen lässt und uneigennützig macht und selbstlos...
All diese Fragen gehören zu eine Gewissensentscheidung.

3. Adventsonntag A 2011 Mt 11, 2-11

Der heutige dritte Adventsonntag ist für die Kirche jedes Jahr
der Sonntag *Gaudete*:
Freuet euch!
In der Lesung aus dem Buch Jesaja 35,1 ff haben wir gehört:
Die Wüste und das trockene Land sollen sich freuen,
die Steppe soll jubeln und blühen,
jubeln soll sie und jauchzen.
Und weiter unten:
Ewige Freude ruht auf ihren Häuptern.
Wonne und Freude stellen sich ein...
Kummer und Seufzen entfliehen...

Wenn ich zu dem großen Thema ***Freuet euch***
zuerst hinschauen darf, wo ich persönlich Freude erlebe:
Das ist z.B. am Sonntag nach den Heiligen Messen,
wenn diese Gottesdienste insgesamt schön waren.
Dann sage ich manchmal zum Mesner in der Sakristei:
Jetzt mache ich einen Purzelbaum! (aus Freude).
Und das kennt ja jeder:
Die Freude, wenn uns eine Arbeit gut gelungen ist.

Und diese Freude ist umso größer, je mehr Mühe man investiert hat und
auch Mut. Freude erlebt, wer sich engagiert; sich anstrengt,
sich überwindet…
Eine Konferenz war angesagt, zu der ich nicht gern gehe:
Habe mich nachher gefreut, dass ich trotzdem hingegangen bin!
(..was deshalb nicht jedes Mal so sein muss)

Und Ich freue mich nach den Gottesdiensten,
wenn ich den *freien* Sonntagnachmittag vor mir habe.
Diese Freude ist eine Vorfreude.
Und Vorfreuden sind bekanntlich die schönsten Freuden.

Ein Philosoph sagt:
Die Freude des christlichen Glaubens ist wesentlich Vorfreude
Freilich letztlich gemeint auf die *verheißene* Zukunft.

Aber es geht nicht nur darum, dass *ich mich* freue,
sondern ebenso darum, dass ich *Anderen* Freude mache.
In meinem Geistlichen Begleiter *Er und Ich* heißt es einmal:
Dein tägliches Streben ? Freude bereiten!
Und an anderer Stelle:
Freude bereiten heißt, das Gute tun.
Lass es niemanden entbehren,
besonders nicht jene, die dir wehgetan haben.

Das Gute tun: Das tut man schon mit einem guten Wort, einer Geste, ja, einem Blick, mit jedem kleinsten Dienst, einer Hilfe,
einem Besuch, einer Entschuldigung, einer guten Arbeit..

Kinder sollten vom *passiven* Geliebt-werden zum *aktiven* Lieben übergehen: Damit sie die Freude kennen lernen, die man erlebt, wenn man anderen Freude macht. Z.B. Mama beim Helfen im Haushalt...

Ein großer Punkt zum Thema Freude:
Wie ist das mit der Freude bei der Arbeit?
Normalerweise ist ein Arbeitstag nicht immer von Freude erfüllt.
Zuerst ist es eine Pflicht. Es ist das tägliche Kreuz, das jedermann auf sich nehmen muss.

Aber man wird eine Arbeit erst gut machen können, wenn man sie mit Liebe und daher mit Freude macht.
Ja, mehr noch ist es umgekehrt: In dem Maße, als ich mich bei meiner Arbeit bemühe, wird Freude aufkommen…!
Er:
Was mir Freude macht, ist euer Bemühen, die Berufspflichten möglichst vollkommen zu erfüllen... Dann ist die Freude der Seligen schon zum Teil in euch...

Was sind noch andere Quellen für die Freude?
Sind nicht Kinder auf eine ganz besondere Weise Quelle der Freude?
Einfach durch ihr Dasein, ihre Lebendigkeit, ihre Natürlichkeit,
ihr Vertrauen, ihre Liebe, ihre Bedürftigkeit, ihr Kleinsein...

Eine andere Freude erlebe ich, wenn ich hinaus gehe in die Natur...
Jeder kennt diese Freude an der Natur und durch sie:
Die Freude beim Anblick der Tannenwälder, der Wiesen, der Berge.
Der Schnee und der Bach und der große Himmel über uns.
und nachts die Sterne, der Mond.
Jesus sagt: *Sieh mich, deinen Gottmenschen, auch in der Natur...*
Und dann gibt es die Freude bei einem Kranken,
wenn die Operation gelingt...
Freude beim Chirurgen, beim Geheilten, den Angehörigen..

Aber wie ist es, wenn die OP nicht hilft? Wenn es zu spät ist...?
Und wie ist es mit der Freude,
wenn man alt ist samt den Gebrechen des Alters...?
Auf das Altsein, sagen alte Leute, *brauchst du dich nicht freuen.*
Da gibt es nur zwei Richtungen:
Entweder man resigniert, wird traurig und depressiv...
Oder aber: Man glaubt, dass Gott in all dem mich liebt, mich führt,
auch wenn es für mich zunächst gar nicht so aussieht.
Und dass ich so den Sohn Gottes nachahme im Glauben an sein Wort,
dass *das Kreuz das Vorspiel aller Freuden ist, der Auferstehung.*

Aber die tiefste Freude, die jederzeit möglich ist,
das ist die Freude wegen Gott selbst.
Wie leicht ist es doch, sich zu freuen, wenn man weiß, dass man von einem guten Gott unendlich geliebt wird.

Und noch ein letzter bester Rat für die Vermehrung der Lebensfreude:
Die Freude in euren Seelen entsteht durch den täglichen Umgang mit eurem Schöpfer, eurem Erlöser.

3. Adventsonntag A 2014 Mt 11, 2-11

Bruder und Schwester in Not..

Wir sagen oft Sätze mit dem Wort *kommen.*
Jetzt in diesen Tagen sagen wir: Es kommt noch nicht schneien... oder:
Wirst sehen, nächste Woche kommt der Schnee!
Oder wir sagen: Wer weiß, was noch alles kommt!
Da kommt wieder einmal alles zusammen!
Oder: Unverhofft kommt oft...
Man muss annehmen, was *kommt...*

Und in meiner *Quelle*:
Die Ewigkeit kommt ständig auf uns zu und die Erde wird dann wie der Traum von einer Minute sein...
Und dann heißt es da:
Das Ende kommt mit der Geschwindigkeit eines Sturzbaches, der alles mit sich reißt...

Aber hier in unserm Evangeliums Text richtet Johannes der Täufer die Frage an Jesus:
Bist du der, der kommen soll oder müssen wir auf ein anderen warten...?
Und obwohl wir jedes Jahr und seit Jahrhunderten Weihnachten feiern:
Was würden Leute aus den jüngeren Generationen heute antworten, wenn man sie fragt:
Glaubst du wirklich, dass dieser Jesus der Sohn Gottes war, der damals aus der Ewigkeit auf die Erde gekommen ist? Und als Ewiger Gottes Sohn ein Mensch geworden.

Die Propheten, inspiriert vom Geist, haben das *Kommen* Gottes verheißen.
Heute bei Jesaja :
Seht, hier ist euer Gott!
Er selbst wird kommen und euch erretten...

Und dann verheißt Jesaja, was Jesus Jahrhunderte später wörtlich wiederholt und darauf hinweist und welche Art von Rettungen durch Ihn geschehen:

Geht und berichtet Johannes, was ihr hört und seht: Blinde sehen wieder, und Lahme gehen,
Aussätzige werden rein und Taube hören;
Tote stehen auf, und den Armen wird das Evangelium verkündet...
Selig, wer an mir keinen Anstoß nimmt...

Blinde sehen wieder...

Damit ist mehr gemeint als Wunderheilungen.
Es geht um ein tieferes Sehen.
Um das Sehen, wie wunderbar die Schöpfung ist...
Wo kein lebendiger Glaube ist, da sieht man das nicht;
da ist nur Grauer Alltag, nur die sichtbare Oberfläche,...
Der Geistige Mensch sieht das Einmalige eines jeden Morgens,
jeden Tages, jeden Abends, jeder Nacht.
Und er staunt, dass er selber und wir überhaupt hier sind...
Er sieht, dass jeder Tag das Werk Gottes ist.
Die Macht Gottes zeigt sich nicht erst im Außergewöhnlichen.
Das ganz normale des Lebens ist Grund zum Dank,
weil Er alles trägt: Jeden Augenblick, jeden Atemzug.
Blindheit und Sehen gilt aber auch im moralischen Sinn:
Z.B. in einem Konflikt, wo man nicht nur eine Seite,
sondern gerechterweise auch andere Seiten sehen soll, anstatt parteiisch blind nur eine...

Und Lahme gehen...

Das Gehen ist heilsam für Leib und Seele.
Und *Gehen* im Sinne von *Sich auf den Weg machen*,
um Andern zu begegnen. Darf ich auch an das Kirche-Gehen denken,
an den Kirchgang, der ja nichts für Lahme ist.
Und wenn man früher vielleicht ein *lahmer* Mensch ohne Antrieb war:
Das Sakrament der Eucharistie wandelt den Menschen von Innen her zu einem initiativen Menschen, der sich auf den Weg macht...

Er: *Kann man nicht gerade bei Menschen erstaunliche Aufstiege sehen, die in die Kirche gehen und die Hl Kommunion empfangen?*
Sie werden Menschen voller Schwung...
Man unterschätzt den Einfluss der hl Eucharistie auf die Motivationen und auf die Lebensfreude sehr!
Und Taube hören...
Zum gut Hören und Zuhören muss man sich anstrengen
und von sich selber absehen. Das ist Nächstenliebe.
Zum gut Zuhören braucht es aber mehr noch das Interesse. Wer interessiert ist an etwas und vor allem am Leben der Andern, der hört gerne zu und strengt sich an.
Gut Zuhören ist auch eine Frage der Belehrbarkeit.
Wer stolz ist und sich nicht belehren lassen will, der hört nicht zu,
der hört nur auf sich.
Der wichtigste Stoff jedoch für unser Hören, das ist die hl Schrift.
Schlimm, sehr schlimm, wenn grenzenlos Vieles gehört wird,
aber die hl Schrift, das Wort Gottes, kaum oder gar nicht.
Und Aussätzige werden rein....
Dazu lese ich in meiner Quelle: *Nicht die Sünde ist es, die eurer Reinheit schadet. Sondern der Hochmut, der sie nicht einsehen will.*
Sobald ein Mensch einsieht und erkennt, dass er sich verfehlt hat, wird er wachsen in der Reinheit und Lauterkeit.
Wenn du demütig deine Fehler erkennst, werde ich sie löschen auf deiner Seele... und oft wirst du diese Gnade gar nicht bemerken...

Und den Armen wird das Evangelium verkündet...
Er: *Ich, Euer Gott, suchte mit Vorliebe ärmliche Verhältnisse,*
wo die Materie nur wenig beachtet wird. So könnt ihr verstehen, dass ihr, indem ihr euch von dem Materiellen befreit, die Welt des Geistes entdeckt...
Gib - und mach dich arm!
Arm sein heißt, vor Gott und den Menschen in einem *Zustand* zu sein,
der bittet und dankt... Menschen, die in diesem Sinn arm sind, leben in der Wahrheit; sind sich bewusst, dass der Tod sie immer begleitet; dass sie irdisch keinen Augenblick ihres Lebens gesichert sind;
dass sie aber absolut und jederzeit geborgen sind in Gott.

3. Adventsonntag A 2008 Mt 11, 2-11

Johannes der Täufer predigt:
Bereitet dem Herrn den Weg.
In dem wunderbaren Brief des Heilige Paulus wird uns fundamental gesagt, wie wir *dem Herrn die Wege bereiten,* wie wir leben müssen, damit wir für das *Leben* bereit sind, das in unserm Leben leben will und durch es !

Bereitet dem Herrn den Weg es heißt bei Paulus:
Freut euch zu jeder Zeit!

Heute ist ja der dritte Adventsonntag: *Gaudete! Freuet Euch!*
Der junge Eishockeyspieler freut sich nicht, wenn die Mannschaft schon wieder verliert, aber er freut sich trotzdem und immer wieder am Eishockeyspielen selbst!
Wir freuen uns am Schnee, obwohl wir damit rechnen müssen, dass bald wieder Regen und Föhn kommen.
Die Kinder, die ein Instrument erlernen: Mögen sie dabei die Erfahrung machen, dass die Freude eine Frucht des Übens ist und des Durchhaltens und der Überwindung.
Ich freue mich jedes Mal neu, wenn die Hl Messe samt Predigt schön gelungen ist! Vor allem an den hohen Feiertagen - und bei Hochzeiten!

Und die Freude beim Gang in die Natur!
Was kann doch der Morgen eine Quelle von Freude sein
und erst recht spät abends der sternenübersäte Himmel !
Oder die Rosen im Garten!
Gabrielle B.: *Gestern küsste ich dich in jeder Rose.*
Er: *Oh, dass deine Augen, deine Ohren, deine Sinne mich in der Natur suchen möchten. Das ist der große Garten, in welchem dein Vielgeliebter spazieren geht in der Hoffnung, dir zu begegnen.*

Und es gibt die Freude als Vorfreude:
Die Vorfreuden tragen doch insgeheim unser ganzes Leben!

Vorfreude auf einen Besuch, auf eine Begegnung, auf einen gewohnten Treff, auf Urlaub...

Ja, es heißt, die Freude der Gläubigen sei wesentlich *Vorfreude!*
Letztlich in der Hoffnung über dieses Leben hinaus...

Was uns aber jede Freude von vornherein verhindert:
Wenn wir gegen die Nächstenliebe handeln;
wenn wir in einer Feindseligkeit leben; wenn wir Gedanken des Grolls und der Rache in uns pflegen; wenn wir stolz sind;
wenn wir nicht gut sind, nicht barmherzig, nicht hilfsbereit…,
wenn wir ohne Gott leben…

Da denke ich an diese vietnamesische Frau in dem kleinen Kiosk, die mitten in ihrem Kämpfen ums finanzielle Überleben der Familie immer Freundlichkeit und Lebensfreude ausstrahlt,
obwohl es ihr materiell nicht gut geht und sie Grund hätte,
bitter zu sein wegen dem zu hohen Pachtzins!
Ich bin sicher, dass diese buddhistische Frau zuinnerst mit Gott verbunden ist.
Dasselbe gilt von einem Freund, der an einem schweren Krebsleiden erkrankt ist: Wenn er sich am Telefon meldet, ist seine Stimme genauso lebensfroh und stark wie früher: Obwohl er Schmerzen hat und sich mühen muss. Aber er ist immer tiefer davon überzeugt, dass seine Krankheit – gleich wie sie ausgeht – aus der Hand von Dem kommt, der weiß , was für uns gut ist, und dass es ein Leiden stellvertretend für Andere gibt.
Deshalb ruft Paulus:
Betet ohne Unterlass!
Mit andern Worten: Lebe mehr in dem Bewusstsein, dass Christus da ist.
Sage oft*: Ich weiß, dass du da bist...Ich liebe dich!*
Ist nicht grade die Heilige Messe immer neu die Erinnerung daran?
Dass wir in diesem *gläubigen Bewusstsein* leben lernen,
braucht es alle die äußeren Traditionen und Gewohnheiten:
Angefangen beim Sonntag bis hin zu den inneren Gesprächen mit dem *verborgenen Freund...*

Dieses Bewusstsein von Gottes Gegenwart ist im Letzten ein unaufhörliches Danken. Deshalb ruft Paulus:
Dankt für alles!
Auch und grade, wenn ich dich mit Schwerem prüfe, solltest du mir danken, denn ich, dein Gott, tue alles für das Wohl deiner Seele...
Dankt für alles ruft Paulus.
Dankt mit Worten und dankt mehr noch mit Taten:
Danke mir für meine Sorge um dich, indem du dich mütterlich sorgst um den Nächsten.
Und wie müssen wir doch dankbar daran denken:
Wir haben die Kirche mit ihrem Trost für uns;
mit ihrem Erinnern an die Verheißung der großen Zukunft.
Was bedeutet diese Leben, wenn eine Ewigkeit auf euch wartet.

In einem Psalm Gebet heißt es:
Harre auf Gott: Du wirst ihm noch danken...
Du wirst es einmal sehen, wie gut dieser Weg für dich war durch die finstere Schlucht und über die herrlichen Bergeshöhen:
Wenn du ihn nur annimmst. *Glaube und Danke schon jetzt im Voraus.*
Bereitet dem Herrn den Weg... Das heißt mit Paulus:
Löscht den Geist nicht aus!
Auch mit Fernsehen kann man den Geist auslöschen.
Wenn man wie ein Kranker am Tropf der Medien hängt,
löscht man den Geist aus: Den Geist der Initiative;
den Geist des Gesprächs; des Erzählens; den Geist der Aufmerksamkeit;
den Geist des Nachdenkens... des Gott-Erinnerns...

Dass man auch in den Spitälern längst in jedem Zimmer
einen Fernseher hat, ist mir ein zweifelhafter Dienst:
Sollte man dort nicht die Stille üben... das Innere Leben?
Bereitet dem Herrn den Weg heißt bei Paulus auch:
Prüft alles und behaltet das Gute!
Wie oft habe ich schon erfahren:
Man muss alles von mindestens Zwei Seiten her hören und sehen.
Wie habe ich mich vor kurzem wieder geschämt und zugleich gefreut:
Wo von einer Person Großartiges erzählt wurde,

nachdem ich vorher nur einer schlechten Auskunft geglaubt habe.
Und letztlich ist es immer die unmittelbare Begegnung von Angesicht zu Angesicht, wo wir die immer Wirklichkeit des Anderen erleben und zugleich die eigene.

Bereitet dem Herrn den Weg

Lernt die Freude, macht dazu eure Herzen weit...
Übt euch in dem Bewusstsein, dass Gott da ist.
Dankt Euren Wohltätern und dankt Gott für alles.
Haltet euren Geist lebendig.
Seid gerecht und gebt euch nicht zufrieden mit euch selbst.

So bereitet ihr dem Herrn den Weg.

4. Adventsonntag A 2005 Mt 1,18-24

In jener Zeit wurde der Engel Gabriel von Gott in eine Stadt namens Nazareth zu einer Jungfrau gesandt.
Die Firmkinder haben heuer schon einen *Workshop* miteinander gemacht zum erstaunlichen Thema:
Engel...meine Schutzengel...Gespräch mit einem Engel...
Ein Engel sieht mich...

Es gibt Engel.
Man sagt: Engel für Völker, Engel für Einzelne Menschen, für Geburt, für den Tod... An manchen Stellen der Geschichte treten sie auf; werden für manche Menschen sichtbar und hörbar.

Aber ich möchte – provokant - fragen:
Nützt es etwas, an die Engel zu glauben?
Treffe ich bessere Entscheidungen...?
Bin ich glücklicher, froher, liebevoller, geduldiger, tatkräftiger...,
wenn ich mich an Engel wende, die ich nie höre, nicht sehe,
nicht spüre... und deren Wirken wir nie beweisen werden können,

so dass ich sagen könnte: Da schau, das hat ein Engel bewirkt...
das war die Hilfe eines Engels…
Oder ist das zunächst gar nicht die Frage und das Thema,
ob der Glaube an Engel etwas nützt...?
Geht es nicht zuerst einfach nur darum zu glauben, was die Heilige Schrift sagt/verkündet:
Da wurde der Engel Gabriel von Gott zu einer Jungfrau gesandt…
Und das können wir, - das sollten wir gerne glauben.
Ein Kommentar sagt: Die Initiative geht von Gott aus.
Und: Er sucht die Begegnung.
Er bittet, er ist der Schwächere; er klopft an als ein Bittender, ein Hoffender: Abhängig vom Ja dieser Frau...
Der Engel wurde zu einer Jungfrau gesandt.

Der Name der Jungfrau war Maria.
Und da geht es uns ähnlich wie mit den Engeln:
Diese Frau - Maria - das glaubt auch eine Atheist - hat damals auf Erden gelebt - in Nazareth in Galiläa…
Aber uns ist sie weit eher die *Königin des Himmels*,
die *Königin der Engel...*
Frau und Mutter in dem unsichtbaren Jenseits;
Brückenkopf. Ansprechbar .
Ohne sie je gesehen zu haben, *glauben* wir mit einer gewissen Selbstverständlichkeit, was seit Jahrhunderten in all den christlich katholischen und orthodoxen Völkern geglaubt wird.
Und wir fühlen, dass der Glaube an Maria wahr ist, keine Einbildung; und wir glauben also von diesem Wort her, das uns heute wieder vorgetragen wurde in dem Evangelium von Lukas.

Aber: Ist nicht eben das die *notwendige* Schwierigkeit des Glaubens, dass es keine direkten *Beweise* gibt für die unsichtbar jenseitige Welt und aller, von denen wir glauben, dass sie *dort* leben...?
Ja, es betrifft den Glauben an einen Gott selbst:

Da lesen wir am Buchstaben hängend:
Gott sandte den Engel...und lesen vom **Herrn**...

Du hast bei Gott Gnade gefunden…
Und: **Er wird Sohn Gottes genannt werden...**
Und: **Für Gott ist nichts unmöglich...**
Aber: *Wo ist nun euer Gott?* fragt der Frevler im Psalm voller Spott...
Es ist gar nicht selbstverständlich (oder irgendwie doch?!),
dass der Mensch *glaubt;* glaubt, dass es einen Gott gibt;
ein Gott, der ein „Jemand" ist und dass er die Allmacht der *Liebe* ist…,
dass er absolut gegenwärtig ist (*Ich bin der* **Ich bin**),
um jede Seele weiß (jede Seele sei ein *Meisterwerk dieses Gottes*);
ein Gott, der durch den Sohn mein Leben lenkt
(Mir ist alle Macht gegeben... im Himmel und auf der Erde);
der alles, was *ist, aus dem Nichts erschaffen hat.*
Und dass ich als Mensch diesem *Jemand* ähnlich bin...
dass ich ähnlich Ihm einen Willen habe...
und frei bin zu entscheiden…;
frei bin, diese Situation anzunehmen - oder nicht;
die Umstände meines Lebens und die Aufgaben...,
die Arbeit, die ich sehe, zu tun - oder nicht;
zu helfen - oder nicht; beitragen zu ihrem Glücklich Sein der Anderen,
so wie Andere mir beistehen...
Der Engel trat bei ihr ein und sagte...:
und was er sagte, das wiederholt die Kirche seit Jahrhunderten
im Ave Maria:
Gegrüßt seist du Maria…
Da *grüßen* auch wir hinüber zu ihr und wiederholen:
Du bist voll der Gnade...
Der Engel verstärkt es noch: ***Du hast bei Gott Gnade gefunden...***
Was heißt *Gnade …*?
Wenn du die Gelegenheit vorfindest, etwas Gutes zu tun:
Diese Gelegenheit, glaube ich, ist eine Gnade,
eine Fügung, die von Ihm kommt und die es gilt zu nützen...

Gnaden: Das meint auch Antriebe; sozusagen heilige Antriebe in uns zu Taten, die über unsere *Schwerkraft* hinausziehen...
gegen unsere *Schwerkraft*... gegen unseren natürlichen Hang zur Trägheit..

Und wie sollen wir es anders nennen als *Gnade*:
Dass wir den Glauben haben; dass wir das Evangelium hören können;
dass wir das Vaterunser kennen, dass wir sein Beispiel kennen:
Das Leben dieses Jesus und sein Leiden, sein Kreuz, sein Tod..
und die Kunde von der Auferstehung...
Maria, Du bist voll der Gnade...
du lebst ganz für deinen Gott. In dir ist kein Egoismus,
keine Ichbezogenheit. Du bist voll Gotteserkenntnis.
Du bist voll der Gnade und leer und offen wie ein Kelch…
leer von Eigenliebe… Eigensinn… von dir selbst ..
Und der Engel sagte zu Maria:
Du wirst ein Kind empfangen, dem sollst du den Namen Jesus geben…
er wird groß sein...
und seine Herrschaft wird kein Ende haben...
Wer ist Jesus? Was ist Jesus? Wie ist Jesus?
Da liegt jemand über Tage und Wochen krank im Bett... und wir rufen im Stillen und Geheimen unserer Herzenskammer *Jesus* an.
Da stehen wir vor dem Bett eines lieben Menschen,
der gerade gestorben ist und beten das Gebet, das Jesus uns gelehrt hat:
Das Vater unser...
Und zur *Wandlung* bei der Hl Messe sein Wort:
Nehmet und esset alle davon, das ist mein Leib, der für euch hingegeben wird... Mein Blut, das vergossen... zur Vergebung der Sünden...
Tut dies zu meinem Gedächtnis.

Jesus Christus ist mehr ist als eine geschichtliche Erinnerung,
mehr als ein Religionsgründer in der Art Mohammeds oder Buddhas
oder des Konfuzius..
...seine Herrschaft wird kein Ende haben...
Durch Ihn und auf Ihn hin ist alles erschaffen...
Und zugleich wieder:
Sag ihnen, sie sollen umgehen mit mir wie mit einem vertrauten Freund, der alle Geheimnisse kennt.
Oder:
Dir bedeutet es viel, dass deine Freunde an dich denken -

Verstehst du nicht, dass es Gott viel bedeutet, wenn seine Geschöpfe an ihn denken...?
Wenn du erwachst, ist er da. ...Wenn du ruhst, ist er da...
Du kannst sagen, er lässt mich nie allein.

Und: *Versteh die Freude, die du mir machst,*
wenn du dich meinen vorsehenden Sorgen überlässt
An Jesus Christus glauben heißt: Ihn um seinen Rat bitten...
Bitte mich um meinen Rat... auch in den kleinsten Dingen...
Und an Ihn glauben heißt…
…an seine Macht glauben,
…an seine unsichtbare Gegenwart,
…dass er das Sein schlechthin ist
…und der Augenblick und die Ewigkeit...
…dass er die Liebe in Person ist...

Peter Härtling, ein zeitgenössischer Schriftsteller, sagte kürzlich in einem Interview, nachdem er einen schweren Herzinfarkt erlitten hatte, auf die Frage, wie er zum Beten gekommen sei - und woraus er seine Kräfte, seinen Trost schöpfe:
Vor allem finde ich Trost und Erhebung für meine Seele bei der großen Literatur, bei den großen Dichtern und Schriftstellern...
und bei der großen Musik;
Bei Schubert besonders und bei Mozart und Beethoven...
Und ich wage zu sagen in Richtung dieses Schriftstellers:
In all den großen Werken der Literatur und der Musik ist Er da...
All diese große Kunst ist auf wunderbare Weise eine Verkündigung,
ein Ausdruck des Herzens und des Geistes.
Die wahren Künstler sind den Engeln ähnlich...
Und Maria fragt: Wie soll das geschehen, da ich keinen Mann erkenne,
da ich mein Leben Gott geweiht habe...?
Und der Engel klärt auf:
Jesus, der Christus, stammt von Oben.
Er *ist* das Wort, von dem Johannes sagt:
Das Wort war bei Gott und es war Gott (Joh 1).

Und:

Verherrliche du mich jetzt mit der Herrlichkeit, die ich hatte,
bevor die Welt war. (Joh 17,5)

Durch Christus Jesus ist das göttliche Leben auf die Erde gekommen.
Durch Christus Jesus ist die 7mal77mal-Vergebung
in die Weltgeschichte gekommen…die universale Nächstenliebe.
Er *kann* nicht durch Josef in die Welt kommen,
durch einen irdischen Vater...
Er kann nicht aus der Kette der Generationen stammen;
weil er von Oben, von Aussen... in dieses Erbe hineinkommen musste.

Und schließlich die letzte Begründung durch den Engel:
…denn für Gott ist nichts unmöglich;
Erscheint es uns zunächst nicht als *unmöglich*, einen Sterbenden zu begleiten, einen Todkranken zu pflegen, täglich zu reinigen, zu waschen... ist es wie eine Gnade - und es ist ein solche -, wenn wir eines Tages in diesen Dienst hineinspringen und staunen über uns selbst:
Dass ich das kann...!

Oder: dass es dir *unmöglich* erscheint, einem bestimmten Menschen noch einmal zu begegnen. Der Zufall oder die Notwendigkeit - wir können es auch *Gnade* nennen - führt zusammen und siehe da:
Es fällt diese ganze Spannung zusammen.
Es ist viel leichter als gedacht… Und eine große Wärme und Freude erfüllt einen, weil wieder Friede ist.
Und es gibt Abhängigkeiten und Süchte, von denen sich zu befreien als *unmöglich* angesehen wird.
Für Gott ist nichts unmöglich...
Oder: Da ist jemand von Lampenfieber und Nervosität beherrscht, wann immer er öffentlich auftreten muss und es erscheint „unmöglich“, von dieser Schwäche, von dieser Behinderung loszukommen..
Für Gott ist nichts unmöglich.
Für Gott - zusammen mit dir und den Schritten, die du selbst gehen musst...
Für Gott ist nichts unmöglich...
Wie erstaunlich, wenn man manchmal innehält und zurückschaut und sehen darf, wie wir uns verändert haben:

Wenn es einem früher *unmöglich* war,
ungezwungen einen Besuch zu machen bei Menschen,
die einem unbekannt waren - da waren vielleicht gar noch Höhere:
Was sollte man da reden, was anziehen…?
Heute freut man sich über Einladungen;
man freut sich, bisher unbekannte Mitmenschen kennen zu lernen...
Oder man ist geradezu heiß darauf, in ein fremdes Land zu reisen,
wo man eine andere Sprache spricht; wo eine andere Rasse lebt.
Früher *unmöglich.*
Oder aber auch: Für einen jüngeren Menschen heute in eine Kirche zu gehen, in einen Gottesdienst - und da gar mitzusingen und mit zu beten als einer unter allen:
Früher unmöglich.
Vielleicht eine gewisse Freude, einen Humor, obwohl man schwer krank ist und wochenlang bettlägerig ist...
Für Gott ist nichts unmöglich...
Jesus selbst spricht einmal von einer menschlichen *Unmöglichkeit* im Blick auf den Reichen, der nur schwer ins Himmelreich gelangt.
Ja, er sagt: *Für Menschen ist das unmöglich, nicht für Gott.*
für Gott ist alles möglich...
Selbst dies, dass ein Reicher ins Himmelreich gelangt;
dass ein Reicher den Reichtum als Mittel zur Nächstenliebe begreift;
dass ein Reicher absehen kann vom Äußeren Leben und dem Inneren Leben den Vorrang gibt;
dass ein Reicher sich solidarisiert mit Armen.
Für Gott ist nichts unmöglich...
Bitte mich um jegliche Gnade!
Denke nie: Das ist doch unmöglich, das wird er mir nicht gewähren...

Man könnte sich fragen, wo im eigenen Leben und darüber hinaus Zeichen zu erkennen sind, wo Gott gezeigt hat, dass für Ihn nichts unmöglich ist und ebenso für uns - zusammen mit ihm - **nichts unmöglich ist**…

4. Adventsonntag A 2008 Mt1,18 - 24

Wie immer lautet der Anfang des Evangeliums:
In jener Zeit...
In jener Zeit heißt heute, an jener Stelle in der Geschichte,
wo Maria da war in Nazareth und Josef und Elisabeth und die Römer im Land Israel.
Und wo der Engel Gabriel von Gott gesandt wurde von *Außerhalb* der Zeit in die Zeit hinein, in diese Stadt zu Maria.

Gott setzt den ersten Schritt.
Er ist der Bittende, der Fragende, der Schwächere;
der, der auf die Antwort hofft und doch schon im Herzen weiß,
wie sie lauten wird.
Gott kannte das Geschlecht Davids, Josefs und Marias.
Er kennt auch uns - und weiß, was er von uns erhoffen kann...
- und das ist mehr als wir selbst denken oder auch wollten...

Die Initiative geht von Gott aus.
Immer ist das so. Auch da, wo wir es sind, die initiativ werden:
Gottes Gnade geht voraus...
Psalm: *All meine Quellen entspringen in dir...*

Der Name der Jungfrau war Maria...
Am Anfang der Heiligen Schrift, im Buch Genesis,
ist schon verborgen von *ihr* die Rede, wenn da Gott zur Schlange sagt:
Feindschaft will ich setzen zwischen dir und der Frau, zwischen deinem Spross und ihrem Spross... Er wird dir den Kopf zertreten...
Das wird gedeutet auf den Messias hin;
aber die Mutter ist mitgemeint, sodass es in der lateinischen Übersetzung heißt: Sie (das heißt Maria) wird dir den Kopf zertreten:
Sie ist die Mutter der Neuen Schöpfung: Die Neue Eva.

Sei gegrüßt, du Begnadete, der Herr ist mit dir!
Wörtlich übersetzt: Freue dich!
So wie Gott im Buch Sacharja gehört wird:
Freue dich und juble, Tochter Zion;
denn siehe, ich komme und wohne in deiner Mitte...

Auch wir dürfen uns so angesprochen wissen: *Freue dich!*
Möge es auch für uns der tiefste Grund zur Freude sein,
dass Gott gekommen ist und immer kommt - und in uns *wohnt...*
(*Das Wort ist Fleisch geworden und hat unter uns gewohnt...)*

Und bevor er Maria um diesen unerhörten Dienst bittet, lässt er sie wissen,
dass er sie liebt und dass Er ihr nahe ist:
Der Herr ist mit dir...
So ist es auch in der Liturgie: Da erinnern wir immer zuerst die Nähe und Freundschaft Gottes. Da feiern wir Seinen Dienst an uns - bevor wir uns senden lassen in unseren Dienst.

Und der Engel sagt ihr, für welchen Dienst sie erwählt ist...
nachdem sie - wie kein anderer Mensch - um die Gnade Gottes,
um seine Ankunft gefleht hat.
Er: *Im Alten Bund gab es Menschen, die glühenden Herzens die Ankunft des Messias ersehnten.*
Flehe mit ihnen: Zu uns komme dein Reich
Und Gabriel sagt ihr:
Du hast bei Gott Gnade gefunden...
Gott will in die Geschichte der Menschen kommen - in Seinem Sohn.
Und Er will König sein - König in mir, in meinem Leben:
Da, wo bisher mein *Ich a*uf dem Thron sitzt: Meine Eigenliebe...
Du musst mir schließlich erlauben, dass ich dein Leben führe,
so wie du es in Wahrheit brauchst...
(Nicht mehr ich lebe, sondern Christus lebt in mir… Pl)

Aber wie soll das geschehen, da ich keinen Mann erkenne…?
Man muss fragen:
Woher weiß überhaupt der Evangelist Lukas von all den persönlichsten Erfahrungen Marias? Nur von Maria selbst:
Nur von ihr selbst her konnte er wissen von der Begegnung mit dem Engel.
Nur von ihr her konnte er wissen, dass das Kind nicht von einem Mann stammt, dass es auf göttliche Weise gezeugt wurde -
durch die Kraft des Geistes.
Sie allein war Zeuge dieses Geschehens an ihr selbst -
und sie hat es denen mitgeteilt, von denen sie wusste,
dass sie ihr glauben würden...

Und Gabriel erklärt:
Für Gott ist nichts unmöglich...
Das ist unsere Vorstellung davon, was *Gott* heißt
und was wir meinen, wenn wir *Gott* sagen:
Nämlich Jemanden, für den nichts unmöglich ist;
für den alles möglich ist...
Wir sollten dabei aber nicht zuerst an äußere Wunder denken,
an Heilungswunder z.B.
Als ob der Glaube sich zufrieden geben könnte mit äußeren Wundern...
Für Gott ist nichts unmöglich...
Dazu müssen wir an weit größere *Unmöglichkeiten* denken:
Mut trotz schwerer Enttäuschungen… Freude im Kummer...
Frieden im Herzen unter friedlosen Umständen.
Das Wunder der Heiligen Eucharistie, die Wandlung...
Leiden für Christus und mit Ihm:
Für die menschliche Natur allein unmöglich.
Verzicht auf Rache... ohne Gnade unmöglich....
Als Süchtiger sich über seine Sucht erheben können...
Als Ehepartner treu bleiben in *bösen Tagen.*
Als Reicher seinen Reichtum uneigennützig einsetzen wollen für das Wohl vieler Familien (wie dieser Bankier in Bangladesch mit seinen millionenfachen Kleinkrediten für Arme).
Für den Haben-Menschen eine innere Unmöglichkeit...

Der Manager, der Millionen genommen hat und sich jetzt schämt über seine Maßlosigkeit...
Jesus selbst erwähnt ein solches Zeichen der inneren Allmacht Gottes, wenn er sagt: Dass es für Reiche schwer sei, ins Himmelreich zu gelangen: *ja, sagt er, für Menschen ist das unmöglich, aber nicht für Gott; denn für Gott ist alles möglich.*

Vielleicht gibt es mehr solcher gelingenden Zeichen der Allmacht Gottes und Reiche fangen an, so zu handeln wie der genannte Bankier in Bangladesch.
Man muss das hoffen, denn davon hängt die Zukunft der Gesellschaft und der Wirtschaft ab - ja der Welt.
Aber zuerst der Seelen...

Und Maria erlebt das Menschen-Unmögliche:
Sie wird Mutter und weiß, dass sie den Retter geboren hat,
den Heiland, den Sohn Gottes.
Und viele haben das mit ihr geglaubt:
Elisabeth, Josef, die Hirten, die Weisen...
Und später durch die Jahrhunderte bis zu uns, die wir heute Maria glauben, was sie damals ihren Allernächsten mitgeteilt hat...
Dass Gott wirklich als Mensch gekommen ist: Durch Maria!

Bitte mich um jegliche Gnade.
Denke nie: das ist doch unmöglich...
das wird er mir nicht gewähren können...

4. Adventsonntag A 2011 Mt 1, 18-24

In diesem Evangelium von der Verkündigung kommen, wenn ich richtig zähle, sieben Personen vor, die beteiligt sind - direkt oder indirekt.
Da ist es zuerst der Engel:
*Gabrie*l wird er schon im AT genannt.
In jener Zeit von Gott gesandt...
Er: *Die Engel brachten mir Stärkung in der Wüste und in der Todesangst...*
Ahme den Engel des Erbarmens nach.
Der deine möge dich mitreißen in seine Bewegung.
Die Engel sind eure älteren Brüder.

Ob man sich wünschen dürfte, einmal einen Engel zu sehen...
Aber das wäre ja nicht bloß ein schönes Erlebnis:
Es wäre wohl so gewaltig und übernatürlich, dass man es gar nicht ernsthaft wünschen kann...
Maria jedenfalls hatte sicher keinerlei Erwartung in dieser Richtung.

Ein Schulkind hat den Engel deutlich kleiner gezeichnet als Maria...!
Im Reli-Unterricht malen wir natürlich auch diese Szene.
Viele der großen Meister der Malerei haben diese Szene gemalt...
Nicht nur aus romantischen Gefühlen heraus.
Sie haben erkannt, dass diese Begegnung den Wendepunkt in der Geschichte der Menschheit bedeutet.

Gott wendet den Lauf der Geschichte zum Guten. Gott greift ein.
Es ist seine souveräne Wahl: Der Zeitpunkt in der Geschichte,
der Erdteil, das Land, der Ort, die Personen... sind seine Wahl.
Die ganze Geschichte des Volkes Israel läuft auf diesen Moment zu.
Gott ist der Herr der Geschichte.

Mit Abraham hat es angefangen.
Aus seiner Nachkommenschaft entstand das jüdische Volk,
das Gott in besonderer Weise zu seinem Volk erwählt hatte.

Klein und unbedeutend unter allen Völkern ist es seinen langen und mühsamen Weg bisher gegangen.
Durch viele Irrwege demütig gemacht, durch Prüfungen geläutert, von Propheten belehrt ... hat dieses Volk den Augenblick erreicht, auf den es seit langem vorbereitet wurde...

Als die Fülle der Zeiten gekommen war heißt es im Hochgebet von Paulus her. Es ist der Augenblick der Geschichte, den das heutige Evangelium beschreibt.
Die Zeit ist reif, die *große Tat* Gottes kann beginnen...
Er sendet seinen Sohn.
Dazu hat er Maria in Nazareth aus allen Menschen erwählt.

Es ist seine souveräne Wahl.
Aber nicht ohne die menschliche Freiheit.
Der Engel überfällt Maria nicht.
Auch wenn sie erschrickt und zugleich ahnt,
dass Großes und Schweres - ja Unmögliches auf sie zukommt.
Es ist dennoch Freiraum da für ihre Fragen und Bedenken...
Sie hat ihre Fassung nicht verloren, im Gegenteil:
Sie ist sich der Situation zutiefst bewusst...

Sie erschrickt also nicht über den Engel und seine Erscheinung...
sondern über das, was sie dahinter ahnt...
Sie zeigt mit ihrem Bedenken und Fragen, wie frei sie ist:
Wie frei ihr Gehorsam ist...
Wie soll das geschehen?
Der Bote Gottes gibt ihr Erklärungen und ermutigt sie.
Das Wort, das er gekommen ist, für Gott einzuholen, soll völlig frei sein...
Und er verweist auf Elisabeth, die noch in ihrem hohen Alter schon im sechsten Monat ist mit Johannes dem Täufer.
Denn für Gott ist nichts unmöglich...
Ohne Zwang, in freier Zustimmung spricht Maria schließlich das entscheidende Wort:
Mir geschehe, wie du es gesagt hast...

In diesem Augenblick vollzieht sich das größte Ereignis der Weltgeschichte.
Gottes Sohn wird Mensch. *Jesus* ist sein Name...

Das Kind, das nicht allein aus dem Menschengeschlecht,
sondern von seinem Wesen her *von Oben* stammt,
damit wir, die wir *von Unten* stammen,
durch die Gnade dieses Kind auch von Oben Geborene werden.

Der Engel erklärt, dass das **Kind groß sein wird und Sohn des Höchsten genannt werden...**
Gott der Herr, wird ihm den Thron seines Vaters David geben...
Und wir erinnern uns:
Jesus wird dann auch von Hilfesuchenden
mit dem Titel *Sohn Davids* gerufen...

Bist du der König der Juden...? fragt ihn Pilatus an seinem Ende.
Ja ich bin ein König. Aber mein Königreich ist nicht vor dieser Welt...
Ich bin dazu geboren und in die Welt gekommen, um für die Wahrheit Zeugnis abzulegen.
Und Jesus meint die *Wahrheit* über Gott und über die Welt und über den Menschen...
Jeder der aus der Wahrheit ist, hört auf meine Stimme...

Und hier noch einmal das Wort des Engels:
wenn er begründet ...argumentiert:
Denn für Gott ist nichts unmöglich...
Er: *Je mehr du erwartest, desto mehr wirst du empfangen...*
Erwarte sogar das Unmögliche, du wirst es erhalten.
Vielleicht ist das für jemanden das Freisein von Angst...
oder das Freiwerden von einer Sucht...
Der absolute (heilige) Neuanfang eines sündigen Menschen...
Die Genesung von einer unheilbaren Krankheit.
Der Verzicht auf eine Rache... eine Genugtuung...
Liebe für jemanden, der mir Schlimmes getan hat....

Dass man eine Aufgabe übernimmt, von der man glaubte, dass man das niemals können wird.
Einfach weil es sein muss.

Denn für Gott ist nichts unmöglich...
Und wenn dann gescheite Leute sagen:
Es kann nichts Übernatürliches geben und keine Wunder...
Alles muss sich im Rahmen der irdischen Möglichkeiten halten...
Auch ein Gott kann nicht die Naturgesetze außer Kraft setzen...,
dann muss dem entgegen erinnert werden an das Wort von Jesus:
All das hat er den Klugen und Weisen verborgen, den Unmündigen aber offenbart.
Gott erschafft aus dem Nichts...
Einmal wird er auch das Ende der Welt bewirken...

4.Advent-Sonntag A 2016 Mt 1, 18-24

...und der Engel sagt zu Josef:
Sie wird einen Sohn gebären, ihm sollst du den Namen Jesus geben, denn er wird sein Volk von seinen Sünden erlösen...
Dieses Wort muss uns beschäftigen:
Er wird sein Volk von seinen Sünden erlösen...

In dem berühmten Psalm 51 (Miserere) betet der Beter zu Gott:
Mein Gott, ich bin in Schuld empfange
Befreie mich von Blutschuld
und erschaffe mir ein reines Herz...
Besprenge mich mit Ysop, so werde ich rein,
wasche mich,
so werde ich weißer als Schnee!

Jesus ist der Name für *Erlöser*.
Der uns von unsern Sünden erlöst.
Das ist der Hintergrund des ganzen Weihnachtsglaubens:
Wir Menschen sind besetzt von einer heillosen Ich-Bezogenheit;
sind gefangen im Ehrgeiz und Großtun und Vergleichen,
im Habenwollen und in der Sinnlichkeit,
in der Unversöhnlichkeit und im Rachegeist,
ohne Nachsicht und Barmherzigkeit…
Das alles ist der *Sünder* in uns. Der unerlöste (unbekehrte) Mensch...
Da sagt der Glaube:
Er, der Heilige, hat stellvertretend unsere Sünden gesühnt;
hat die Sünden aller Menschen - als ob es die seinen wären - auf sich genommen... hinauf ans Kreuz.

Seht das Lamm Gottes, das hinweg nimmt die Sünden der Welt...!
Es heißt: Durch das Kreuz hat er die Welt erlöst.
Ohne diese Erlösung würde der Egoismus, würde der Hochmut ins Maßlose wachsen: Sowohl im Individuum als in den Völkern.
Ohne die Selbstlosigkeit, die er gebracht hat,
ohne den Geist der Vergebung und des Erbarmens,
ohne diese Saat des *Neuen Lebens,* das er, der Neue Adam, in die Welt gebracht hat, würden wir ins *Nichts der Hölle* zurückfallen…
Ohne Ihn könnten wir nichts anderes als zerstören,
die Anderen und uns selber...
Hass und Feindschaft würde die Welt zunehmend beherrschen bis zur Vernichtung. Jeder wäre heil-los der *Wolf* des Andern...

So aber hat Er das Leben Gottes, der die Liebe ist, in die Welt gepflanzt...
seine Gesinnung in die Welt hinein gesät -
als Neuanfang, den wir fortsetzen sollen und können.
Ihn selbst sollen wir fortsetzen.

Diese immer neue Umwandlung des Bösen in das Gute,
darin ist *Erlösung: Wenn das Böse mit Gutem überwunden wird...*

Und als Josef erwachte, tat er, was der Engel des Herrn ihm befohlen hatte und nahm seine Frau zu sich…

Weihnacht A 2005 Joh 1,1-18

Im Anfang war das Wort...
Gasthaus nach dem Begräbnis.
Man setzt sich an einen der Tische zu Leuten, die du nicht kennst.
Und man springt einfach hinein ins Wort,
ins Fragen und Reden...

Im Anfang war das Wort...
... das Wort der Gedanken.
Gedanken sind immer worthaft -
Fundament für alles andere...
Im Anfang war das Wort der Gedanken...
Er: *Achte auf dieses Königreich deiner Gedanken...*

Im Anfang war das Wort...
Und im Ende war das Wort:
Wenn ein Mensch im Sterben liegt und man versteht nicht mehr,
was er sagt und alle sehen: Er will noch etwas sagen!
Und es ist so bedeutsam, was jemand zuletzt noch sagt...
Die letzten Worte werden oft bewahrt und erinnert ein Leben lang...
denn zugleich sind das ja Worte des Anfangs, des wahren...

Im Anfang war das Wort...
das Wort - das zeigt sich beim Theaterstück -
muss auch das zugespitzte Wort, das pointierte Wort sein;
das übertreibende, überzeichnende...

Das Wort - es kann aber auch eine Phrase sein,
eine leere Wiederholung, wo gar nicht gedacht wird, was man sagt.
Formelhaftes Plappern...
erst recht beim Beten...

Alles ist durch das Wort geworden...
und ohne das Wort wurde nichts, was geworden ist.

Alles erscheint irgendwie *worthaltig*, symbolhaft, *sakramental*:
Ob ein Berg, ein Baum, ein See, ob der Himmel, die Wolken,
ob ein Haus, eine Wohnung, ob ein Licht, der Christbaum jetzt und die Lichter...
ob ein Tier, ob die Gestirne in der Nacht:
Alles zeigt irgendwie eine Botschaft, alles *ist* eine stille Kunde…
aus sich selbst heraus... und durch sich selbst... und in sich selbst...
Ach, erst recht der Schnee und das Schneien!
Und das Regnen...
Das Wetter...
Und dann die Ereignisse, die wir durchleben...
Ist nicht alles voll von Bedeutung?
Ist nicht alles eine Art von *Wort...*?

Alles ist durch das Wort geworden...
Suche mich, das Wort Gottes, in meinen Mysterien, in meinem Evangelium,
in meinen Worten, in deinen Kommunionen,
in den Einfällen deines Herzens, in der Natur, in den Kindern,
in den Ereignissen...
Und: **Das wahre Licht, das jeden Menschen erleuchtet,**
kam in die Welt...
Als ich den Menschen schuf, legte ich in ihn den wunderbaren Sinn für das Wahre, denn ich schuf ihn nach meinem Bild.
Das wahre Licht, dass jeden Menschen erleuchtet...
Jeder Mensch, jede Seele... ist erleuchtet dadurch,
dass dieses ursprüngliche Verlangen nach Wahrheit, nach dem Guten,
nach der Gerechtigkeit... in ihn gelegt worden ist:
Diese geistige Anlage...
Und wenn der Mensch gegen sein Gewissen sündigt,
verliert er seine Ähnlichkeit mit Gott
und gerät in den Zustand der *Gefallenheit.*

Ist nicht das sogenannte *Bewusstsein diese* Art Licht:
Geistiges Licht...Licht des Geistes..? Jeder Mensch ist *erleuchtet:*

Jeder Mensch ist sich seiner selbst immer schon (unvordenklich) potentiell bewusst... Dieses Sich-selbst-Sehen-Müssen ist die Bedingung der Möglichkeit zur Selbstkorrektur…
Da spricht jemand mit dir…
und während die Person mit dir spricht, gehen andere vorbei
und dein Blick und deine Aufmerksamkeit ist zur Hälfte bei den Vorbeigehenden... und du hörst nur mehr halb hin.
Aber im selben Moment wird dir das bewusst: Ich bin nicht ganz da!
Und du korrigierst dich und konzentrierst dich neuerlich
auf dein Gegenüber.
Dieses Bewusstsein deiner selbst ist ein unmittelbares Erleuchtet-sein...

Er war in der Welt und die Welt ist durch ihn geworden, aber die Welt erkannte ihn nicht.
Er kam in sein Eigentum, aber die Seinen nahmen ihn nicht auf...
Vielleicht zeigt gerade Weihnachten, wie sehr wir alle von dieser Welt infiziert sind: Schon dieses Aufblähen von Weihnachten! Dieses Romantisieren von Weihnachten! Da darf dann nichts und niemand dazwischen kommen... So kann das viele Äußerliche, Gefühlvolle und Schöne... umso mehr von der Bedeutung ablenken:
Die Welt: Ein einziges System der Ablenkung.
Ich denke:
Weihnachten wirklich feiern, das heißt zumindest, dass ich sage
(bei mir selbst): Ja, ich glaube wirklich an Gott...
auch wenn ich nicht beten kann... Aber ich glaube,
dass dieses Kind da in der Krippe in Wahrheit auch heute ansprechbar ist...
Dass dieses Kind das *Wort i*st, von dem es heißt:
Dass es bei Gott war und dass es selbst Gott war…
eine Person der heiligsten Dreifaltigkeit ..
Und dass das *Kind vor* aller Schöpfung war und ist...
Und dass es auch für mich geboren ist…

Das Wort ist Fleisch geworden und hat unter uns gewohnt.
Angelus Silesius:
Wird Christus tausend Mal in Betlehem geboren
und nicht in dir, du bleibst doch ewiglich verloren...

Ewiglich verloren?
Heißt das: Verloren in meinem Egoismus, meiner Ich-Bezogenheit…?
Heißt das, dass ich - ohne den Erlöser (die Erlösung) in mir -
nicht wirklich frei, nicht heilig werden kann…? Nicht wirklich zur wahren
Liebe gelange…Niemals wirklich lieben könnte?
Niemals wirklich mich selbst vergessen könnte...
niemals frei würde vom Denken an mich selbst…?
Er: *Den ersten Menschen war ich nur Schöpfer und Wohltäter*
und Quelle des Lichts. Doch dir bin ich Erlöser, Retter,
die geoffenbarte Liebe, dein Opferlamm..
Mit den Ur-Eltern habe ich nur gesprochen,
mit dir spreche ich nicht nur - ich wohne in dir, du isst mich.
Niemals verlasse ich dich, wenn du mich nicht hinauswirfst aus dir.

Wenn Christus aber nicht nur in Bethlehem, sondern in dir geboren ist:
Dann wird die naturhaft-egoistische Einstellung in dir verschwinden,
dich verlassen (wie die Dämonen damals...)
Und die opferbereite Liebe deines Gottes wird in dir wohnen und leben,
sodass du nicht mehr an dich selbst denken *musst.*
Das ist Rettung, Erlösung:
Dieses Eins-werden mit Gott und Gottes mit dir...
Wenn du ihm nur erlaubst, in dir zu *wohnen…*

Allen aber, die ihn aufnahmen, gab er Macht, Kinder Gottes zu werden…
Allen, die nicht aus dem Willen des Fleisches, nicht aus dem Willen des Mannes, sondern aus Gott geboren sind.
Es gibt in uns Menschen zwei Naturen, die gegeneinander kämpfen,
zwei *Archetypen* in jedem von uns:
Der eine, der in der Eigenliebe und in der Selbstherrlichkeit steckt...
und der, der auf eine Freude verzichtet, weil er einem Nächsten helfen will...
Der eine, der in allem den eigenen Vorteil sucht - im Gegensatz zum anderen in uns: Der Schon-Bekehrte und Gerettete in uns, der sich selbst vergessen lernt - im Dienst, in der Hingabe;
der nicht mehr an sich selbst denken *muss...*
...aus dem Willen des Fleisches und des Mannes geboren...

Da wird eines Tages die Magd von der alt gewordenen Frau in die Stube gerufen; die Magd, der man monatlich einen ganz kläglichen Lohn bezahlt hat. Und die Frau führt die Magd zum Tisch, zieht die Schublade heraus und deutet hinein:
Die Schublade ist pack-weise voll von Geldscheinen, eine ziemliche Menge Geld. Aber *das ganze Geld, so* klagt die Frau vor der Magd*, das ganze Geld ist uns verfallen, ist wertlos geworden wegen der Inflation...!*
Worauf die Magd mutig und zornig erwidert:
Recht geschieht euch! Wenn man so auf dem Geld sitzt wie Ihr...!

Was es heißt: **...aus dem Willen des Mannes und des Fleisches geboren...** zu sein, das zeigt sich in der Habgier, in der Geldgier, die uns auch noch als alt Gewordene fesseln kann...
Aber viel mehr kommt im Alten Menschen der Mensch hervor, der aus Gott geboren ist:
Geboren aus den Prüfungen und Kreuzen und Entscheidungen des Lebens ...die ein Leben lang *Ihn aufgenommen* haben:
in den Aufgaben, die sich ihnen stellten…, aufgenommen als Beispiel, die sie ein Leben lang versucht haben zu leben -
aufgenommen in den Sakramenten.

Aus Gott geboren...
Was für eine Ergebenheit geht von ihnen aus,
was für eine Ruhe und Gefasstheit.…

Aus dem Willen des Fleisches und des Mannes geboren...
Du fährst auf einer der schmalen Nebenstraßen in Alberschwende;
es ist Winter. Und jedes Mal, wenn einer entgegen kommt,
ist irgendwie die Frage: Wer bleibt stehen - für den andern… (und für sich selbst).
Und da bleibt eben der eine stehen, der andere geht kaum vom Gas und kommt mächtig auf dich zu, so dass du zwangsläufig ganz an den Rand fliehen musst - und dann eine Schimpfkanonade hinter dem herrufst…
Oder: Auch du lässt den in dir, der aus dem *Willen des Mannes* geboren ist, handeln: Dann bleibst auch du breit in der Mitte und es ist dann fast wie russisches Roulett, wer von den beiden dann doch noch die 20 oder 10 Zentimeter nach rechts ausweicht, damit man sich wenigstens selber rettet...

... aus dem Willen des Mannes aus dem Willen des Fleisches geboren.
Da hast du einen Leserbrief geschrieben und hast dir Mühe gegeben damit und jetzt erscheint er nicht: Der Wille des Mannes in dir, der ärgert sich und spielt Krieg im Kopf, ruft bei der Redaktion an:
Was man sich erlaube! Wieso mein Leserbrief nicht und der blöde von dem und dem schon...!
Ich werde Ihre Zeitung abbestellen! Dann haben sie den Dreck!
Der in mir, der *aus Gott geboren:* Er schreibt auch Leserbriefe...
und ist für einen Moment enttäuscht… zieht vielleicht in Erwägung,
dem nachzugehen:
Aber nicht um den Leserbrief durchzusetzen, sondern nur, um den Grund zu kennen…Kann ja sein, man hat ihn übersehen.

In dem Theaterstück *Mirandolina:*
Da muss man doch sehen, dass ausgerechnet Fabrizio - nach der Mirandolina - am meisten sozusagen die Züge des Kind-Gottes hat.
Er hat seine Schlechte Vergangenheit erkannt... und bekannt... (freilich auf komödiantische Art) und ist zugleich offensichtlich von einem geradezu kindlich-grenzenlosen Vertrauen getragen:
Das Vertrauen, dass ihm alle seine Verbrechen nicht mehr angerechnet werden: Dass er ständig ein neues Leben anfangen kann...
Allen, die ihn aufnahmen, gab er Macht, Kinder Gottes zu werden Und erst recht ist die *Mirandolina* sozusagen das Bild eines Gotteskindes: In ihrem Willen zur Freiheit, zur Unabhängigkeit...
Kind Gottes, Kind des Lichtes... in ihrer geistigen Distanz,
aus der sie alle die Gefühlsausbrüche der Männer geradezu amüsiert beobachtet... Und sie ist Kind Gottes, indem sie nicht zu bestechen ist:
Weder durch Geld noch durch Prestige… noch durch größte Leidenschaft...
Und das Wort ist Fleisch geworden
und hat unter uns gewohnt...
und wir haben seine Herrlichkeit gesehen...
die Herrlichkeit des einzigen Sohnes vom Vater...

Haben wir diese Herrlichkeit nicht schon gesehen in unseren alten Vorbildern? In unseren alten Vätern und Großmüttern...?
Haben wir diese Herrlichkeit nicht schon gesehen in den Gesichtern unserer Leidenden und Sterbenden?
Und in der Güte eines gütigen Menschen?

Und sehen wir sie nicht auch in den Kindern,
noch unmündig, noch nicht geprüft:
Die Herrlichkeit des einzigen Sohnes vom Vater,
der uns das Wesen Gottes offenbart…?
Ja, der uns teilhaben lassen will an seiner Gottheit, an seiner Herrlichkeit...
...so lasse uns dieser Kelch teilhaben an der Gottheit Christi,
der unsere Menschliche Natur angenommen hat...

Weihnacht 2008 Mette Lk 2,1-14 (Lesejahr C !)

Dieser Blick zurück auf Kaiser Augustus und das römische Reich macht uns bewusst, dass wir *in* einer Geschichte leben
(der Menschheitsgeschichte), die einen *unvordenklichen Anfang* hat,
eine *Mitte* im Jahr *Null* und auf ein *Ziel* hin *geschaffen.*
Als Glaubende sehen wir die Geschichte als eine Geschichte Gottes mit uns und wir mit Ihm:
Ich glaube an einen Gott, der noch nicht fertig ist mit uns...an einen Gott, mit dem wir noch nicht fertig sind...
Jeder von uns ist hineingestellt in dieses 20 und 21igste Jahrhundert,
in diese Gemeinde, diese *meine* Familie...
Und jeder von uns hat seinen Anteil am *Heil der Welt* zu erfüllen.
Aber manche Menschen sind zu weltgeschichtlichen Aufgaben berufen:
Maria und Josef damals.

Millionen von Bewohnern des römischen Reiches machten sich auf den Weg für diese Volkszählung.
Josef und Maria fügen sich dem Befehl des Kaisers. Sie vertrauen, dass Gott auch durch Kaiser Augustus seine Pläne verwirklicht.

Auch wir sollen vertrauen auf die Macht Gottes, auf seine verborgene Führung in all dem, was geschieht...

Josef zog mit der schwangeren Maria hinauf nach Betlehem,
so wie tausende andere in ihre erste Heimat gingen:
Gott wollte sich als *Mensch* in nichts von den anderen unterscheiden.
Er: *Sieh Gott in mir. Aber seht auch den Menschen in mir, kommt näher zu mir. Fürchtet man sich vor einem kleinen Kind in einer Krippe?*

Vom großen König David ist die Rede als Vorfahre Josefs,
der das Reich Israel damals geeint hatte. Bethlehem war die Stadt Davids.
Ungewollt, ungeplant, ohne davon zu wissen, erfüllt sich die Verheißung,
dass der neue König in Bethlehem geboren werde.
Die Volkszählung hat zur Erfüllung dieser Verheißung geführt...
Maria gebar ihren Sohn, den *Erstgeborenen*,
wickelte ihn in Windeln und legte ihn in eine Krippe...
Er ist vor aller Schöpfung, vor aller Zeit…
und lässt sich in eine Futterkrippe legen.
Später wird er sich als Hostie anbieten, um so seine *Rettung* fortzusetzen in der Heiligen Eucharistie, worin er sein Herz anbietet.
Kommt und esst!
Und dann kommen die Hirten in den Blick,
diese Menschen der Natur, der Erde, die ihr Leben lang schon
Christus in der *Natur* sehen gelernt haben - ohne es zu wissen.
Er: *Wundere dich nicht, dass ich zuerst Hirten gerufen habe.*
Sie waren das Bild meiner treuen Priester, mein anderes Ich.

Und zur Erde gehört der Himmel.
Und zu den Menschen die *älteren Brüder*, die Engel.
Und der Engel des Herrn trat zu ihnen und der Glanz des Herrn umstrahlte sie. Und er sagte zu ihnen: Fürchtet euch nicht, denn ich verkünde euch eine große Freude. Heute ist euch in der Stadt Davids der Retter geboren, er ist der Messias, der Herr.
Er: *Weiß man, wer Jesus Christus ist?*
Für wen hält man mich?
Noch immer frage ich die Welt...

Aber es sind aufs Ganze gesehen nicht viele, die mit Überzeugung sagen:
Es ist der Sohn Gottes..., die zweite Person in Gott...
Er ist der Schöpfer und der Erlöser...
Viele rechnen mich zur Vergangenheit...
Weißt du, was die Welt vor meiner Ankunft war?
Vor der Ankunft des Gottessohnes?
Da gab es Gott - und es gab die Menschen...
Nun aber ist Gott einer der Menschen geworden, einer von Euch.
Welche Möglichkeit der Vereinigung zwischen ihm und euch!

Die Kirche lehrt und glaubt und wir glauben:
Christus ist gekommen, um uns Seine vollkommene Art des Menschseins zu bringen... ja, *uns in Ihn empor zu heben...*

Er ist gekommen als das Ideal aller Menschen.
Er ist gekommen, damit wir Ihn nachahmen,
was wir trotz unserer Widerstände können:
Weil wir Ihn selbst zutiefst in uns tragen.

Und wenn wir ihn nachahmen in seiner grenzenlosen Nächstenliebe,
in seiner Wahrheit, in seinem Vergeben, in seiner Feindesliebe,
in seiner Einfachheit, in seiner absoluten Ruhe, in seiner Gottesliebe...
...werden wir dadurch nicht weniger, sondern mehr *wir selbst*;
erst wirklich wir selbst.
Im Advent haben wir gesungen in dem Lied *Macht hoch die Tür*.
...der Heil und Leben mit sich bringt.
Was ist das für ein Leben, das Er mit sich gebra*cht hat,*
uns vorgelebt hat und in uns wecken will....?
Es ist das Leben, das wir das Christliche Leben nennen.
Aber wo sieht man das Christliche Leben?
Was ist das Christliche...?

Zuerst einmal ist *das Christliche* zu sehen in der hingebungsvollen Art, das tägliche Leben zu meistern:
Wer mein Jünger sein will,
(mich als Lehrer des Menschseins glaubt),
der überwinde sich selbst und nehme täglich seine Aufgaben,
seine Lasten - und auch die seiner Nächsten - auf sich und ahme mich so nach...
Er: *Bemühe dich, alles gut zu machen - mit mir zusammen:*
*Das Alltägliche, um mein verborgenes Leben (*in Nazareth*) nachzuahmen;*
das Schwierige, um mein öffentliches Leben
(in Jerusalem*) nachzuahmen...*

Das Christliche zeigt sich da, wo jemand *gerne dient.*
Ich (der Menschensohn) bin nicht gekommen, um zu herrschen und mich bedienen zu lassen, sondern um zu dienen...
Jesus hat das *Wagnis der Dienenden Liebe* in die Welt gebracht und bestätigt...
Möge die Liebe zum Dienen und Helfen auch in unseren Kindern wachsen:
Zuerst daheim im Leben der Familien...
Es ist eine Freude zu erleben, wenn große Kinder von sich aus im Familienleben helfen und ihre Dienste anbieten...
Diese richtig verstandene Demut ist das Fundament aller *Bildung,* von der heute so viel die Rede ist.
Das ist dann auch der Boden für die Arbeitsamkeit junger Menschen und die Initiativkraft, von der die ganze Gesellschaft lebt...

Im *Leondo-Blatt* war zu lesen von dem tollen Erfolg des Teams *Jugendraum –Brennpunkt.* Da haben diese junge Leute bei einem interregionalen Jugendprojekt-Wettbewerb mitgemacht, sind ins Finale gekommen und haben den zweiten Rang belegt unter Konkurrenten aus der Schweiz und Liechtenstein und Vorarlberg.

Das Christliche, also Christus selbst ... ist da, wo diese dienende Liebe zur Feindesliebe wird und zur Vergebung...
Wer von Euch Kirchblattbezieher ist, hat vielleicht diese Geschichte von dem Postbeamten gelesen, der um Mitternacht beim Stadt-Postamt von

einem Unbekannten - in einem Anfall von Raserei - mit 28 Messerstichen niedergemacht wurde.
Der Mann habe noch gebeten, er möge doch ablassen von weiteren Stichen...
Aber dann habe er - in der Gewissheit, dass er jetzt sterben müsse - dem Mörder seine Vergebung zugesagt; habe ihm mit letzter Kraft zugeflüstert: *Ich vergebe dir ...Gott möge dir vergeben...*
Da habe der Wahnsinnige abgelassen…
Der Unerlöste Mensch in uns drängt da zur Wut, zur Rache: *Den Wahnsinnigen erschlagen! Die Hölle wünsche ich ihm!*
Aber in dem Postbeamten lebt seit Jahren ein zunehmender Glaube an Christus, der Zug zur Nachahmung, weil er zuinnerst erkannt hat: Jesus lehrt und ist das wahre Leben. Und da steht in der Mitte die Vergebung: So wie das Christuskind dreiunddreißig Jahr später am Kreuz ausgerufen hat:
Vergib ihnen, denn sie wissen nicht was sie tun!
Von dieser berühmt gewordenen *Ingrid Betancourt* wird berichtet, Dass sie in ihrer 6-jährigen Geiselhaft im Dschungel die Heilige Schrift anfangen hat lesen können.
Und jedes Mal, wenn sie da das Wort Jesu von der Feindesliebe gelesen habe, habe sie sich direkt angesprochen gefühlt…
Und obwohl es ihr überaus schwer gefallen sei, diese Forderung umzusetzen, habe sie doch immer wieder versucht, ihren Hass gegen ihre Peiniger zu überwinden, weil sie gespürt habe:
Das ist die Wahrheit... *Das ist die Zukunft…* Darin ist die Hoffnung...
So habe sie sich denn auch immer wieder erleichtert gefühlt, wenn sie da im Dschungel leise gelesen hat:
Segne deine Feinde... Segne, die dich verfolgen…
Durch diese Überwindung habe ihre Gefangenschaft einen Teil des Schreckens verloren und sie selbst habe sich verwandelt…

Es gibt Feindseligkeiten und massive Konflikte auch in unserem Leben. Wenn wir an das *Christkind* glauben, dann werden auch wir es versuchen, die Mitmenschen, mit denen wir nicht können und die nicht mit uns, im Stillen zu segnen, gegen unsre bloß menschlichen Gefühle und Urteile…

Das Christliche (der *christliche Geist*) zeigt sich
im Umgang mit dem Geld…
Es wäre eine Farce, wenn wohlhabende Menschen Weihnachten feiern würden mit der Sorge in Hinterkopf, wie sie mit dem Geld noch mehr Geld zu machen könnten…

Wie *verrückt* uns hierzu die Gesinnung des *Christus-Kindes* scheint,
zeigt Sein Wort zum *Geldausleihen:*
Wenn ihr nur denen leiht, von denen ihr es zurückzubekommen hofft, was tut ihr da Außergewöhnliches. Auch die Sünder, also alle, die nur nach der Natur des Menschen leben: Sie leihen in der Hoffnung, alles zurück zu bekommen - und wollen noch Geschäfte damit machen.
Aber Ihr, Ihr sollt leihen auch da, wo ihr nicht sicher hoffen könnt, es zurückzubekommen:
Weil es euch nicht allein ums Geld geht,
sondern um die Andern, selbst wenn man euch betrügen würde...
Wie könnte man also aufrichtig Weihnachten feiern,
wenn man teuren Luxus schenkt - und zufällig grad noch ein paar Euro für die Not übrig hätte? Die Not in der Nähe und in der Ferne…

Mit Weihnachten, mit dem Heiland der Welt, ist der große Trost in die Welt gekommen für uns, wenn wir leiden müssen, wenn uns Schmerzen quälen…
Ich denke an einen Freund, der wegen seines Krebsleidens oft Schmerzattacken erleiden muss trotz aller Medikation...
Was bedeutet für dich Weihnachten? frage ich ihn.
Weihnachten bedeutet für mich, dass mit Jesus die allumfassende Liebe in die Welt gekommen ist.
Ich sage: *Wie kannst du das mit deinen Schmerzen zusammenbringen? Wo ist da die allumfassende Liebe?*
Er sagt: *Ich erkenne mehr und mehr, dass ich durch die Schmerzen Gott näher komme... und Jesus nachahme...*
Dass mich nichts so sehr der Wahrheit des Lebens näher bringt als mein Leiden...

Vor allem:
Mit Weihnachten wissen wir, dass es Ostern gibt:
Ich bin die Auferstehung und das Leben, sagt das Jesuskind später...
Von Jesus wissen wir, dass der Tod die letzte Korrektur ist,
die Stunde des großen Vertrauens, die große Begegnung;
dass uns der Tod zum Leben führt;
Ich sehe das freundliche, dankbare Lächeln eines Mannes, der im Sterben liegt. So kann man nur lächeln, wenn man weiß, was Weihnachten bedeutet… und wenn man mit dem Christuskind in inneren Kontakt ist.

Und deshalb muss schließlich gesagt werden:
Christliches Leben ist da, wo jemand seinen immer tieferen Kontakt mit Gott, dem *Christuskind*, sucht:
Wo jemand in dem Bewusstsein lebt, dass Jesus, der Retter, unsichtbar da ist. (Vgl. Stille Nacht...)
Das Gespräch des Geschöpfs mit dem Schöpfer ,
darin besteht die Rettung des Menschen!
Wie sagte der Postbeamte:
Christbaum und Glitzerzeug ist nicht wichtig. Höchstens insofern, als es uns ans Innere *Leben* erinnert. Das ist Weihnachten....
Und dass ich die Goldene Regel lebe:
Was du willst, was man dir tut, das tue du dem Anderen....

Liebe Gläubige, liebe Gemeinde,
Gott ist in Jesus Mensch geworden, um uns zu sagen, dass Er in uns lebt…;
und dass Er das Heilige in jedem Menschen ist...
Christus wird später einmal sagen:
Für die ersten Menschen war ich nur Schöpfer, Wohltäter,
Quelle des Lichts.
Aber du, der du heute lebst, du hast viel mehr Beweggründe zur Gottesliebe wie deine Ur-Eltern, denn:
Mit dir spreche ich nicht nur, sondern: Ich wohne in dir und du isst mich…in der Eucharistie...
und ich bleibe in dir wohnen, wenn du mich nicht hinauswirfst...

Und an anderer Stelle heißt es:
Betrachte das Kind in der Krippe, wie man seinen Blick fest auf ein Ziel richtet. Und fange an - fange immer wieder an - fange jeden Tag von neuem an: in Geduld, ohne jemals nur auf dich selbst zu zählen...

Die Kleinheit der Hostie und des Kindes in der Krippe lässt uns schließlich erkennen: Alles wahre Wachstum fängt im Kleinen an und setzt sich im Großen fort…
Wenn du groß werden willst, musst du klein werden, wie das Kind.

Wo dagegen der Mensch zu einem bloß quantitativen Wachstum sich verirrt; zu einem bloß äußerlich-materiellen-wirtschaftlichen Fortschritt - und sei er noch so verfeinert und raffiniert (auch in der Wirtschaft):
Da werden ihn - Gott sei Dank - die selbstverursachten Katastrophen zurückwerfen; zurückwerfen aus der Lüge, Schein einer bloß äußerlichen (weltlichen) Größe hin zur Wahren Größe im Klein-sein...
Wenn du groß werden willst, musst du klein werden...

Worauf es aber ankommt und was der Sinn des Lebens ist:
Dass diese Liebe im Herzen wächst;
diese Liebe, die beitragen will am Glück der Anderen…
und die sich freut, wenn andere glücklich sind:
Die Kinder, die Partner, die Mitarbeiter,
die Alten und die Kranken und die Sterbenden.
Glücklich im Bewusstsein, dass Er da ist...
Glücklich im Bewusstsein, dass er uns seit Ewigkeit liebt...
und weil Er, unbegreiflich, unser Glück im höchsten Grade *braucht..*!

Den Tod fürchtet der Weltmensch deshalb, weil er da mit der Kleinheit, mit seinem Nichts konfrontiert wird…

Weihnachtstag A 2011 Joh 1, 1-18

Niemand hat Gott je gesehen...
schreibt hier das Johannes Evangelium.
Es gibt die Auffassung, dass etwas, das man nicht sieht noch fühlt, auch nicht existiert.
Der erste russische Astronaut Gagarin habe nach seiner Rückkehr aus dem All triumphierend bestätigt, was die Partei lehrt:
Er habe Gott nicht gesehen. Also hat die Partei recht: Es gibt keinen Gott...
So wie ein berühmter Chirurg, der viele Körper geöffnet hat, sagte:
Er habe dabei noch nie eine Seele gesehen...
Das alles sind recht einfältige Argumentationen.

Aber wie ist das: Wenn Gott als solcher sinnlich nicht wahrnehmbar ist, wie können wir dann je mehr als eine subjektive Ahnung haben von einem Gott...? So wie Religionen seit je auf solchen Ahnungen beruhen…?
Müssen wir erst sterben, um ihn zu *sehen*...? Oder auch dann nicht...?
Aber was heißt das im Hochgebet:
Dass die Toten Ihn s*chauen von Angesicht zu Angesicht...?*
Das *Johannes Evangelium sagt uns* heute:
Nein, wir müssen nicht sterben mit dieser Ungewissheit, denn...
Der Einzige, der Gott ist und am Herzen des Vaters ruht, er hat Kunde gebracht.
Er kennt Gott aus unmittelbarer Kenntnis, weil er aus dem Herzen Gottes stammt, aus dem *Schoss des Vaters.*
Er ist der Kleine Gott, der so bei Gott-Vater ist, wie ein Wort schon in unserem Herzen ist, bevor es von uns ausgesprochen wird.
Niemand kennt den Vater, nur der Sohn,
und niemand kennt den Sohn, nur der Vater und der,
dem es der Vater offenbaren will...
Er : Mache deine Reise des Lebens mit mir!
G.B: Es fällt mir schwer, Herr, da ich dich nicht sehen kann.
Er: Im Kino, siehst und hörst du da nicht Personen, die gar nicht da sind?
Ich hingegen, ich bin da, selbst wenn du mich nicht siehst.
Und **Alles ist durch das Wort geworden...**

Daher ist alles Geschaffene stille Kunde von Gottes Weisheit und Macht...
Er: *Dass doch deine Augen, deine Ohren, deine Sinne mich in der Natur suchen möchten... Und sieh mich in den Anderen...*
In jedem Menschen lebt Wahrheit und Schönheit und Güte...
Auch im größten Sünder.
So gibt es doch eine *unmittelbare* Weise, Gott zu sehen:
Nämlich in meinem Nächsten jetzt und heute.
Und wir hören:
Er kam in sein Eigentum, doch die Seinen nahmen ihn nicht auf...
Allen aber, die ihn aufnahmen, gab er Macht, Kinder Gottes zu werden.
Allen aber, die ihn aufnahmen; allen, die sein Beispiel betrachten...
sein Leben in den Evangelien; allen, die ihn aufnahmen im Sakrament der Taufe und der Eucharistie...
Allen, die ihn aufnehmen, indem sie tun, was sie tun sollen...
Allen, die ihn im Nächsten aufnehmen, in den Kindern und den Schwachen, in den Alten und Kranken...;
ihnen allen gab er Macht, Kinder Gottes zu werden.
gab er die Gnade und den Geist und die Kraft, freie,
von der Welt unabhängige Menschen zu werden...
Verantwortliche Mit-Retter ...
Allen, die an seinen Namen glauben...
Vgl. M. Piccoli
...Allen, die nicht aus dem Blut , nicht aus dem Willen des Mannes, nicht dem Willen des Fleisches,
sondern aus Gott geboren sind.
Ich leihe immer wieder einmal Geld aus an Mitmenschen,
die mir glaubhaft versprechen, es zurückzuzahlen...
Aber dann lasse ich Misstrauen aufkommen in mir:
Was bin ich für ein Dummkopf! der wird mir das nie und nimmer zurückzahlen...!
Der da so jammert und sich sorgt: Das ist der **aus dem Willen des Fleisches Geborene in mir...**
Erst wenn ich loslasse; wenn ich nicht mehr hänge an der absoluten Bedingung, dass es mir zurückgegeben wird…;

erst wenn ich einsehe, dass der Schuldner möglicherweise gar nicht imstande ist, es zurück zugeben...;
erst da fange ich an, ein **aus Gott Geborener** zu sein...: *Kind Gottes.*
Wenn ihr ausleiht, sollt ihr es tun, auch wenn keine Hoffnung besteht, dass ihr es zurück bekommt...
Erst da übersteigt ihr das ökonomische Denken, das nur gibt, wenn es dafür erhält. Erst da werdet ihr wirklich bedingungslos Schenkende.

Allen, die nicht aus dem Blut, nicht aus dem Willen des Fleisches, nicht aus dem Willen des Mannes, sondern aus Gott geboren sind.
Da hat es Anfang Woche so einen herrliche Schnee gemacht
und wir haben uns gefreut wie Kinder an dem herrlichen Schneetreiben und der immer höheren Schneedecke...
Und dann sind zwei Tage Regen gekommen...
und die ganze schöne Pracht war dahin!
Ja, man hatte zu fürchten, es bleibt nicht mehr viel vom Schnee übrig.
Da hat **.der** ***aus dem Fleisch und aus dem Blut und dem Mann geborene in uns…***geklagt und geradezu dem Lieben Gott vorgeworfen,
wie er zulassen könne die sinnlose Zerstörung dieses schönen Winterbildes… zumindest hier in der Höhe von Alberschwende.
Aber viele von uns haben den nur Irdisch eingestellten Adam in sich überwunden und gedacht:
Wie es ist, so ist es recht: Es ist ja nur Irdisch Schönes, ein Zeichen…
Es ist vergängliche Schönheit, an der wir nicht hängen sollen,
sondern uns erfreuen, wenn die *Unvergängliche Schönheit* für Augenblicke im Zeichen des Schnees *erscheint...*
Der so denkt, ist der **aus Gott geborene...**
Allen, die nicht aus dem Willen des Fleisches, sondern aus Gott geboren sind...
Wir haben zwei Ich-Typen in uns: Das „Ich“, das Johannes mit **aus dem Willen des Fleisches geborene** nennt -
und das „Ich“ **aus Gott Geboren...**
Da war gestern die Kinderweihnachtsfeier in der Kirche.
Und während ich vor der vollen Kirche ein Geschichte vorlese,
fangen etwa drei Meter neben mir zwei Buben immer lauter an zu schwätzen, so dass ich in meinem Lesen richtig gestört war...

und schon versucht war, die Zwei zu ermahnen...
Nach der Feier aber wollte ich sie dann so richtig zur Schnecke machen.
Ein Strafgewitter auf sie herunterlassen...
Das aus dem Fleisch geborene Ich...

Da rettete mich und die Buben der Gedanke:
Das nützt jetzt gar nichts mehr…
Vor allem: Sie haben vorher prima zum Krippenspiel gespielt...
Und: Die Leute haben gar nichts gemerkt...
Ich bin still geblieben.
Und damit hoffentlich ein wenig
als ein *aus Gott Geborener* gehandelt.

2. Sonntag nach Weihnacht A 2011 Joh 1,1-18

Im Anfang war das Wort...
Im Kiosk.
Es ist eine großartige Sache mit dem *Wort,*
sofern man nur hinausgeht und anderen begegnet.
Da kann man fragen, wie es geht.
Und wenn man neugierig genug ist,
kann man viel erfahren über das Leben
von Anderen: Spannender, weil wirklicher
als jeder Film.
Der Andere, der mir mit seinem Wort seine Welt beschreibt.
Dieses *Wort i*st da wie ein Scheinwerfer, der für den Interessierten eine ihm bis dahin unbekannte Wirklichkeit ins Licht bringt.

In Anfang war das Wort…
Manche Menschen können es besser, die Dinge und Ereignisse beschreiben und erzählen.
Das ist aber dann nicht eine genetisches Erbe, sondern:
Wer die Sprache gebraucht und möglichst oft gebraucht, -
wer also oft redet, der wird geübt darin.
Das ist auch da, wo es um verschiedene Themen geht:
Wenn man schon über eine Sache nachgedacht hat,
dann kann man auch darüber reden.

Öfter kommt es vor, dass wir nach einem Wort suchen,
um etwas zu bezeichnen: Wie soll ich es sagen...?
Ein Fachmann kann natürlich am besten in seinem Fach reden...
Sich Kenntnisse aneignen heißt: Von der Sache reden können.
Und zwar so, dass der Andere das dann auch versteht
und indirekt davon weiß.

Apropos Fachmann: Es ist es eine wunderbare Sache,
wenn man in vielen Dingen mitreden kann:
Dazu braucht man noch kein Fachmann sein.
Man braucht sich nur interessieren dafür.
Das ist Bildung.
Dazu gehören auch die Religion und der Glaube.

Im Anfang war das Wort:
In der Schweiz wird alle Jahre ein *Wort des Jahres* gewählt.
Diesmal war es das Wort eines Jurors bei der schweizerischen Starmania,
wo die jungen Sängertalente sich bewähren können:
Dieser Punkterichter hat zu einem der Sänger gesagt:
Du söttest mehr Dräck in din Vortrag bringe...
und wollte damit sagen: Du solltest nicht so gekünstelt auftreten,
nicht so abgehoben singen.
Mehr Dräck... ist das Wort des Jahres geworden.
Vor allem wegen dem, was damit gemeint war:
Mehr verbunden sein mit der Realität, direkter, einfacher...

Im Anfang war das Wort...
Hat man das nicht auch schon so erlebt:
Da ist man beim Fernsehen und es kommt Besuch - und man ist ärgerlich, ablehnend.
Es wäre grad so spannend oder interessant gewesen,
sagt sich der aus dem Willen des Fleisches und des Mannes geborene...
Aber dann hat man gemerkt, dass der Besuch und die Gespräche weit wichtiger waren, weil da Beziehungen gepflegt werden, weil da Einheit wächst, weil da die Nächstenliebe wächst,
auch wenn es anstrengender war als bloß zu konsumieren.
Diese kleinen Anstrengungen lohnen sich unendlich mehr als viele Stunden bequemes Fernsehen.

In ihm war das Leben und das Leben war das Licht der Menschen...
Sind nicht die Kinder, Eure Kinder...die ersten Zeugen dieses Lebens und dieses Lichtes, das in der Finsternis der Welt so hell und klar leuchtet...?
Wenn da der kleine Knirps vom Opa gefragt wird, ob er sich denn nicht fürchte, so allein da beim Stall auf der Vieh-Weide, wenn der Opa jetzt für eine halbe Stunde wegginge zum Werkzeugholen...?
Opa, ich bin doch kein Baby mehr, ich bin ein Großer...!
Oder wenn zu Weihnacht das vierjährige Kind/Mädchen von der Mama dabei entdeckt wird, wie sie das kleine Jesuskind aus der Krippe genommen hat und an die Brust hält und erklärt:
Ich muss das Jesuskind stilla...!

In ihm war das Leben und das Leben war das Licht der Menschen...
36 Kinder wurden im vergangenen Jahr getauft, mehr als die Hälfte der 19 Verstorbenen. Es ist sehr erfreulich, dass die jungen Eltern ihre Kinder taufen lassen - ob sie nun Kirchgänger sind oder keine.
Es ist einfach das Bedürfnis, dem eigenen Kind das Gute,
das Heilige, die Gnade nicht vorzuenthalten.
Alle Quellen ... in den Dienst zu nehmen, die für das Kind das Gute und die Kraft zum Guten bringen.

Und das Licht leuchtet in der Finsternis und die Finsternis hat es nicht erfasst...
Es gibt Mütter, die bis zur Geburt nicht wissen wollen, ob das Kind ein Bub oder ein Mädchen ist. Und auch nicht wissen wollen, in welchem Zustand es sonst ist… Sie wollen es ganz dem Schicksal, dem gütigen Schicksal überlassen. *Licht in der Finsternis der Welt*, die alles zunehmend selektieren will: alles, was behindert ist, muss und darf ausgeschieden werden.

Und das Licht leuchtet in der Finsternis und die Finsternis hat es nicht erfasst...

Diese Finsternis zeigt sich da, wo die Welt, der weltliche Mensch die Größe, die Würde dieses Papstes (Joh Paul II) *im Leiden* nicht sehen kann; weil man hängen bleibt an seiner Gebrechlichkeit, an seinen Alterserscheinungen.

Der weltliche Mensch *in uns* möchte einen *funktionstüchtigen* Papst. Einen, der auch äußerlich anziehend wirkt, bei dem man verstehen kann, was er sagt...

Aber d*ieses Licht* des Papstes, das in der Finsternis leuchtet und von ihr nicht *erfasst* wird: Es ist das Licht des Geistes, der Liebe, der Hingabe, der Wahrheit, der Güte, vor allem der *Ergebenheit* !...

Es ist das Licht der wahren Autorität...

Das wahre Licht, das jeden Menschen erleuchtet,
kam in die Welt.

Eigentlich könnte jeder Mensch in Jesus sein Ideal erkennen – wiedererkennen, was er immer schon in sich trägt.

Jeder Mensch hat in sich schon den Sinn für die Wahrheit, den Sinn für das Evangelium.

In Jesus zeigt sich, was in jedem Menschen schon angelegt ist.

Die Gottesliebe, die Nächstenliebe...Die göttliche Feindesliebe.

Ihr seid geschaffen, um Gott zu lieben.
Diese Veranlagung habe ich in euch hineingelegt.

Er war in der Welt
und die Welt ist durch ihn geworden.
Aber die Welt erkannte ihn nicht.

Die Welt: Das ist alles, was eben zu dieser Welt gehört:
Die Kontinente, die Meere, die Länder, die Menschheit, jeder Einzelne, die Weltwirtschaft, die politischen Weltmächte, die Weltreligionen, das Denken der Welt, die Mächte in der Welt, die Ziele der Welt...

Die Welt ist für sich selbst ein geschlossenes System.
Alles wird von ihr definiert, bestimmt, eingeordnet.
Die Welt ist darauf aus, alles in den Griff zu bekommen...
alles einzuordnen...unterzuordnen...
Er, durch den die Welt geworden ist, er kam in sein Eigentum.
Aber diese Welt erkannte ihn nicht.
Die *Sünde der Welt* ist das *ausschließliche In-der-Welt-Sein des Menschen.*
Ihr aber seid zwar in der Welt, aber nicht von dieser Welt,
so wie auch ich nicht von dieser Welt bin.
Ich habe die Welt besiegt.
Aber wenn ihr euch dieser Welt anpasst, dann wird sie euch lieben...
Die Welt erkannte ihn nicht...
Wäre er mächtig gewesen bzw. hätte er seine Macht bewiesen,
sogar noch am Kreuz..., dann hätte ihn die Welt „erkannt",
weil sie nach dem Äußeren urteilt.
Und das Wort ist Fleisch geworden...
(und hat unter uns gewohnt...)
Da ist doch auch zu denken an die eine Stunde, in der *das Wort*,
in der Jesus /der Sohn… auf ganz besondere Weise Fleisch wird,
Brot wird, um dann in uns *Fleisch* zu werden; um in uns und durch uns
seine Menschwerdung fortzusetzen:
Die Heilige Messe, die Sonntagsmesse.
Nein, es genügt bei weitem noch nicht, die Sonntagsmesse zu besuchen und
zu kommunizieren. Aber es ist das Fundament, es ist die Quelle.

Manchmal wird man gefragt von Auswärtigen, ob diese Kirche hier nicht
viel zu groß sei. Dann sage ich mit einiger Entrüstung:
Keine Rede von zu groß.
Bei der Neun Uhr Messe ist sie immer zumindest optisch gut gefüllt.
Möge das im neuen Jahr so bleiben.
Ja, möge die Zahl der Sonntagsgottesdienstbesucher zunehmen.
Möge zunehmen die Erfahrung, was dieser gemeinsame
Sonntagsgottesdienst der Gemeinde für ein Wert, für einen Quelle ist.

Ein Gefühl für Gott zu bekommen; für seine Anwesenheit,
für seine Güte, für seine Vatersein.

Und Quelle der Nächstenliebe, sich als einer von dieser Gemeinde erfahren; als einer für sie... und mit ihr...
und so selbst seinen Ort, seine Stelle wahrnehmen.
Das Wort ist Fleisch geworden und hat unter uns gewohnt...
und wir haben seine Herrlichkeit gesehen,
die Herrlichkeit des einzigen Sohnes - voll Gnade und Wahrheit.
Wenn man immer wieder die Hirten und Josef und Maria bei der Krippe hier anschaut, vor allem die Gesichter, den Gesichtsausdruck der Hirten: Wie es dem Schnitzer doch gelungen ist, in all den verschiedenen Gesichtsausdrücken dieses Staunen und diese Andacht und Freude ihrer Herzen darzustellen.
Da spiegelt sich in ihren Gesichtern Der, auf den sie schauen.
Wir haben seine Herrlichkeit gesehen...
Es ist doch wirklich so, dass wir regelrecht verwandelt werden in das, was wir sehen...
Deshalb schauen wir gerne Kinder an: Weil besonders in den Kindern seine Herrlichkeit aufleuchtet.

Jahresschluss und Anfang A 2005 Lk2,16-21

Welt...Europa...Österreich....Kirche....Alberschwende...Familie...
Jahres-Schluss - und zugleich Jahres-Anfang.
Das ist Anlass, zurückzuschauen und hineinzuschauen zuerst ins pfarrliche Leben unserer Gemeinde von Alberschwende…und in die heutige Welt...
Im Evangelium heißt es:
Als acht Tage vorüber waren und das Kind beschnitten werden sollte, gab man ihm den Namen Jesus...!
Das hat mich an die Taufen des letzten Jahres denken lassen...
In dem vergangen Jahr haben wir 36 Kinder getauft.
Das sind fast mehr als die Hälfte der 19 Verstorbenen.
Was da erfreulich ist und erstaunlich, dass sämtliche junge Eltern mit Selbstverständlichkeit ihre Kinder taufen lassen.

Auch wenn sie nicht im traditionellen Sinn Kirchgänger sind, so haben sie doch den tiefen Wunsch für ihre Kinder,
die *Gnade Gottes, nämlich den Glauben an Gott* zu empfangen..
Unser Kind ist und soll werden ein wahres *Kind Gottes,*
ein *Kleiner Christus* soll es sein, wie wir alle…,
Jesus soll sein Ideal, sein Erster und Letzter...sein.

Die Hirten eilten nach Bethlehem und fanden Maria und Josef und das Kind, das in der Krippe lag…
Das *Eilen d*er Hirten zur Heiligen Familie lässt mich denken an den Kirchgang an den Sonntagen und den großen Feiertagen;
an das *Eilen* von uns allen zur *Krippe* des Tabernakels!
Manche Auswärtige sagen: Eure *Kirche ist ja viel zu groß!*
Ist die denn jemals auch nur halbwegs voll?
Ich liebe es nicht, genau zu zählen, wie viele *gehen.*
Aber optisch hat die Zahl der Kirchgänger durch die Jahre nicht abgenommen! Und es gibt Sonntage, wo in der Neun-Uhr-Messe die Kirche optisch voll ist. Möge es dabei bleiben.
Und als die Hirten das Kind sahen, erzählten sie, was ihnen durch den Engel über dieses Kind gesagt worden war.
Und alle, die es hörten, staunten über die Worte der Hirten...
Eltern staunen von Anfang an über ihre Kinder, ohne dass Worte über sie gesagt werden. Aber gerade bei der Taufe werden Worte über die Kinder gesagt, die auch zum Staunen sind:
Christus hat dich erleuchtet... Du sollst als Kind des Lichtes leben…
...dem Herrn und allen Heiligen entgegengehen, wenn er kommt in Herrlichkeit.
Da wird so unendlich Großes gesagt von der Würde und dem Weg des Kindes. Ein letztes Mal im Leben wird über jedes Menschenkind noch einmal Bezug zur Taufe genommen, wenn dieser Mensch begraben wird:
N., im Wasser und im Heiligen Geist wurdest du getauft.
Der Herr vollende an dir, was er in der Taufe begonnen...
Maria aber bewahrte alles, was geschehen war, in ihrem Herzen und dachte darüber nach...
Das ist für mich der schönste Satz in diesem Evangelium,
ja überhaupt über Maria.

Sie dachte über alles nach, was geschehen war.
Hagia Sophia.
Königin der Weisheit...
Nachdenken über alles, was geschehen ist und geschieht heißt,
Fragen nach der Bedeutung von allem, was geschieht.
Maria aber bewahrte alles, was geschehen war, in ihrem Herzen… und dachte darüber nach...
Diese letzten Tage des Jahres haben ein großes Geschehnis gebracht, über das man auch nachdenken muss: Die Flutkatastrophe.
Seit dem Weihnachtstag ist nun diese eine Flutkatastrophe umfassend zum Thema geworden.
Die größte Katastrophe vielleicht seit Menschengedenken…
Sie reicht herein in unser Land, in unsere Familien...
Gleich am ersten Tag war hören, dass man Flugzeuge hinunter geschickt hat, nach Thailand und Sumatra, um Urlauber nach Hause zu holen: Nach Hause, in Sicherheit.
An diesen Wunsch nach Geborgenheit des Zuhauses möchte ich den Gedanken anknüpfen:
Die Naturkatastrophen zeigen, was wir ja an sich wissen:
Es gibt kein Irdisches Zuhause, das völlige Sicherheit geben könnte.
(Die Kontingenz der Welt).
Die Wissenschaft sei da noch in Kinderschuhen...
Das ist natürlich großspurig gesagt:
Sie wird nämlich immer in Kinderschuhen bleiben.

*Der Tod gehört zum Leben...*sagt man.
Stimmt das? Oder ist es nicht so, das zum Leben letztlich nur das Leben gehört und der Tod nur dann, wenn er zum Leben führt...
Der Tod führt zum Leben...

Und ein letzter Gedanke:
Ob in den Ereignissen überhaupt und in Katastrophen und so auch in dieser Katastrophe eine Bedeutung liegt?
Einerseits rein geologische Vorgänge, die seit Jahrtausenden, Jahrmillionen im Universum und an den Planeten vor sich gehen.
Und doch der Glaube, dass alles eine Bedeutung hat.

Vaclav Havel sagt in seiner vor-religiösen Sprache:
...dass alles irgendwo irgendwie gewusst wird...und dass alles irgendwo auch insgesamt bewertet und sinnvoll gemacht wird...
(das macht es dem Menschen erst möglich, im Bewusstsein des Todes zu leben).
Jemand will glauben, dass die Katastrophe so etwas wie ein Ruf sei.
Was wird uns zugerufen? Dass wir Menschen in Wahrheit *Nichts* sind, ganz im Gegensatz zur maßlosen Selbstüberschätzung des Menschen im Hochmut...

Vielleicht ist es zugleich der Ruf zu einer großen Vereinigung der Menschen? Nicht im politischen, sondern im Sinn dessen, was sie ja verborgen schon ist: Die Menschheit - eine Familie....

Vielleicht ist es der Ruf, das alles zu sehen als eine einzige Geburt...
Paulus: *...wir wissen, dass die gesamte Schöpfung bis zum heutigen Tag seufzt und in Geburtswehen liegt...*
So bin ich überzeugt, dass die Leiden der gegenwärtigen Zeit nichts bedeuten im Vergleich zu der Herrlichkeit, die an uns offenbar werden soll.

Vielleicht will der Ruf in der Katastrophe zu Bewusstsein bringen:
Diese Erde ist nicht nur eine Ressource für die Wirtschaft.
Diese Erde ist auch nicht die große, letzte Heimat...
so dass Arm und v.a. Reich sich auf dieser Erde einrichten wollte auf eine Art ewiges Leben.
Das ist a priori falsch...

Die Erde ist nicht nur geologisch zu sehen:
Die Erde ist in ihrer metaphysischen (ontologischen) Bedeutung als *Übergang* zu sehen.
Die Erde *ist Übergang* für die Menschheit und für jeden Einzelnen.
Übergang aus dem Irdischen ins Ewige.
Und weil wir heute Jahreswechsel halten:
Die Jahre des Einzelnen und die Jahre der Welt
sind gedacht für das Gelingen dieses Übergangs.

Das Aufsteigen lassen der Luftballone mit den Sternspritzern ist gestern dem Gedenken der vielen Toten gewidmet worden.
Das Aufsteigen der sprühenden Lichter ein Sinnbild für die vielen Seelen, die aufgestiegen sind in die andere Welt, das andere Leben…

Ich wage zu sagen, es scheint, als ob für viele Christen der Tod die absolute Katastrophe sei... Als ob es nie eine Auferstehung gegeben hätte noch geben wird. Als ob dieses Leben hier alles sei...
(Papst Johannes Paul ließ bei der Generalaudienz einen Hilfsappell verlesen.
Im weihnachtlichen Klima dieser Tage (und er meinte damit das geistig - spirituelle - gefühlsmäßige Klima) lade ich alle Gläubigen und alle Menschen guten Willens dazu ein, großzügig zu dieser großen Solidaritätsaktion beizutragen.)

Bei der Generalaudienz, so hieß es, sagte der Papst den Verwundeten und Obdachlosen seine Nähe zu und empfahl die unzähligen Menschen, die bei der Katastrophe ihr Leben verloren haben, der göttlichen Barmherzigkeit…
Er empfahl die Toten der göttlichen Barmherzigkeit.
Das heißt aber: Sie sind über ihren Tod hinaus in einem andern, neuen Leben angekommen.
Der Tod der Menschen, der vielen Menschen, ist das eigentlich katastrophale an der Katastrophe. Der Verlust so vieler Väter und Mütter und Kinder. Zerrissene Familien...
Ohne Unterschied Einheimische wie Urlauber.
Aber der Tod, so wollte der Papst verkünden, der Tod ist Heimgang. Der Tod, der jedem Menschen bevorsteht, der Tod führt zum Leben; der Tod ist hier die letzte Besserung des Menschen,
der Tod ist Sühne und Wiedergutmachung unserer Sünden…

Ein Fernsehsprecher hat gestern gesagt:
Das ist die größte Naturkatastrophe der Neuzeit...
der neueren Geschichte.
Wird es auch die größte weltweite Hilfsaktion der neueren Geschichte werden?

Die Hilfe ist nicht ein Almosen *von Oben herab*:
Sie soll zum Ausdruck bringen, dass wir mit allen Völkern und Menschen auf derselben Erde leben…
Dass wir eine tiefste Schicksalsgemeinschaft sind im selben Jahrhundert, in den selben Jahren... Dass wir dieselbe Herkunft haben und denselben Vater...

Und dass wir hier im Westen nicht etwa Bevorzugte sind…
Vielleicht sind wir sogar eher die *Versuchten*, die leichter vergessen könnten, dass wir hier nur auf der Erde leben...
Die Hirten kehrten zurück, rühmten Gott und priesen ihn für das, was sie gesehen und gehört hatten, denn alles war so gewesen, wie es ihnen gesagt worden war.
Die Überlebenden kamen zurück. Ob man das überhaupt kann -
ob es da einen Sinn gibt, Ihn zu rühmen für das, was sie gesehen haben und erfahren? Denn es war nichts so, wie es ihnen gesagt worden war, wie sie es erwartet hatten.
Der Werbeprospekt redet nicht von möglichen Erdbeben oder gar Katastrophen.
Aber - und das kann ein Wort sein für das kommende Jahr:
Ist Gott immer nur dann zu preisen, wenn alles so kommt, wie es erwartet wird, wie es normal ist...?

Vielleicht - oder sicher - werden die Überlebenden einmal sagen:
Dieses Ereignis hat mein Leben, hat mich selbst zuriefst verändert, verwandelt...und wird der eine oder die andere sogar sagen:
Ich habe die Macht Gottes gesehen, die Macht desselben Kindes, das die Hirten in der Krippe gesehen haben.
Ich habe die Wirklichkeit gesehen und erfahren wie noch nie.
Betroffene beschreiben den ungeheuren Gegensatz
zwischen zwei Wirklichkeiten.
Die eine: Man sitzt beim Frühstück im Hotel und schaut beglückt hinaus auf einen malerisch schönen Strand, und sieht dann zunächst noch verwundert, wie das Meer sich erstaunlich weit zurückzieht - und man geht hin und fotografiert und sammelt Muscheln -
Und dann plötzlich die Wahrheit hinter diesem ganzen trügerischen

Bild: Wie ein Dämon oder ein Untier eine immer höher werdende heranrollende Welle, die innerhalb von Sekunden den paradiesischen Morgen zu einer Art Hölle macht, zu einem tödlichen Abgrund.

Müssen wir, sollten wir diese andere, anomale Wirklichkeit immer ein wenig vor Augen haben? Eine letzte, aber ständige Distanz, einen Vorbehalt gegenüber aller Geborgenheit und Sicherheiten und irdischem Glücksstreben... in dem Bewusstsein:
D*ie Erde* insgesamt und erst recht alles Paradiesische der Erde sind zwar Vorausbilder eines Wahren Paradieses, aber grad deshalb müssen sie zerstört werden, um Platz zu machen der letzten Wirklichkeit.
Ob nicht die harten Wirklichkeiten, die erschreckenden in unserem Leben, in unseren Familien... die letztlich bedeutungsvolleren und erzieherisch wirksameren... gegen die bloß gewohnt geregelten ruhigen Zeiten ohne Widerstand, ohne Erschrecken, ohne das Außerordentliche, das nicht Planbare, nicht Vorhersehbare…
Selig die Armen, ihrer ist das Himmelreich... Dass wir daher lernen, in der Gegenwart zu lebe*n*: *Versuche, mit freudigem Herzen in der Andacht des gegenwärtigen Augenblicks zu leben, sagt er.*
Und mit Andacht ist gemeint, was von Maria heute gesagt ist:
Dass sie **über alles nachdachte, was geschehen war…**

Neujahr-Hochfest Gottesmutter A 2014 Lk 2,16-21

An Weihnachten - und heute wieder - sind wir wie die Hirten auch nach Bethlehem *geeilt*: Nämlich da her in die Kirche zu Maria und Josef und dem Kind in der Krippe.

Und es ist sicher der erste Neujahrswunsch von dem Kind selber an uns: Dass wir doch auch im kommenden Jahr zur Hl Messe kommen mögen und Trost und Gemeinschaft finden...
und immer wieder den weiten Horizont,
sodass uns nicht das Kleinliche im Leben beherrscht...
die Sorgen um Geld und Möbel und Einrichtung und Auto und Schuhe und Kleider und Einkauf...
Er: *Bete oft dieses Gebet: Herr, befreie mich von den Sorgen um die Kleinigkeiten...*

... und als die Hirten das Kind sahen, erzählten sie, was ihnen über dieses Kind gesagt worden war.
Heute zum neuen Jahr und zum Hochfest der Gottesmutter sagen wir über das Kind - und zu dem Kind:
Du bist der Sohn des Lebendigen Gottes - und der menschliche Sohn Marias...
Und Du bist die Mitte der Geschichte:
Auf der ganzen Welt wird die Zeit eingeteilt in
vor Christus - nach Christus...

Und wir sagen über das Kind, über den *Christus*,
dass Er wiederkommen wird am *Ende der Zeiten...*

Dazu heißt es im Credo:
Von dort wird er kommen zu richten die Lebenden und die Toten...
Jüngstes Gericht...
Müssen wir nicht grad zum Jahres-Übergang auch an dieses Wort denken... Aber nach welchem Maßstab werden wird gerichtet?

Ihr werdet nach der Liebe gerichtet werden...
Bei der Gerichtsrede macht Jesus klar, dass es im Leben auf die tätige Nächstenliebe ankommt.
Ich war hungrig und ihr habt mir zu essen gegeben...
Ich war krank und ihr habt mich besucht...
Wann haben wir das alles getan?
Was ihr dem Geringsten eurer Nächsten getan habt, das habt ihr mir getan und was ihr ihm nicht getan habt, das habt ihr mir nicht getan...

Lass keine Gelegenheit vorübergehen, das Gute zu tun und das Notwendige: Das, was dich und andere erfreut und aufbaut...
Möge uns das immer neu gelingen im kommenden Jahr.

Und möge uns nicht die Kritiksucht gefangen halten...
Sie sei wie ein nagender Wurm. Sei ein Werk Satans.

Und möge unser Denken frei bleiben von Ärger.
Da ärgerst du dich über dieses und jenes...
schon dass jemand das Telefon nicht abnimmt...
oder die Kreuzung... oder über Politisches...
Sage dir: Jetzt ist es so, wie es ist.
Und nimm auch diese kleinen Unannehmlichkeiten einfach an...

Und dein Fehlverhalten, deine Fehler... Sünden… deine Bosheiten und Verletzungen, die du andern zufügst…?
...Das ist mein Blut, das für euch und für alle vergossen wir, wird zur Vergebung der Sünden.
Immer wenn du deine Fehler erkennst und bereust, lösche sie auf deiner Seele... Meist wirst du diese Gnade gar nicht spüren.
Maria aber bewahrte alles, was geschehen war, in ihrem Herzen und dachte darüber nach...
Wir sollen *nachdenken* über unser Leben, unsere Zeit...
und sollen sehen, dass jeder einzelne Tag von großer Bedeutung ist.
Manche fangen den Tag mit einem Kreuzzeichen an.
Wenn der Tag so unters Kreuz gestellt ist,
wird er zum Guten führen...

Vor allem, wenn man am Morgen, jeden Tag darum bittet, was man für den Tag braucht, für sich und alle Menschen...
Bitte immer wieder...
Ich antworte immer - auf verschiedene Art...
Und jeder von deinen Tagen möge eine Anstrengung aufweisen.
Wenn du einen ruhigen Tag hast ohne Gelegenheit dich zu überwinden, was bringst du damit dem Lieben Gott?

Ein Tag, an dem du nicht etwas geschenkt hast, einen Dienst, ein Wort…, ist ein verlorener Tag...
Gott wünscht, dass du jeden Tag etwas schenkst, wie wenig es auch sei, das ist das Almosen, das du dem Nächsten und dir selbst reichst.

Und fange an - fange immer wieder an -
jeden Tag, in Geduld, ohne auf dich selber zu zählen…
Dazu denken wir an die täglichen Arbeiten.
Ein großer Teil der Lebens-Zeit gehört der Arbeit.
Wie hat es da geheißen?
Wer seine beruflichen Arbeiten möglichst gut erfüllt ohne dabei auf den Lohn zu schauen, der erfährt schon etwas von der Freude der Seligen...
Suche also nicht die Ruhe hier auf dieser Welt.
Du bist nicht für die Ruhe auf der Erde geschaffen,
sondern für die Ruhe im Himmel.
Sei nie untätig.

Und wenn im kommenden Jahr ein Leiden kommt?
Krankheit, Schmerzen…? Und es wird kommen: Bei einen Nächsten oder bei dir selbst...
Die ich am meisten liebe, die ehre ich mit Prüfungen...
Aber die Prüfungen eures Erdenlebens sind so gering im Vergleich zu dem, was sie euch für die Ewigkeit schenken...

Und wenn das Sterben kommt...bei andern oder bei dir…
- denn immer begleitet uns der Tod...
Nichts soll dich erschrecken... Alles geht vorbei...
Hl Teresa von Ávila.

Bereite dich auf den Tod vor wie auf ein Fest...
Es erwartet dich jenseits dieses Lebens eine unermessliche Liebe...
eine völlig andere Welt...
und die Erde wird dann nur noch der Traum von einer Minute sein...
Darum ist die vorrangige Zeit, in der wir leben sollten, die Gegenwart.
Verliere dich nicht in die Vergangenheit und träume nicht von der Zukunft.

Die Hirten aber kehrten zurück und priesen Gott für alles, was sie gehört und gesehen haben
Die Freude.
Dass doch im kommenden Jahr
unsere Freude am Leben tiefer werde!
Die Freude an allem, was wir hören und sehen...;
die Freude an Gott, an seiner Schöpfung, an jedem Tag,
an jedem Menschen, an uns selber als Erlöste...
Dass wir also den Funken der Freude, den Er uns immer wieder eingibt:
Dass wir diesen Funken zum Feuer entfachen...
Nur für heute werde ich in dem Bewusstsein glücklich sein, dass ich für das Glück geschaffen bin...
nicht nur für die andere, sondern auch für diese Welt...

Und man gab ihm den Namen Jesus,
den der Engel genannt hatte noch ehe das Kind im Schoss der Mutter empfangen wurde...
Christ sein besteht darin, dass ich sein Leben auf der Erde fortsetze…
Jesus...
Möge für das Neue Jahr ein größter Vorsatz sein:
Ihn oft bei seinem Namen zu rufen...**Jesus...**

1. Januar A 2011 - Hochfest der Gottesmutter Lk 2,16-21

Das Leben auf der Erde ist im Ganzen ein *Übergang*
und hat deshalb ständig und immer wieder Übergänge...
Jemand hat mir geschrieben:
... verbunden mit viel Glück im Straßenverkehr, denn jede Kurve ist ein Geschenk...
Das will wohl sagen: Ich solle doch grad die Kurven, also die Übergänge als Gnade sehen lernen, die mich demütiger macht und gelassener...

Wie plötzlich passiert Unvorhersehbares in unserem Leben.
Die Hauptsache ist, dass du dabei nicht an der Liebe Gottes zweifelst..., denn Er hat plötzliche Wegbiegungen, die ihr nicht vorausseht. Sucht sie zu verstehen...
Und so denken wir heute Abend dankbar zurück an Übergänge während des letzten - jetzt gleich ganz vergangenen Jahres.
Wo jemand sehr krank geworden ist...
Aber auch da, wo jemand man wieder gesund geworden ist!
Wo ein Lieber Mensch seinen letzten Übergang vollendet hat
Die Übergange für unsere Kinder in eine neue Schule, in den Beruf, an die Universität. Und was für ein Übergang, wo aus einem Leben zu zweit eine Familie geworden ist!

Apropos Rückblick:
Johannes Heesters hat als alter Mann in einem Interview gesagt:
Was soll dieses Auflisten von Erfolgen und Leistungen...!
Wenn da alte Schauspieler sich rühmen, was sie schon alles gespielt haben und was für große Erfolge sie hatten...
Heesters hätte ihnen am liebsten zugerufen:
Redet nicht immer so eitel von Euch selbst und Euren Erfolgen von früher...
Entscheidend ist doch, was ihr jetzt tut - und morgen tun werdet!
Und die Verfehlungen und Fehler im letzten Jahr? *Wenn du demütig deiner Fehler gedenkst, lösche ich sie,*
Ich lösche sie, selbst wenn du diese Gnade nicht einmal spürst...

Die Hirten haben auch einen großen Übergang erlebt:
Sie eilten nach Bethlehem und fanden Maria und Josef und das Kind, das in der Krippe lag.
Wir sind wie diese Hirten, wenn wir in die Kirche *eilen* zum Kind in der Krippe und unsere Hand ist dann die Krippe für das Kind in der Hostie....
Und wenn jemand Gott dankt und Ihn um Hilfe bittet:
Dann ist das auch so ein *Eilen* zum Kind - zum Kind in der Krippe des eigenen Herzens. Dieses *Eilen* möchte ich uns fürs kommende Jahr sehr wünschen!
Und alle, die es hörten, staunten über die Worte der Hirten...
Wenn wir unsere Kinder zur Taufe bringen, heuer sind es in unserer Gemeinde 41 geworden, dann sagt der Priester - wie die Hirten damals - auch Worte über das Kind, die zum Staunen sind:
Dass Jedes Kind, jeder Mensch, eine Seele ist.
Du kennst die Herrlichkeit einer Seele nicht.
Es ist der Geist, der Hauch Gottes.
Nichts von Materie, nicht einmal von einer Blume.
Die Seele ist Geist. Und diese Schönheit der Seele wächst mit Euren Bemühungen. Eine Anstrengung, ein Wunsch, eine Tat der Nächstenliebe, Geduld, Ergebenheit, Reue. Das alles scheint dir nichts zu sein und doch verleiht es eurer Seele sofort ein schöneres Aussehen...
Ihr sagt, dass sich eure Körper all sieben Jahre erneuern, was würdet ihr von der Verwandlung eurer Seele sagen, eures inneren Menschen: Würde man doch täglich der Seele so viel Sorge widmen wie dem Körper!
Ihr wisst doch: der Körper ist nur ein Hülle aus Staub...

Und die Hirten erzählten, was ihnen über dieses Kind gesagt worden ist...
Dieser Satz ist zum Anfang auch des heurigen Jahres eine Anlass zu mahnen: Dass wir Acht geben müssen, wenn wir über Mitmenschen reden...
Natürlich redet man übereinander. Aber WIE ? Mit welcher Absicht…
Vor allem wenn es Nachteiliges ist...
Wie leicht schleicht sich da eine gewisse Abwertung und Schadenfreude ein…, wie ein geheimes Schießen auf jemanden.

Kennst du das Herz des Anderen?

Und dann der große Satz:
Maria aber bewahrte alles in ihrem Herzen und dachte darüber nach...
Maria dachte darüber nach, weil sie in all dem, was geschehen ist, eine tiefe Bedeutung glaubte.
Die alten Leute sagen jetzt zum Neujahrswunsch:
Man muss es nehmen, wie es kommt...
Und sie meinen damit, dass es Gottes Fügungen sind.

Zum Nachdenken bringt uns, wenn etwas passiert ist...
oder in Übergangen wie heute .
Worauf kommt es im Leben an?
Wozu leben wir?
Gibt es ein Ziel?
Und die Mühen...? Die Schmerzen…? Das Sterben…?
Was ist der Sinn?

Ihr seid geboren, vollkommen zu werden.
Deshalb ist der Sinn des Lebens, an sich selbst zu arbeiten wie an einem großen Werk... Der Tod ist die letzte Korrektur.
Denn *dieses Leben ist ja nicht das Ziel, sondern Mittel, um das andere Leben zu gewinnen...*
Das *andere Leben,* das ist hier schon das Leben der Nächstenliebe und der Gottliebe.
Es heißt:
Der Sinn ist, dass die Liebe im Herzen wachse...

Aber was heißt da Liebe?
Betrachte die zwei Menschen, von denen der eine nur für sich lebt, immer mehr seinem Egoismus, seiner Habgier verfällt und deshalb bedrückt und unglücklich ist...
und die andere Seele, die für Andere da ist und so für Gott...
und dabei froh und glücklich wird…
Und dann stelle dir die zwei Seelen am Ende ihres Lebens vor…

Der Sinn des Lebens: Dass die Liebe im Herzen wachse...
Das soll auch durch unser Arbeiten geschehen:
dass diese Liebe wächst in einer geistigen Liebe zum Kreuz der Arbeit, zur Mühe, zur Aufgabe...

Dazu heißt es einmal:
Eifer bei deinem Arbeiten bedeutet nicht, in Hast und Hetze Vieles zu vollbringen. Eifer bedeutet, sein Herz in die jeweilige Arbeit legen...
Mögen dazu die Chefs für ein günstiges Klima sorgen.

Für mein persönliches Leben aber gibt es darüber hinaus das *unmögliche* Gebot:
Packe mit Freude an, was dich am meisten kostet....
Die Liebe wird dich tragen.
Der Sinn des Lebens, dass die Liebe im Herzen wachse...

In diesem Sinn lautet der Ruf fürs kommende Jahr:
Tu immer wieder den ersten Schritt.
Vergilt Ungutes mit Gutem.
Richte nicht. Du kennst nicht das Herz des Anderen.
Gib, wie Er gegeben hat. Das heilt dich von deinem Egoismus.
Trage die Last deiner Anderen mit...
Hilf gerne. Trage bei zum Glücklich Sein anderer...
Bereite Freude. Und wenn du gut denkst, dann werden auch deine Handlungen gut...Und Halte Ordnung in allem, was dich umgibt...

Und als acht Tage vorüber waren und das Kind beschnitten werden sollte, gab man ihm den Namen Jesus, Retter, Heiland:
...denn er wird sein Volk von seinen Sünden erlösen...
Dazu lese ich das überraschende Wort:
Arbeite du selber an deiner Erlösung...
Zu dieser Arbeit an meiner Erlösung, meiner Wandlung... sind mir wieder die 10 Vorsätze vor Augen gekommen, die Papst Joh 23 selber aufgestellt hat...

Und weil ein Vorsatz fürs ganze Jahr einfach zu schwer einzuhalten ist, sind diese Vorsätze immer nur für den je heutigen Tag aufgestellt:
Nur für heute werde ich niemanden Anderen kritisieren: Außer mich selbst...
Nur für heute werde ich in der Gewissheit glücklich sein, dass ich für das Glück geschaffen bin...nicht nur für die andere Welt, sondern auch für diese...
Nur für heute werde ich mich den Umständen anpassen, ohne zu verlangen, dass die Umstände sich meinen Wünschen anpassen...
Nur für heute werde ich etwas tun, wozu ich keine Lust habe...
Nur für heute werde ich ein genaues Tagesprogramm aufstellen, vielleicht halte ich mich nicht genau daran, aber ich will es aufstellen... und mich hüten vor zwei Übeln: Der Hetze und der Unentschlossenheit.
Nur für heute werde ich keine Angst haben und an die Güte glauben.
Und mich an allem freuen, was schön ist....

1. Januar, Hochfest der Gottesmutter Lk 2, 16-21

In jener Zeit eilten die Hirten nach Bethlehem und fanden Maria und Josef und das Kind, das in der Krippe lag...
Wenn wir zu den Worten des Evangeliums unsere Wünsche knüpfen wollen:
Hier ist es der erste große Wunsch:
Mögen wie im vergangenen Jahr wieder die Menschen mit uns sein, die unsere Hirten sind...
Und mögen wir selber Hirten sein:
Zuerst für die eigene Seele !
Sprich nur ein Wort und meine Seele wird gesund!
Und für die Anderen:
Im Ermutigen, im Mitfühlen und Mitleiden...und ebenso im Herausfordern...und im Mitreißen und im Verstehen...

In jener Zeit eilten die Hirten...
Ist nicht der Kirchgang am Sonntag so ein Eilen zum Kind, zur Krippe...?
Der Kirchgang am Sonntag, ist er nicht immer voller kleiner Erlebnisse?
Und ist man nicht immer wieder froh, dass man aufgebrochen ist
aus dem Privaten in das Öffentliche der Gemeinde...?

Fürs kommende Jahr sei es ein großer Wunsch, dass diese kleine Überwindung oft gelinge: Zum Kirchgang am Sonntag, um die Gemeinde zu stärken, die Einheit!

Die Hirten eilten...
Jemand sagt: Es ist die Eile der Liebe.
Auch von Maria heißt es:
Sie eilte .ins Bergland von Judäa...
und von Maria von Magdala und von Petrus und Johannes wissen wir, dass sie zum Grab liefen...
Und die Kirche ruft voller Ungeduld: Dein Reich komme...
Die Rede von der *Eile* der Hirten hat zu tun mit den Prioritäten:
Was hat Vorrang? Was ist Wichtig?
Damit die Tage geordnet verlaufen, machen wir uns ein Programm.

Papst Johannes 23. nennt ein Gebot für jeden Tag:
...nur für heute werde ich ein Programm aufstellen für den Tag.
Wenn ich mich auch nicht genau daran halte, ich setze es auf.
Und ich hüte mich vor zwei Übeln:
Vor der Hetze und vor der Unentschlossenheit...(dem ewigen Hin und Her)

Zuinnerst aber deutet das *Eilen der Hirten* auf den Vorrang hin,
den das Kind hat:
In allem Gott-zuerst. Jesus zuerst und der Nächste zuerst.
Damit das Neue Jahr auch bei uns und bei mir ein Jahr des Herrn sei -und nicht ein Jahr des Ich.....
nicht ein Jahr des Geldes, nicht ein Jahr der Ablenkungen...

Und sie erzählten, was ihnen über dieses Kind gesagt worden war...
Darf ich dazu in eigener Sache reden und an die Priester denken, die nach dem Bild der Hirten gerufen sind, über dieses Kind zu erzählen und zu reden das ganze Jahr!
Wenn du etwas Tadelnswertes an Priestern findest, frage dich: ehe du anfängst, sie zu kritisieren: Habe ich für sie gebetet?
Und möge doch auch gebetet werden für neue Berufungen:
Die Zahl der Priester geht unaufhörlich zurück.
Aber das liegt wohl auch daran, dass es den meisten gleichgültig ist, ob es Priester gibt oder nicht...

...und sie staunten über die Worte der Hirten...
Eines der Worte des Evangeliums, über das wir immer wieder staunen und an das wir zum Anfang des Neuen Jahres unbedingt erinnern müssen:
Es ist Mt 25, wo Jesus klar macht, dass die Menschen nach der Liebe gerichtet werden in dem, was sie dann durch ihr Leben geworden sind:

Denn ich war hungrig und ihr habt mir zu essen gegeben...
ich war fremd und ihr habt mich aufgenommen...
ich war krank und ich war im Gefängnis, und ihr habt mich besucht...
Am Ende wird der Menschensohn zu den Gesegneten zu seiner Rechten sagen: Was ihr einem meiner geringsten Brüder getan habt, das habt ihr mir getan... Sieh mich also im Nächsten.

Da können wir sehen, was der Sinn des Lebens ist und wodurch der Mensch sich verwirklicht:
Am Ende wird er nach der Liebe gerichtet:
Nach dem, was er getan hat (insgesamt) für das gemeinsame Leben im Beruf, in der Familie, im Sozialen, in der Kultur, der Politik...
Dabei gibt es keinen Rangunterschied zwischen hochbezahlter und niedrig bezahlter oder unbezahlter Tätig-sein:
Wertvoll bleibt allein die Hingabe und die Solidarität...und der Gehorsam...
Zurecht wird übrigens gesagt:
Keine Religion der Welt hat eine so unerhörte Aktivität der tätigen Hilfe entfaltet wie das Christentum, das doch zugleich die Religion des Kreuzes ist, der Annahme des Leidens...

Maria aber bewahrte alles, was geschehen war, in ihrem Herzen und dachte darüber nach...
Für Maria bedeutet Nachdenken:
Alles, was geschieht, in einem heiligen Abstand zu sehen....
und zu fragen: Was will Gott mir sagen mit diesem Ereignis?
Denn so viel weiß ich: Da ist ein Gott, der auch mich hineingestellt hat in dieses Jahrhundert, in diese Familie... und der auch mir einen Part aufgetragen hat für das Heil der Welt...
Für uns möge hier noch ein zweites Wort von Johannes 23 übers Jahr helfen: *Nur für heute werde ich fest daran glauben,*
selbst wenn die Umstände das Gegenteil zeigen sollten,
dass die gütige Vorsehung Gottes sich um mich kümmert, als gäbe es sonst niemand auf der Welt...
Die Hirten kehrten zurück, rühmten Gott und priesen ihn für das, was sie gesehen und gehört hatten...
Zurückkehren zu Ihm, um zu danken, das gehört zum Wesen der Religion.
Denken wir nur an die Beziehungen, in denen jeder von uns lebt:
Die familiären, die freundschaftlichen, die nachbarschaftlichen,
die gemeindlichen, die beruflichen...
Wie könnten wir uns anders entwickeln als in diesen (!) Beziehungen:
Unsere Nächstenliebe, unser Mitfühlen, unsere Standfestigkeit...
Jesus in *Er und Ich:*
Suche mich in allem, was dich glücklich macht...
Danke mir aber auch für die Dinge, die dir weniger gefallen...
das eine wie das andere ist meine Weise, deine Seele, deine Persönlichkeit zu formen und lass dich von keinem meiner Wege,
die ich dich führe, erschrecken... Ja, du solltest mir auch danken, wenn ich dich mit Leiden prüfte:
Ich tue alles für das Wohl der Seelen, des inneren Menschen.

Die Hirten kehrten zurück, rühmten Gott und priesen ihn für das, was sie gehört und gesehen hatten...
Das letzte große Zurückkehren zu Gott geschieht im Tod.
Müssen wir nicht - am Anfang dieses Jahres - an den Tod denken...?
Aber nicht traurig, denn das Kind in der Krippe ist den gleichen Weg gegangen und Maria und Josef und die Vorfahren...

Der Tod bringt uns zu dem, der damals das Kind in der Krippe war...

Glaubst du nicht, dass ich im Moment des Todes meiner Freunde komme, um sie sanft zu holen mit aller Behutsamkeit, die du an mir kennst, um ihre Seelen in mein Königreich einzuführen?

Dreikönig A 2008 Mt 2,1-12

In Wien in der Gemäldegalerie vom Schloss Belvedere ist ein Gemälde zu sehen, mit dem Titel *Die Heiligen Drei Könige*,
gemalt von Leopold Kupelwieser 1825.
Das Bild zeigt drei wahrhaft königliche Männer - ein alter und zwei jüngere. Alle auf prächtigen Pferden, der Alte in einem langen tiefroten Umhang, die beiden andern in einem braunen und dunkelgrünen.
Im Hintergrund rechts angedeutet eine Karawane mit Kamelen.
Über ihnen ein nachtblauer Himmel.
Und die zwei jüngeren Männer, der eine von ihnen Afrikaner,
schauen hinauf zu dem einzigen Stern, der hoch am Himmel strahlt.
Der Alte aber mit dem langen weißgrauen Bart und einer leichten Krone, der schaut schon voraus auf das Gebäude dort hinten, das von einem hellen Leuchten umgeben ist. Die rechte Hand hat er dabei zu einem feierlichen Gruß erhoben.
Vielleicht hält man mich für naiv oder romantisch:
Aber ich glaube ganz einfach, dass es so ähnlich gewesen sein muss. Und dass diese Sterndeuter ganz außergewöhnliche Männer gewesen sein mussten, die wir bewundern müssen und zu denen wir aufschauen in Ihrer Würde.

Aber zugleich stehen sie ja stellvertretend für viele, ja für uns alle:
Mit ihrem Suchen und ihrer weiten Reise und ihrer Frage:
Wo ist der neugeborene König...?
Vor allem sind sie Stellvertreter, Repräsentanten der Völker des Ostens und des Südens.
In ihnen beginnt sich zu erfüllen, was der Prophet Jesaja 600 Jahre vorher geschaut...geschrieben hat:
Blick auf und schau umher. Deine Söhne kommen von fern,
deine Töchter trägt man auf den Armen herbei...
Die Schätze der Völker kommen zu dir. Zahllose Kamele bedecken dein Land...Sie alle kommen von Saba und Seba,
bringen Gold, Weihrauch und Myrrhe...
Die nächsten Jahre werden wir in Alberschwende von Zeit zu Zeit einen Priester aus dem Süden, aus Uganda kennen lernen - und später vielleicht manche aus anderen Kontinenten:
Dank der bisher dreißig AlberschwenderInnen, die mit der monatlichen Spende von 15 Euro ein Doktorats Studium solcher schon geweihter Priester finanzieren. Es braucht noch einige...
Und dazu darf ich - muss ich - erinnern:
Mit der Kirchen-Sammlung heute wird jungen Leuten aus drei Kontinenten das Priesterstudium möglich gemacht.

In Afrika und Asien und Lateinamerika ist der Zustrom zu den Priesterseminaren groß. Diese Sammlung ist eine entscheidende Hilfe für das Christentum bei diesen Völkern...

Bei der Gelegenheit eine kleine Statistik:
Im Jahre 2003 waren auf der ganzen Welt 2 Mrd. Christen
mit verschiedenen Bekenntnissen. Tendenz steigend.
Amerika ist das Land mit den meisten Christen.
Dann Brasilien und Mexiko und Russland,
die Philippinen und Deutschland.
Innerhalb der christlichen Konfessionen ist die katholische Kirche die Größte mit 1,1 Mrd. 2004.

Aber alle Christen auf der Welt - auch die 300 Millionen verfolgten - kennen dieses Evangelium von den Sterndeutern,
die da fragen:
Wo ist der neugeborene König der Juden?
Die Antwort muss zuletzt eine mystische sein:
Denn der Jesus von Nazareth ist der Gott-Mensch,
der jetzt überall ist.
Er würde sagen:
Suche mich in den Evangelien, in den Kindern, in den Anderen,
in den Einfällen deines Herzens, in der Natur...
in den Kommunionen, in den Ereignissen der Welt und deines Lebens...
Aber als Herodes von dem neugeborenen König hörte,
erschrak er.
Die Herodesse aller Zeiten - auch der unseren:
Das sind die kleinen und großen Diktatoren.
Das sind die, die zuinnerst aus Herrschsucht und Ehrgeiz herrschen - nicht aus Sorge um das Wohl der Menschen...
Aber *Herodes* ist auch in dir und mir,
der Herodes auf der Straße - als Rivale im Auto;
der ehrgeizige Herodes, der um seinen privaten Thron fürchtet;
der, den die Eifersucht plagt; der unbedingte Rechthaber und der,
der auf Kritik mit Aggression reagiert...
Und dann der Herodes der Falschheit, der Hinterlist und der Lüge im Herzen:
Und wenn ihr das Kind gefunden habt, berichtet mir,
das auch ich hingehe und ihm huldige...
All das Herodische ist in jedem menschlichen Herzen.
Erlösung beginnt, wo das *Licht des demütigen Königs in der Krippe, des Hirtenkönigs...* mich *meinen Herodes* erkennen lässt...

Und die Schriftgelehrten hatten die Verheißung gefunden:
Du, Bethlehem... aus dir wird ein Fürst hervorgehen,
der Hirte meines Volkes Israel...
Es ist das Alte Testament, die Heiligen Schrift des Judentums,
wo in unerklärlicher Voraus-Schau immer wieder auf den *Messias* verwiesen wird...

Das Judentum wartet heute noch auf sein erstes Kommen, das für sie sein einziges und letztes sein wird; wie für die Christen sein Wiederkunft in Herrlichkeit…!

Und als sie den Stern sahen,
wurden sie von sehr großer Freude erfüllt...
So ein Stern, der einen mit s*ehr großer Freude erfüllt:*
das ist manchmal eine Musik: *Meine* Musik, mein Lied, mein Song,
Eine Landschaft... Ein Tal mitten im Gebirge...
Ein Bruder, eine Schwester, ein Freund, eine Freundin...
Der Stern der großen Freude: Eine entscheidende Prüfung bestanden, eine gelungene Arbeit...Der Stern einer Heilung...

Sigismund. Der junge Mann, der in all seinen jahrelangen Irrungen und Sackgassen immer diesen Stern der Hoffnung in sich getragen hat, doch noch Priester werden zu dürfen, wie er es von Anfang an wollte...
Und sie sahen das Kind und Maria, seine Mutter:
Da fielen sie nieder und huldigten ihm...
Denn nicht nur sahen sie das Kind,
Sie sahen, wie das Kind sie sah und sie erkannte...längst.
Sie sahen im Blick des Kindes ein tiefes Kennen.
Als ob das Kind genau sie immer schon kennen würde...
Als ob es sagen würde:
Da seid Ihr ja! Ich wusste, dass Ihr es schafft!
Dass ihr noch kommen werdet...
Wie danke ich Euch, Ihr Drei Königlichen Gottsucher...!

Und zu uns sagt das Kind - über meine Quelle:
Betrachte heute zum Fest meiner Erscheinung die Freude der heiligen drei Könige. Die Menschen, die mich finden, erfahren die größte Freude, das höchste Glück, das es auf Erden gibt.
Doch man muss mich suchen:
Nicht einmal oder zwei Mal, sondern unaufhörlich...
Denn unaufhörlich seid ihr dabei, mich zu verlieren in den Zerstreuungen des gegenwärtigen Lebens...

Dreikönig A 2017 Mt 2,1-12

Sterndeuter kamen aus dem Osten nach Jerusalem und fragten:
Wo ist der neugeborene König der Juden?
Wir haben seinen Stern aufgehen sehen...
In Wahrheit sind ja alle Sterne seine Sterne...
Der *neugeborene König*: Das ist ja Der, der die Sternensysteme *gedacht* hat...
und auf Den alle Sterne sozusagen *hören…*
Die ganze Natur und das Weltall ist eine Epiphanie Gottes.
Wissenschaftler, die das Weltall erforschen, erforschen eigentlich Gott selbst in seinem Werk. Ob sie das glauben oder nicht.
Sieh den Meister in seinem Werk.

Darum sind diese Sterndeuter keine Phantasten.
Sie sehen den tiefen Zusammenhang von Himmel und Erde.
Sie sehen die Bedeutung von dem, was da geschieht...
Er: *Alles, was geschieht, hat allein Bedeutung im Blick auf das Ziel, die Ewigkeit...*
Als König Herodes das hörte, erschrak er...
Warum erschrak er?
Weil er sich fürchtet, seinen Thron zu verlieren...
Auch der kleine Tyrann in uns, der Selbstherrliche in uns, fürchtet sich: Kaum taucht da jemand auf, der Konkurrent sein könnte, der es besser kann und der beliebter ist: Schon ist die Eifersucht, gar das Erschrecken in unserem Alten Adam.
Und dann seine Frage, wo der Messias geboren werden solle...
Das stellt Herodes offenbar nicht infrage, dass es da eine Überlieferung gibt von einem Messias, einem Gottgesandten, der das Volk retten soll…
Aber Herodes glaubt nicht an Gott.
Diese Prophezeiungen sind für ihn bloße Tradition.
Machtinstrumente der Priesterschaft..
Es gibt keinen Gott. Und deshalb auch keinen Geschichts-Plan..
Und die Schriftgelehrten ?
Sie kennen natürlich die Hl Schriften bis ins kleinste.

Und wissen, dass bei Jesaja die Rede ist von einem ***Hirten des Volkes, der aus Bethlehem hervorgehen soll.***
Aber sie sind Gelehrte, die zwar viel über die Hl Schriften wissen, aber nur mit den *Lippen beten,* streng nach den Gesetzen leben,
doch ohne Liebe...ohne Seele...
Später zeigt sich in ihrer Konfrontation mit Jesus, dass sie die Religion missbrauchen als Mittel der Macht über das Volk...

Herodes jedenfalls hat nur den einen Plan:
Dieses Kind muss weg! Um jeden Preis!
Und dazu sollen die Sterndeuter es finden!
Damit er selber hingehe, um ihm zu huldigen...
Jesus hat ihn später einen *Fuchs* genannt.

Und nachdem seine Soldaten das Kind nicht gefunden haben -
Josef ist auf Befehl des Engels mit Maria und dem Kind nach Ägypten geflohen - geht er auf *Nummer Sicher* und lässt sämtliche Kinder bis zu zwei Jahren in Bethlehem massakrieren...

Die Sterndeuter aber sehen wieder ihren Stern...
nachdem sie aus dem *falschen Licht der Stadt i*n die Nacht hinaus gelangt sind, wo ihnen das *wahre Licht* wieder leuchtet...
Und als sie den Stern sahen, wurden sie von sehr großer Freude erfüllt...
Wann werden *wir* von *sehr großer Freude erfüllt*?
Ich habe diese Woche einen alten Freund getroffen, der mir Tage vorher geschrieben hat, dass er sich *sehr freut,* mich wieder zu sehen.
Wunderbar, wenn wir einem Besucher ausrichten können:
Wir freuen uns auf dein Kommen...!
Und noch schöner für den Besucher, der so erst recht motiviert ist zu kommen.

Es heißt, die Freude der Christen sei wesentlich *Vorfreude...!* Ich glaube, die Freude der Sterndeuter im Anblick des Sterns war Vorfreude.
Freude auf Den, von dem der Stern kündet.
Der Stern selber ist dann eine Epiphanie Gottes.

Mein *Garnera-Tal i*st so ein Stern für mich, wo ich etwas von der Herrlichkeit Gottes sehe…in den steilen Hängen links und rechts... in den Bächen... den Gämsen und Rehen…in der weiten, tiefen Stille...

Auch eine bestimmte Musik kann uns so ein Stern sein,
der uns großer Freude erfüllt...
Die Hl Messe ist so ein Stern… so eine Epiphanie!

Und dann sahen sie das Kind und Maria und Josef...
da fielen sie nieder und huldigten ihm...
Es heißt: Man möge Gott in allem sehen…
In jedem Menschen und in jeder Begebenheit...
Alles sei anbetungswürdig…
Sieh mich, deinen Gott, in allen Geschehnissen.
Ich bin der, der sie lenkt…
Dann holten sie ihre Schätze hervor
und brachten ihm Gold, Weihrauch und Myrrhe als Gaben dar...
Gold als Symbol für die Liebe Gottes, die nie vergeht...
Weihrauch als Symbol für das Gebet, das aufsteigt...
Myrrhe ...für den Tod und Auferstehung.
Weil ihnen aber im Traum geboten wurde, nicht zu Herodes zurückzukehren, zogen sie auf einem anderen Weg heim in ihr Land...
und brachten dorthin die Kunde von dem Kind und von Maria und Josef...
Wenn die Flüchtlinge einmal wieder zurückkehren könnten: Ob sie dann wohl voller Bewunderung für die christliche Religion in ihre Heimat zurückkehren...?
Oder gar als Getaufte Christen, nachdem sie als Muslime gekommen waren…?

Dreikönig A 2014 Mt 2,1-12

**...und weil ihnen im Traum geboten wurde,
nicht zu Herodes zurückzukehren, zogen sie auf einem andern Weg heim in ihr Land...**
...und zogen dann - zwei tausend Jahre später - als Sternsinger auch durch Alberschwende...
Man muss sie wirklich bewundern, alle die großen Kinder, die in diesen Tagen in Deutschland und Österreich als Sternsinger unterwegs sind - und eben auch unsere 32 Buben und Mädchen, die in acht Gruppen durch Alberschwende ziehen - heute ein letztes Mal.

Und man kann sie ja ein bisschen vergleichen mit den Sterndeutern damals:
Die müssen ja schon viele Jahre den Sternenhimmel beobachtet haben.
Den neuen ganz ungewöhnlichen Stern deuten sie als
Zeichen, dass da ein göttliches Kind auf die Welt gekommen sein muss.
Sie entschließen sich, zu dem göttlichen Königskind zu ziehen
und bereiten sich auf die große Reise vor.

Unsere Sternsinger haben sich auch entschlossen mitzumachen und haben drei Wochen vorher angefangen, Lied und Spruch auswendig lernen.
Die Sterndeuter damals haben auch ein Reiselied gehabt:
Die Stimme in ihrem Herzen, die sie gedrängt hat, dem Stern zu folgen.
Und ihr Spruch - das war ihr Wort zu Herodes:
Wo ist der neugeborene König der Juden? Wir haben seinen Stern aufgehen sehen und sind gekommen, ihm zu huldigen...
Bei unsern Sternsingern war schon vorher klar, wer mit wem zusammen geht.
Aber dann ist es immer ein bisschen spannend bei der Frage:
Wer macht *Achrain, wer Fischbach, Ahornach und Tannen, Zoll und Hof und Schwarzen, Hinterfeld und Moos und Egg...und Weitloch...?*

Für die Sterndeuter damals war einzig klar die Richtung -
nach Westen! Immer mit Blick auf diesen Stern da droben.
Auf Kamelen sind sie geritten und auf Pferden.
Weihrauch und Gold haben sie dabei gehabt und Myrrhe.

Unsere Sternsinger gehen zu Fuß, ausgerüstet mit Weihrauch und Kreide.
Statt Gold die große Kassa fürs Geld!

Und - Zahnstocher für den Fall, dass eine Nase kitzelt.
Man kann nicht mit dem Finger in die Schminke fahren.

Die Sterndeuter kommen dann zur Stadt Jerusalem,
wo sie im Palast den neugeborenen König vermuten.
Herodes aber erschrickt und plant sofort,
den Konkurrenten ermorden zu lassen...

Der Herodes für unsere Sternsinger, das wären Leute, die eher ein bisschen abschätzig auf diese Stern-Singerei schauen mit dem Spruch und dem Lied...
Und da zog der Stern, den sie hatten aufgehen sehen, vor ihnen her bis zu dem Ort, wo das Kind war. Dort blieb er stehen. Und als sie den Stern sahen, wurden sie von sehr großer Freude erfüllt.

Unsere Sternsinger waren zuerst noch ein wenig aufgeregt
und bedrückt: Ein anstrengender Nachmittag vor ihnen!
Aber dann haben sie dasselbe getan, was die Sterndeuter damals getan haben:
**Sie gingen in das Haus und sahen das Kind und Maria,
seine Mutter...**
Unsere Sternsinger sind in viele Häuser gegangen.
Aber haben sie dort auch das Kind und Maria gesehen?
Jawohl, haben sie! Jede Familie ist ein bisschen Heilige Familie! Und alle Christen, ja alle Menschen sind *verwandt* mit dem Kind!

Und dann haben sie ihr Lied gesungen, haben Weihrauch geschwenkt und den Spruch vorgetragen. Das Gold, das ist die Spende gewesen, die man in jedem Haus ins Kässle gesteckt hat.
...und dann zogen sie auf einem andern Weg heim in ihr Land.
So wie unsere Sternsinger auch. Nach 5, 6 und 7 Stunden sind sie ziemlich geschafft, aber froh ins Pfarrheim heimgekehrt:
Wo es Zack-Zack gegeben hat und Pastasciutta und Schnitzel mit Pommes und die großen Rucksäcke voll Schokoladetafeln und Geld im Kässle...
Die Sterndeuter damals erkennen in dem Kind, was sie und was alle Menschen suchen: Das Geheimnis und das Ziel des ganzen Lebens:
Die Liebe.
In dem Kind ist ja die *Liebe selbst* zur Welt gekommen.
...Die Freude der Heiligen Drei Könige ..
das ist die Freude aller Menschen, die Gott finden...
Es ist das größte Glück, das es auf Erden gibt...
Doch man muss Ihn suchen, nicht einmal oder zweimal,
sondern unaufhörlich...gegen alle eure Zerstreuungen,
die euch von der Suche abbringen.

Dreikönig A 2008 Mt 2,1-12 Handwerkertag

Zur Zeit des Königs Herodes kamen Sterndeuter nach Jerusalem...
...sie haben auf einmal den Stern aus den Augen verloren und sich täuschen lassen vom Glanz der Stadt und des Reichtums und damit von ihrem *welthaften Denken:* Da, in so einem Palast muss der neugeborene König zu finden sein! Nach dieser Mentalität ist Reichtum höher zu werten als Armut; Reich-sein würdiger als Arm-sein...

Vor kurzem hat man wieder eine Gehalts-Tabelle lesen können über Spitzengehälter. Erstaunlich, dass solche Veröffentlichungen möglich sind. Gehalt und Gewinn sind ja eher unsere Geheimnisse.
Noch nicht lange her, hat manche Frau nicht gewusst, wie viel der Mann verdient.
In einem Betrieb wird man ungefähr wissen, was die andern verdienen.
Vielleicht aber wäre es manchmal besser, es nicht zu wissen.
Es kann eine Ursache für Kränkung sein.
Wenn jemand sich mehr als nötig einsetzt für den Betrieb und sehen müsste, dass er nicht mehr bekommt als andere...
Jemand hat gesagt:
Ich möchte eigentlich gar kein höheres Gehalt.
Wenn ich mehr bezahlt bekomme, dann hätte ich immer die Sorge,
ich würde zu wenig tun für den Lohn...und würde denken,
ich müsste immer zur Verfügung stehen, damit ich meinen Lohn rechtfertige...

Aber noch einmal zu den Spitzengehältern:
Man könnte Zorn abbauen, wenn man bedenkt:
Wer so hoch hinaufkommt in der Karriere, der hat Jahrzehnte lang hart gearbeitet, angefangen mit langen Ausbildungszeiten, der hat gelernt, auf viel Privates zu verzichten; auch auf geregelte Arbeitszeit.
Und: Er bringt durch seine Entscheidungen meistens doch ein Vielfaches von dem ein, was er selber kostet.
Vor allem aber: Kommt es letztlich nicht darauf an, *was* jemand mit seinem vielen Geld *anfängt*...? Von daher gesehen müsste es für jeden heißen:

Verdiene, soviel du nur kannst, damit du mit deinem Geld dich nützlich machen kannst für das Leben
Für deine Anderen und so für den Lieben Gott...
Eine Familie erhalten... Kinder in Schulen schicken...Wohnung oder Haus oder Betrieb vergrößern. Mit deinen Steuern beitragen zum Fortschritt des Landes... Sich selbst leisten, was dir gut tut....
und nicht zuletzt armen Mitmenschen - sei es hier oder anderswo - ein wenig helfen können...
Es gibt reiche Leute, von denen man weiß, dass sie große Summen dafür ausgeben, weil sie dabei Zufriedenheit und Sinn erfahren.

Wenn es so etwas wie eine Bilanz geben soll am Ende vom Leben,
dann wird es uns mit großem Frieden erfüllen, wenn wir erkennen können:
Ich habe mit meinen *Talenten* gewirtschaftet im Sinn des Himmels...

Eine Bericht, der vor kurzem sehr angenehm aufgefallen:
Der zeigt etwas vom Geist des *kleinen Königs in der Krippe*:
Dass nämlich in den Tourismus-und Schi-Orten erkannt worden ist:
Die Hauptbedingung dafür, dass der Gast zufrieden ist,
sind zufriedene Mitarbeiter!
Nicht nur aus geschäftlichen Gründen, sondern aus Anstand und Kultur wollen wir dem Personal gute Unterkünfte bieten!
Zugleich werden sie dann auch gutgesinnte Mitarbeiter sein...
die sich nicht ausgenützt vorkommen.
Dazu hat man zum Beispiel in Warth am Arlberg eigens schöne Personalhäuser gebaut...
Wogegen eine Empfehlung von der Obersten Tourismus-Leitung in Österreich gar nicht gefallen kann: Wenn da - dem Sinn nach - gesagt wurde: Die Leute aus dem Tourismus müssten selber das beste Produkt sein…

Wenn damit gemeint ist, man müsse sich selbst möglichst reizvoll und originell darstellen, sich möglichst gut verkaufen, dann würde ich sagen: Das ist der *Herodes* und damit der Anfang vom Ende von einem ethisch gesunden Tourismus und auch jedes Wirtschaftsbereiches, wo man sich selbst vermarkten wollte...

Wo ist der neugeborene König der Juden?
In einer Wochenzeitschrift gab es eine Überschrift:
Fragen, die Leute wirklich umtreiben..
Die 25 meistdiskutierten Fragen der Internetseite Yahoo Clever, die bestbesuchte deutsche Frageseite...
Früher hat der Mensch sich mit seinen Fragen an die Götter gerichtet; später an ein Buch und an Menschen um ihn herum.

Heute gibt es die Möglichkeit, die Fragen auf die Internetseite *Wer weiß was?* zu stellen und man wartet auf Antworten.
Hunderte Fragen werden dort täglich gestellt.
Die Fragen wurden gespeichert und es ist eine Sammlung der großen Fragen entstanden.
Da ist natürlich nicht die Frage der Sterndeuter dabei:
Wo ist der neugeborene König der Juden?

Eine scheinbar einfältige Frage unter diesen 25 meistgefragten:
Wie übersetzt man das Wort cool bzw. uncool ins Deutsche...?
Antwort: Der Polizist, von dem mir jemand erzählt hat über einen heftigen Wortwechsel mit ihm, habe ihn jetzt nicht *erst recht* gefilzt, im Gegenteil!
Wo wieder etwas war - mit dem Scheinwerfer und mit dem Tempo - sagte er: *Kauf der Mama ein paar Blumen für das Geld, das ich dir jetzt abnehmen hätte können...*
Das sei *cool*!
Oder: Warum werden im Büro so gerne Kugelschreiber geklaut?

Oder: Warum dreht man das Radio im Auto leiser,
wenn man den Weg nicht findet?
Das lässt sich allerdings auf wesentlich tiefere Ebenen anwenden:
Wenn wir den persönlichen Weg suchen - nach der Art der Sterndeuter in Jerusalem - dann drehen wir alles ab, was uns ablenkt bei der Suche...
Und wenn wir das nicht freiwillig tun, dann tut es das Leben für uns/gegen uns: Wenn plötzlich der Körper nicht mehr mitmacht.
Wenn sozusagen Funkstille ist...

Damit wir spätestens jetzt anfangen, den Weg zu suchen und den Stern. Das wissen wir von Anderen, die auch mitten in der Weihnachtszeit ins Spital müssen, in die Intensivstation! Totale Relativierung von romantischem Weihnachten durch die Wirklichkeit.

Welches ist - zum Schluss gefragt - deine persönliche Frage,
die du ins Internet stellen würdest?
Eine echte Frage, etwas was du wirklich wissen möchtest...
oder verstehen... was dich echt interessiert...
das können einfältige Fragen sein, aber du hast sicher auch eine,
zwei große Fragen…
Was würdest du mit einem großen Lottogewinn anfangen?
Oder wenn man dir sagte: Morgen ist letzte Tag deines Lebens...?

Herodes: Das ist der Name für besessenes Festklammern an der Macht...
Sterndeuter: Das ist Gottvertrauen, das ist Loslassen...
Herodes und die Sterndeuter: Das sind zwei gegensätzliche Verhältnisse *zurzeit als solcher...*
Prof. Haller: Wir leben in einem Zeitalter der Beschleunigung.
Untersuchungen belegen, dass seit 50 Jahren die Sprech- und Geh-Geschwindigkeit ständig zunimmt, das Tempo beim Essen steigt...
Dass die erholsame Schlafzeit gekürzt wird zugunsten der Tüchtigkeit:
Mach schneller! lautet die häufigste Anweisung an die Kinder…
Vielleicht auch an die Lehrlinge.
Ich habe keine Zeit, eine der meist gebrauchten Floskeln unseres Alltags...
Aber der ständige Termindruck, die allzeitige Verfügbarkeit verursachen Stresskrankheiten, Erschöpfung und Burnout und Infarkte...
Dringender Rat von Haller:
Man muss Strategien entwickeln gegen den oft mörderischen Zeitdruck...
die Zeitoptimierung solle in erster Linie der eigenen Person und der Gesundheit zugutekommen...
Entschleunigung ist das Gebot der Stunde...und des Neuen Jahres...
Aber hören wir dazu noch eine andere Stimme, ebenso glaubwürdig und einleuchtend:

Ein deutscher Künstler und Maler beschreibt seine Wachträumen für ein neues Leben so:
Ich sehne mich nach Beschleunigung...nach Tempo.
Das Leben zu beschleunigen würde bedeuten, keine Zeit zu verplempern...
In einem beschleunigten Leben würde ich mehr Bilder malen...
nicht mehr nur diese lächerliche neun in zwei Jahren.
Oder weniger Bilder - die aber schneller.
Dann hätte ich auch mehr Zeit für andern Kram.
könnte doch noch einmal surfen lernen, bevor Gevatter Hein anklopft...

Entschleunigung oder Beschleunigung? Sterndeuter oder Herodes?
Oder darf man da gar nicht mehr so einfach Schwarz-Weiß Malen?
Man wird sagen müssen: Beides ist gefragt.
je nach Bereich, je nach Person, je nach Situation.....

Ein Handwerker sagt:
Wenn du diese Arbeit machst, dann braucht das einfach seine Zeit.
Aber: Das Grundtempo beim Handwerker ist zügig... muss zügig sein.

Übrigens bewundern wir Leute, - oft sind es eher Frauen als Männer, die innerhalb der gleichen Zeit erstaunlich mehr unterbringen…
und das ohne Hetze und Stress.
Das gewisse Tempo, das braucht es für den Schüler bei den Aufgaben machen… für den Studenten beim Studium.

Das gilt für den Arzt in der Ordination:
Ganz da sein und doch vorankommen für die andern, die warten.
Das gilt für den Maurer mit dem frischen Beton,
für den Bäcker mit dem Teig,
für den Tischler beim Leimen,
die Frau, die am Morgen eilig zur Arbeit geht,
der Bauer, der am Heuen ist,
die Sekretärin, die E-Mails schreibt,
die Kellnerin, die bedient.

Aber: Das richtige Tempo, die gewisse Schnelligkeit muss von Innen kommen. Das *Mach schneller* von außen gesagt: Ja, das darf und muss es geben. Auf Dauer aber kann es nur der eigene Schwung sein, der führt.

Als sie den Stern sahen, wurden sie von sehr großer Freude erfüllt...
Wir werden alle von einem Stern geführt.
Es ist unser Gewissen (die innere, persönlichste Instanz, die wir Gewissen nennen)
Nach bestem Wissen und Gewissen.
Ob es auch so etwas wie ein Gewissen des Handwerkers gibt?
Ganz sicher gibt es das; ja das macht den Handwerker aus:
Dass die Arbeit gut gemacht ist und dass der Kunde nicht übervorteilt wird.
Für uns alle gilt:
Niemals sind wir ohne diesen Stern des Gewissens...der Intuition,
des Gefühls für das, was jetzt notwendig ist getan werden muss… und
immer ist es das mehr oder weniger Außergewöhnliche,
nicht bloß das Normale... das Durchschnittliche..
Das Gewissen ist der Stern, durch den Gott zu uns spricht...
Die Kunst, die Lebenskunst besteht darin, sensibler zu werden für diese Stimme der Wahrheit und des Guten...
Und das wird man nur, wenn man ihr tätig folgt.

Und die **sehr große Freude**?
Wie ist sie verbunden mit dem Stern des Gewissens?
Es ist jedenfalls eine Erfahrung aller Menschen, dass man sich freut, wenn man seine Arbeit, seine Pflichten bestmöglich erfüllt hat...
oder wenn man sich sogar zu einer eher ungewöhnlich notwendigen Aktion überwunden hat bzw. überwinden hat lassen...

In seiner Freude verkaufte er alles, was er besaß und kaufte den Acker...
Freude ist eine der Früchte des Heiligen Geistes:
Liebe, Freude, Friede, Freundlichkeit, Güte, Treue, Sanftmut, Selbstbeherrschung…
Entschleunigung heißt: jede Arbeit braucht ihre Zeit...
und jeder Arbeitende braucht seine, etwas unterschiedliche Zeit...

In Altersheimen die einzelnen Dienste mit Minuten berechenbar zu machen oder gar vorzuschreiben: Das ist die Seite der Bürokratie,
die aber immerhin so viel wissen muss: Dass die lebendige Wirklichkeit noch einmal eine ganz andere Seite ist...
...Und Schaltkästen bauen... ein Haus bauen... Kunden zu bedienen...
...Dächer decken...
Immer muss der arbeitende Mensch auch für sich das Tempo zumindest mitbestimmen können und wollen.
Sonst muss er den Mut haben zu sagen:
Stopp, so geht es mit mir nicht weiter...!

Entschleunigung wird heißen: Für den gegebenen Zeitraum nicht zu viele Arbeit annehmen; Lücken lassen im Terminkalender für Unvorhergesehenes und für das Persönliche...
Wenn Beschleunigung, dann nicht nur von außen als Anordnung,
als Befehl: Mach schneller! Ja, das wird es auch geben müssen.
Aber Beschleunigung von Innen, aus dem eigenen Schwung,
etwas voranzubringen, etwas fertig zubringen...

2. Sonntag n Weihnachten A 2014 Joh 1,1-18 Handwerker

Im Anfang war das Wort...
Johannes, der das Evangelium geschrieben hat - etwa 20-30 Jahre nach dem Tod von Jesus, er hat mit dem **Wort, das *im Anfang war***,
Jesus gemeint.
Jesus ist als ***Das Wort*** **vor aller Schöpfung.**
Bevor die Welt und das Universum geworden ist, **ist** er...
Ehe Abraham ward, bin ich, sagt er zu Pharisäern.
Und an andere Stelle viel später:
Ich bin das immerwährende Sein.
Jesus ist der Mensch gewordene Gott.
Aber er ist der demütige, der gehorsame Gott,
der auf Gott -Vater hört...

Aber der Satz gilt auch für unser Leben:
Im Anfang war das Wort...
Das Evangelium, die Heilige Schrift.
ist für uns ein Anfangswort, ein Leitwort fürs wahre Leben:
Er: *euer Glück besteht in einigen Worten vom Evangelium...*
Ihr werdet glücklich sein, wenn ihr einige wenige Worte vom Evangelium versteht und in euer Leben umsetzt...

Z.B. das Wort: ***Wer mein Jünger sein will,*** wer in meine Schule gehen will, der überwinde sich selbst, nehme täglich sein Kreuz auf sich und folge mir nach.

Das tun die Handwerker, ohne dass sie dabei an dieses Wort von Jesus denken. Jeden Morgen überwindet man sich - nimmt die Arbeit auf sich.
Manchmal geht es schwer, manchmal leicht....
Den Idealfall, dass man sich zum Schaffen-Gehen gar nicht überwinden muss, den gibt es freilich auch...
Am Anfang war das Wort...
Das Wort kann auch in dem Sinn *Anfang* sein, dass man mit einem Wort jemanden verletzt oder wütend macht oder beleidigt...
Wir kennen das, weil wir da selber Opfer wie Täter sind.

Und auch das Wort, das über abwesende Dritte geredet wird.
Wie muss man da aufpassen, dass man (in der Gruppe) Andere nicht nur *hinunter-tut...*
So leicht ist man sich einig im pauschalen Schlechtmachen von jemandem.
Und wie kann man umgekehrt mit einem *guten Wort* immer wieder jemand aufmuntern, trösten, ermutigen...
jemandem helfen, der seelisch in Not ist:
Da sind *gute Worte* wirkungsvoller als Wunder.
Wie schwer dagegen ein Zusammenleben und Zusammen-Schaffen, wo scharfe und giftige Worte fallen...

Alles ist durch das Wort geworden...
Das Kind in der Krippe ist der *Architekt und Baumeister...*
Gott Vater ist der *Bauherr.*
Aber grad auch für den Handwerker gilt:
Alles, was gemacht wird, wird durch *das Wort* gemacht...
Das fängt an mit dem Wort zwischen Kundschaft und Handwerker, mit einem Anruf beim Installateur:
Die Heizung ist kalt... Kannst kommen...?

Und der Plan und die Zeichnungen für den Kasten, den Tisch,
für die Küche, ein Haus…
Der Plan ist dann wie ein *Wort*:
So soll es aussehen und gemacht werden!
Für einen Hausbau braucht es intensive Gespräche zwischen Firma und Bauherr....
Und es ist notwendig, dass der Planer gut zuhören und sich versetzen kann in den Kunden...
Alles ist durch das Wort geworden...
Allerdings: Der technische Fortschritt geht in die Richtung,
wo das Handwerk wegrationalisiert wird:
Die *intelligente Maschine* ist dann das Wort… die totale Automatisierung.

Smart Citys: Die Stadt, wo das Leben voll automatisiert sein wird,
angefangen beim Kühlschrank, der automatisch dem Großhandel meldet,
was aufgefüllt werden muss...
die Heizung, die total gesteuert ist.
Das Auto, das selber fährt...
Eine Werkstatt, wo bisher 10 Mann Arbeit gehabt haben, sind noch zwei Fachleute nötig, die Maschine zu bedienen.

Aber die *intelligente Maschine* redet nicht.
Der Roboter redet nicht wirklich, wird immer ein *Ding* sein,
nie ein *Jemand.*
In ihm war das Leben, und das Leben war das Licht der Menschen...
Jede Tugend, jede gute Fähigkeit ist *Leben und Licht.*
Kollegialität ist Licht....
Gute Stimmung, gute Laune ...ist *Licht* und macht hell...
Eine ruhige Sicherheit beim Schaffen ist wie ein warmes Licht...
Wissen, wie es funktioniert, Kompetenz ist *Licht...*
Das wahre Licht, das jeden Menschen erleuchtet, kam in die Welt...
Jeder Mensch hat ein Gewissen. Das ist das Licht in jedem Menschen.
Es ist der Sinn für die Wahrheit...
Er: *Ich habe dem Menschen den Sinn für die freudige Wahrheit ins Herz gelegt...Wenn er gegen sein Gewissen sündigt, verliert er die Ähnlichkeit mit mir...*

Im Handwerkerleben zählt die Wahrheit;
es zählt das Versprechen, es zählt der Vertrag,
es zählt vor allem, *was Sache ist.*
Da zählt das Maß, da zählt das *Blei*, da zählt jeder Zentimeter,

Da kann man nicht sagen: Ich glaube, dass das ein Meter lang ist…
Ein Meter ist ein Meter und 45 Grads sind 45 Grad...
Die Wahrheit wird nicht konstruiert im Kopf.
(s. Konstruktivismus).
Und er kam in sein Eigentum, aber die Seinen nahmen ihn nicht auf. Allen aber, die ihn aufnehmen, gab er die Gnade, Kinder Gottes zu werden.
Kinder Gottes: Dass man anfängt, Jesus nachzuahmen als das innerste Vorbild. … Dass man in der Welt Seine Stelle vertritt;
dass man sein Leben fortsetzt auf der *Erde...*
Und wann tut man das?
Wenn man ehrlich ist und rechtschaffen.
Das sind ja immer schon Tugenden vom Handwerk gewesen.
Nicht der Vorteil nur auf meiner Seite;
das Ziel ist *Win-Win* für Kunde und Handwerker.

Etwas vom Gottes Wesen ist es auch, wenn man *großzügig* ist,
wenn *Zeit nicht nur Geld* ist, wenn Zeit auch geschenkt wird
oder nur geringfügig berechnet.

Die größte Gnade von Gott, die man entwickelt,
das ist, dass der Mensch sich hingeben kann...
hingeben an die Arbeit; sich vergisst im Schaffen, im Dienst...
Hingabe ist ein anderes Wort für Liebe...
Und noch ein anderes Wort für Liebe ist *Opfer.*
Arbeit heißt immer auch Opferbringen.
Opfer bringt man mit dem Willen, nicht nur mit dem Gefühl.
Ein guter Handwerker hat einen starken Willen und ist opferbereit...
Wenn also von Liebe die Rede ist, sollte man nicht nur an Frau und Mann denken, die Liebe bei der Arbeit ist lebenswichtig.

Zur Liebe gehören aber ebenso das *Wissen und das Können.*
Das ist gerade beim Handwerk ein hoher Anspruch
und schöner Anspruch.
Doch das alles muss gelernt sein, in Kursen weitergebildet:
Wie man schöne Möbel macht, Häuser plant und baut und malt,
Eisengeländer dreht, das Dach deckt und wie man der Kundschaft eine schöne Frisur macht und wie man eine gute Verkäuferin ist...

Und noch etwas gehört zur Liebe an der Arbeit - und das sagen wir jedes Jahr beim Handwerkertag:
Das Arbeitsklima, das Betriebsklima...
Dazu ist nötig, dass man als Chef eine beständig gute Stimmung bewahrt; und dass die Mitarbeiter *willige* Mitarbeiter sind.
Das ist vielleicht das Wichtigste.
Dann hat der Chef *leicht Lachen...*

Das Klima hängt aber auch vom Arbeitstempo ab.
Drum wird man nicht zu viele Aufträge annehmen,
dass man nicht ständig am Limit schaffen muss...

Wo ein gutes Arbeitsklima ist, da kann man präsent sein beim Schaffen, aufmerksam und wach:
Wer präsent ist, der gleicht geradezu dem Herrgott,
der immer und überall anwesend ist, nicht abwesend.
Eine Bedingung für Präsenz ist aber auch:
Gehorsam Schlafen gehen zur rechten Zeit...

Und das Verhältnis von *Arbeit und Familie* soll stimmen!
Man kann nicht aufmerksam sein und wach bei der Arbeit,
wenn es in der Familie oder in der Ehe nicht stimmt.
Und umgekehrt auch: Wenn es bei der Arbeitsstelle Konflikte und Spannungen gibt.
Aber es kann nicht immer optimal gehen auf beiden Seiten.
Darum braucht es das eine Mal beim Betrieb Verständnis und Nachsicht und Geduld,
das andere Mal im Betrieb, das andere Mal bei der Familie...
und bei beiden zugleich...

Vor allem: Zum c*hristlichen Unternehmer* gehört,
dass der Betrieb für ihn nicht nur ein Mittel ist zum Geldverdienen.
Das ist aber auch nie das Erste Motiv für den Handwerker gewesen.

Und das Wort ist Fleisch geworden..
und hat unter uns gewohnt
und wir haben seine Herrlichkeit gesehen...
Der ewige Sohn Gottes ist ein Mensch geworden;
ein Mensch, der (aus freien Willen) leiden muss und sterben.

Das lasst uns noch einmal fragen, was der Sinn vom Leben ist:
Der Sinn vom Leben ist, dass im Herzen die Liebe wächst,
die opferbereite Liebe, d*ie Liebe, die gerne dient,*
die beitragen möchte, dass andere glücklich werden,
und dass man auch dabei selber glücklich wird.

Immer, wenn der Mensch Gutes tut, macht ihn das selber glücklich.
Und Gutes tun, das ist auch eine gute Arbeit machen.
Jede gute Arbeit ist ein *Gutes Werk* im ethischen Sinn, -
wenn man damit Anderen eine Freude machen will.

Das alles hat zu tun mit der *Zeit*
und wie wir mit unserer Zeit umgehen.

Er: *Die Zeit, mit Liebe erfüllt, ist ein gut ausgefüllte Zeit.*
Die Liebe vervielfältigt die Zeit.
Wer liebt, der findet Mittel, vieles zu tun...
aus seinem Herzen heraus.
Wenn man viel Liebe hat, hat man viel Zeit.
Zeit, vieles zu vollbringen.
Und man wird weniger langsam sein,
die Arbeit wird leichter fallen.

Aber wir haben diese Liebe nicht oder nur schwach.
Wir müssen um diesen Geist bitten.
Die *Hl Messe* ist nichts anders als die Bitte um diese Kraft,
die wir Liebe nennen, Wohlwollen, Hingabe, Verantwortung.
Die Heilige Messe ist *die* Quelle von diesem Geist, von dieser Kraft.

2. Sonntag n Weihnachten A 2017 Joh 1,1- 14 Handwerker

Da heißt es also im Evangelium:
Im Anfang war das Wort.
Dazu habe ich gelesen:
Bring deine Menschlichkeit deinen guten Willen nicht bloß durch Worte, sondern durch Taten zum Ausdruck. Gott selber spricht durch Taten.
Im Anfang war das Wort heißt so gesehen auch:
Im Anfang war (und ist) die Tat...
Zum Neujahr habe ich in der Predigt uns allen Lebensfreude gewünscht.
Eine dankbare, stille Freude am Leben mit der Familie und
am Tätig-Sein, am Schaffen.
Aber wie kommt man zu dieser Freude am Schaffen?
Antwort:
Wenn man die Arbeit gut macht.
Was Gott gefällt, ist euer Bemühen, die Berufspflichten möglichst vollkommen zu erfüllen, ohne sonst etwas zu wollen...
Dann ist die Freude der Seligen schon zum Teil in euch...
dann kann ein glückliches Zusammenarbeiten unter euch herrschen...
Gott hat als Mensch auch so gearbeitet....
Es gibt die Rede vom sog. *Guten Werk* - und man meint damit eine karitative Hilfe oder Spende.
Aber eigentlich ist auch jede *Gute Arbeit* ein G*utes Werk...*
oft sogar noch ein besseres als eine Spende

Dabei ist nicht wichtig, was das für eine Arbeit ist
und auch nicht, wie qualifiziert man ist.
Und es ist auch nicht das Erste, wie viel ich dafür verdiene
oder Gewinn mache, sondern eben:
Wie ich meine Arbeit mache.
Mehr brauchst du nicht tun, aber anders, mit mehr Hingabe, mit mehr Liebe, sagt Jesus einmal.

Eine dauerhafte Freude am Leben oder gar das Glücklich Sein hängt nicht davon ab, wie viel Geld man verdient oder hat.
sondern davon, **wie** man es verdient hat...
und: **Was** man mit dem Geld macht:
Ob man es geizig hortet oder spekuliert…
oder ob man es umsetzt...in die Familie, die Kinder, in ein Haus, eine Wohnung, und vom Gewinn so viel wie möglich zurück in die Firma.

Noch einmal:
Glücklich macht nicht das Nichtstun.
Im Gegenteil: Müßiggang, heißt es, ist der Anfang aller Laster.

Gehirnforscher wissen (wir *wussten* das auch aufgrund unsere Erfahrung):
Wenn das Gehirn nichts mehr zu tun hat, stirbt es ab...
Wer in Pension geht zum wortwörtlichen Ruhestand, der wird schnell abbauen...
Es wäre also auch so gesehen wünschenswert, wenn man länger beruflich arbeiten könnte...
Ausruhen können wir dann im Himmel, schreibt der Alberschwender China-Missionar P. Fröwis im Tagebuch.
Kurzum: Es stiftet Lebens-Freude, wenn man tätig ist;
mit einer gewissen Anstrengung und Überwindung jeden Tag...
(Jesus:
Jeder deiner Tage möge eine Anstrengung aufweisen! Wenn du ein ruhigen Tag hast ohne Gelegenheit, dich zu überwinden, was bringt du mir dann? Ihr geht, ohne es zu wissen, an den Gelegenheiten vorbei, die ich euch anbiete...)
Wenn aber Lebensfreude und sinnerfülltes Leben zu einem guten Teil aus dem *Schaffen* kommt, dann sind alle die *kleinen und großen Unternehmen* in unserm Land indirekt Quellen für Lebensfreude, Quellen für ein normales Zufriedensein in diesem Land.
Das sind die KMUs in den Gemeinden und die Gastbetriebe…
und das sind dann die großen Unternehmen im Land, wohin so viele täglich pendeln...
Doppelmayer, Blum, Alpla, Meusburger, Zumtobel, Grass…,
die Baufirmen, usw., um nur einige zu nennen.

Die Chefs und Eigentümer von *Blum* sagen:
Unserer Ansicht nach sind ein gutes Umfeld und ein entsprechender Umgang mit unsern Mitarbeitern eine Grundvoraussetzung für langfristigen Erfolg...
Und Wachstum wiederum sehen wir als Ergebnis einer guten Arbeit.
Und die gute Arbeit vermehrt wiederum die Freude...

Dabei ist nicht nur die Schule, sondern mehr noch jedes Unternehmen eine Schule - und zwar in dem Sinn, dass da Herzensbildung und Persönlichkeitsbildung stattfindet.
Und das nicht nur für Jugendliche.
Arbeit an sich selber als Person; Verbesserung des eigenen Verhaltens darf nie aufhören, auch nicht beim Chef.
Erst recht gilt das für jeden jugendlichen Lehrling,
der zugleich mit der fachlichen Ausbildung in seiner Persönlichkeit gebildet wird, in seinen Haltungen, wie Aufmerksamkeit und Konzentration und Gemeinschaftsgeist und Individualität...
So muss man also sagen:
Ohne die Unternehmen und Betriebe im Land - ob klein oder groß - würde unsere Jugend verkommen...moralisch, seelisch, geistig...
und statt Freude am Leben zu haben, würden die arbeitslosen jungen Leute freudlos werden, depressiv, aggressiv und faul...

Wie fundamental ein nobler und vertrauensvoller Umgang mit den Mitarbeitern ist, zeigt folgende Auskunft:
Ein Bekannter erzählt:
Jetzt arbeite ich seit 20 Jahren im selben Betrieb -
Wir haben immer eine gute und zügige Arbeit gemacht in einem vertrauensvollen Klima. Dem Unternehmen geht es gut.
Aber jetzt auf einmal macht der Chef deutlich, dass man schneller arbeiten sollte. Die Lücke der weggegangenen Mitarbeiter sollte wohl so ausgefüllt werden... Dabei hat man ohnehin immer schon und gerne Überstunden gemacht. Diese deutliche Kritik, man sei zu langsam, hat meine Sympathie und meinen Einsatz für das Unternehmen gebrochen.
Bisher hatte ich mich zugehörig gefühlt, jetzt fühle ich mich fremd...
nach 20 Jahren Treue...

Im Evangelium ist die sinnbildliche Rede vom Menschen,
der nicht aus dem Blut, nicht aus dem Willen des Mannes und nicht aus dem Willen des Fleisches geboren,
sondern aus Gott geboren ist...
Nur aus dem Willen des Fleisches und des Mannes geboren sein heißt:
Den Zweck des Unternehmens zu sehen im Profit und Wachstum und Erfolg. Mittel dazu sind die Arbeitnehmer.
Aus Gott geboren heißt umgekehrt:
Zweck des Unternehmens sind die Mitarbeiter und die Kunden...
und *Mittel* dafür ist der Gewinn und Erfolg.

Aber - Quelle für Lebensfreude und Glücklich Sein,
kann nicht allein die berufliche Arbeit sein und das Wachstum und Erfolg.
Man darf nicht einseitig werden.
Erfolgreiche Leute sagen aus Erfahrung:
Was mich später im Leben viel dankbarer hat sein lassen als alle Erfolge und das Verdienen, das sind meine Familie, das Leben und die Zeit mit den Kindern; sie ist der Gegenpol zur Arbeit, zum Beruf.
Man darf nicht nur für eine Seite leben, das macht blind und fanatisch...
Man muss ein *ganzheitliches Leben* führen...
Man muss auch ein Privatleben leben...
Und man muss auch *Sonntag* halten können...
als Zeit der Familie, der Kinder, Zeit der Feste und Feiern…
Und so billig das klingt: Zeit für Den, Der mir meine Zeit gegeben hat und gibt, letztlich jeden Herzschlag und jeden Atemzug.

Eine tiefe Quelle der Lebensfreude ist der Gang hinaus in die Natur...!
Suche mich in der Natur und im Stillen.
Das Glück liegt im verborgenen Leben.
Und: Um glücklich zu sein, muss man *geben.*
Jedes Mal, wenn du gibst - deine Zeit, deine Kraft, deine Hilfe,
deine Aufmerksamkeit, deine Mitarbeit...
jedes Mal also, wenn du etwas von dir gibst, fühlst du Freude in dir.
Ein Tag, an dem du nicht etwas geschenkt hast, kannst du als verloren betrachten.

Taufe des Herrn A 2017 Mt 3, 13-17

Jesus kommt zu Johannes dem Täufer an den Jordan und will sich von ihm taufen lassen.
Und Johannes wehrt ab:
Ich müsste von dir getauft werden!
Johannes weiß, wer Jesus ist:
Dass er der einzige Mensch ist, der keiner Taufe bedarf.
Denn wer sich taufen lässt, sich oder seine Kinder, der sagt damit:
Ich will heilig werden - und dies nach dem Bild des Jesus von Nazareth.

Er: *Um ein Heiliger zu sein, muss man vor allem heilig sein wollen. Denn nur dazu seid ihr geboren. Aber ihr könntet es nicht ohne die Gnade Gottes...*

Darum sagt Johannes zu dem, der der Heilige Gottes ist:
Du brauchst keine Taufe, aber ich brauche sie von dir!
Darauf Jesus:
Lass es nur zu! Denn nur so können wir die Gerechtigkeit, die Gott fordert, erfüllen.
Es kommt vor, dass Menschen unschuldig wegen der Verfehlungen anderer leiden. Oder dass man von sich aus eine Geld-Schuld von einem Anderen bezahlt, weil der sonst z.B. für Jahre e*insitzen* müsste...
Das ist ein weltliches Bild dafür, dass Gottes Sohn gekommen ist, unsere Sünden zu büßen.
Damit unsere Sünden gelöscht (*abgewaschen*) werden können, hat er sie auf sich genommen, als wären es seine eigenen...
Christ ist erschienen, für uns zu sühnen..., singt das Weihnachtslied.
Und bei jeder hl Messe sagt der Priester:
Seht das Lamm Gottes, das hinweg nimmt die Sünden der Welt...!
In diesem Sinn lässt sich Jesus von Johannes taufen:

Die Vollendung seiner Taufe aber war sein Sterben am Kreuz.
...Ich muss mit einer Taufe getauft werden...wie froh wäre ich, sie wäre schon vollzogen!
Er ist gestorben, damit wir *leben.*
So hat Gott durch seinen Sohn einen Neuen Anfang des Menschseins gestiftet.
Denn wahre *Rettung der Welt* beginnt da, wo Menschen seinem Beispiel folgend seine Barmherzigkeit *leben* und die bescheidene Sanftmut und die gegenseitige Hilfe...
Und dies als rettenden *Ausgleich* für den Hass und die Eifersucht in der Welt…,
...sozusagen als Gegengewicht gegen das Abgleiten dieser armen Welt ihrem Nichts entgegen ...im genauen Gegenteil zur väterlichen Anziehung, von der dieses Abgleiten auf sich selbst zu sich immerfort entfernt (von Ihm)...Eine Welt also, die kraft ihrer Schwere nicht bloß nach unten gleitet, sondern gleichsam in ihrer Fallbewegung die göttlichen Mysterien und die vorgestellten Gebote mit hinunter zieht, statt sich durch ihre Kraft und durch den von den Geboten gewiesenen Weg zu befreien, um sich in ihrer Macht umzuwenden und sich zum Vater zu erheben ..
(Marie de la Trinité, 145)

Kaum war Jesus getauft, da öffnete sich der Himmel
und eine Stimme aus dem Himmel sprach:
Das ist mein geliebter Sohn, an dem ich Gefallen gefunden habe...
Und dieses Wort soll jetzt auch für uns gelten:
Das ist mein geliebter Sohn, an dem ich Gefallen gefunden habe...

Aber da habe ich persönlich gewisse Zweifel:
Kann es wirklich sein, dass Gottes Liebe zu jedem Menschen sagt:
An dir habe ich mein Gefallen?
So wie du bist und handelst, gefällst du mir...?
Eher möchte ich denken, dass Gottes Liebe zwar sagt:
Du bist mein geliebtes Geschöpf, aber dazu fügt:
Ich bitte dich und flehe dich an:
Sei so, dass du mir gefallen kannst...suche, mir zu gefallen!

Und noch einmal gezweifelt:
Ist Gott denn ein Gott, dem Menschen gefallen oder nicht gefallen?
Ist das nicht eine allzu menschliche Vorstellung von Gott...?
Oder gilt, was ich in meiner *Quelle* lese:
Er: *Gott ist menschlicher als ihr...*
Wenn *Glaube* die ganz persönlich menschliche Beziehung zu Gott ist,
dann ist der Wunsch naheliegend, Ihm zu gefallen...
so wie man den Kindern, dem Partner, dem Freund… zu gefallen sucht.
Aber wie kann ich Gott gefallen?
Und wie weiß ich überhaupt, was ihm gefällt?
Er und Ich:
Du kannst es nicht erfassen, wie sehr es mir gefällt, wenn ihr versucht, mir ähnlich zu werden...Und wer mir ähnlich ist, der gefällt dem Vater.
Du erinnerst dich doch der Worte: Dieser ist mein geliebter Sohn.
Jeder von euch ist Sein geliebter Sohn, wenn ihr ihm ähnlich seid; wenn ihr auf diese Ähnlichkeit hin lebt..., wenn ihr zuinnerst den Wunsch habt, Ihn nachzuahmen..., nachzuahmen in seiner Beziehung zu den Nächsten und zu Gott....

Und wir ahmen ihn ja nach auf tausenderlei Weisen,
ohne dass es uns bewusst ist!
Wir ahmen ihn nach und sind ihm ähnlich,
wenn wir nicht auf das Schlechte am Andern schauen, sondern auf sein Gutes.
Wir ahmen Ihn nach, wenn wir gütig sind mit Seiner Güte...
Wir ahmen Gottes Sohn nach, wenn wir entschuldigen...
Wir sind dem Sohn ähnlich, wenn wir im täglichen Arbeiten tun, was wir können...Wir *ahmen ihn nach,* wenn wir Menschen sind, die geben und hergeben…
Wir sind ihm ähnlich, wenn wir Erbarmen haben miteinander
und nicht stehen bleiben bei den Fehlern der Andern…;
sanft sind zu den Andern, aber hart mit uns selber…
Wir ahmen ihn nach, wenn wir uns versöhnen…, Fehler einsehen.
Wir sind ihm ähnlich, wenn wir Böses mit Gutem *vergelten...*

Bei der Taufe unserer Kinder, ja ebenso bei unserer eigenen Taufe damals, da sagt die Stimme vom Himmel:
Du bist eines meiner Geschöpfe und Seelen, an denen ich immer Gefallen finden möchte....
Und wir können uns denken, dass diese Stimme sagt:
Tut alles dafür, dass ihr mit mir, eurem Schöpfer, in Verbindung bleibt und dass der Glaube zunimmt; der einfache Glaube,
den, den der Heilige Geist bei der Taufe wie einen Keim in Euer Inneres gesenkt hat...arbeitet am Wachstum Eures Glaubens an der Liebe und der Macht Gottes...mit eurem Tun und Eurem Beten. ..
und Ihr werdet mir in allem gefallen...
Vor allem: Gebt euch so wie ihr seid...auch ohne Sonntagsgewand...

2. Fastensonntag A 2014 Mt 17,1-9

In jener Zeit nahm Jesus Petrus, Jakobus und Johannes beiseite und führte sie auf einen hohen Berg...
Diese Erfahrung, auf einem hohen Berg zu sein,
markiert eine Ausnahmesituation, eine Grenzsituation:
Herausgenommen aus dem Normalen,
in eine bisher nicht gekannte Übersicht und Weitsicht...
Das kann auch eine Notsituation sein:
Eine persönliche oder eine allgemeine....

Die Situation der Menschen in Japan ist so eine Grenzsituation
für die Menschen, die in Fukushima leben.
Alle Welt kennt jetzt diesen Namen...
Und die Hunderttausenden, die ihre Häuser verloren haben,
ihre Dörfer und Städte...
Sie sind innerhalb von Sekunden gleichsam auf diesen *hohen Berg* geführt,
ja gerissen worden...

Und erfahren da tiefe Verwandlung...oder besser gesagt:
In dieser Prüfung kommt überdeutlich zum Vorschein, wie ein Mensch bisher geworden ist:
Da kommt entweder sein Egoismus und seine Unbeherrschtheit zum Vorschein oder - wie bei den Japanern - ihre Ruhe und Disziplin - und ihre Liebe zum Vaterland...

Alle, die Journalisten und Kenner Japans, sprechen von einer moralischen Stärke, ja man könnte sagen, einer inneren Herrlichkeit und Schönheit dieser Menschen.
Es ist nichts zu hören von Verwahrlosung, von Raub, von Plünderungen; auch nicht von böser, giftiger Kritik: Weder an der Atomkraft noch am Staat noch an einem Gott…
Und man kann sicher sein: Die Hilfsgelder, die nach Japan kommen, werden nicht in private Taschen verschwinden!

Wogegen mir das Wort eines österreichischen Zeitungsmannes nicht gefallen hat, der da sagt:
Ob diese ihre Ruhe gut oder schlecht ist und sie nicht fliehen, das wird sich noch herausstellen; je nachdem in welche Richtung die Katastrophe gehen wird: Wenn es schlimmer wird, war ihre Ruhe nicht gut...
Der Mann hat die Tiefe dieser Ruhe nicht erkannt.
Wir haben diese Haltung *Gleichmut* genannt und Gelassenheit.

Später, wenn solche große Notsituation vorbei ist, weiß man paradoxerweise: So tief und so offen und so hilfsbereit,
ja, so bereit auch zu sterben, ist man *dann* nicht mehr...
und fast bedauert man, wenn wieder Normalität einkehrt.

Vielleicht ist es dieses Gefühl, das den Petrus vorschlagen lässt,
in dieser fast schon jenseitigen Situation zu bleiben und drei Hütten zu bauen...(Ob vielleicht drei jüdische *Lehrhütten* gemeint waren?)

Aber: Man muss vom *Berg der Ausnahmesituation* wieder hinuntersteigen ins *Tal der Normalität.* Man muss das weltliche Leben und Kämpfen wieder aufnehmen nach dieser Erfahrung der Grenze zwischen Erde und Himmel, zwischen Diesseits und Jenseits...

Ob es nicht das ist, was Gott durch den Lauf der Natur und so auch durch Erdbeben sagen, ja *zurufen* will:
Dass diese Erde *nur Erde* ist - und *nicht Himmel!*
Und dass es zur Erde gehört, dass sie bebt.
So wie es zu unserm irdischen Körper gehört, dass er verletzlich ist und gebrechlich und auch beben kann (bei Parkinson) und einmal stirbt...
Der Dichter Eichendorff schreibt:
Du bist's, der, was wir bau'n, mild über uns zerbricht,
dass wir den Himmel schauen, darum so klag ich nicht.
In einer Zeitung war zu lesen:
Japans hochmoderne Infrastruktur ist in weiten Teilen zerstört...
Straßen, Bahnlinien, Häfen, Industrieanlagen, - alles nur noch Schutt.
Und wie immer: Der Mensch wird alles wieder aufbauen....
- bis zum nächsten Mal..

Und so ist es auch:
Junge Japaner, die auf Besuch sind in der Stadt Nagasaki,
wo doch vor 70 Jahren die Atombombe gefallen ist:
diese jungen japanischen Besucher sagen lächelnd:
Wir werden alles wieder aufbauen...
So wie wir das nach der Atombombe getan haben...
Wir lassen uns nicht besiegen vom Erdbeben und von Tsunami...
und Atomkraftwerkskatastrophen...
Den letzten Satz des Zeitungskommentars haben sie freilich nicht auch gesagt: *Bis zum nächsten Mal...*
Bis zum nächsten Erdbeben, zur nächsten – vielleicht noch größeren Zerstörung....usw. ...

Da gibt es diese Gestalt aus der griechischen Mythologie,
den sprichwörtlich gewordenen *Sisyphos,* der dazu verurteilt ist, den überschweren Stein hinauf auf den Berg zu schieben: Aber jedes Mal, wenn er praktisch schon oben ist, rollt ihm der schwere Stein wieder hinunter ins Tal... und Sisyphos ist dazu verurteilt, ihn wieder und wieder hinauf zu kämpfen....
Ist es also letztlich ein sinnloses Bemühen, es immer wieder neu anzugehen...? Müsste man den jungen Japanern sagen:
Was nützt es, wenn ihr wieder aufbaut...und gar noch den zweithöchsten Turm der Welt fertig stellt... Es wird wieder ein Beben kommen... vielleicht ein noch stärkeres...

Ja, es ist doch so, dass auch das tägliche Bemühen von uns allen zuletzt auf ein sicheres Ende zugehen wird!
Auch wenn wir oft durch Operationen... Medizin... noch einmal aus dem Krankenbett rauskommen... und aufs Neue meinen:
Jetzt haben wir es ein für alle Mal geschafft!
Aber Nein! Wir werden es nie schaffen!
Wir werden untergehen; wir werden sterben.

Und wenn Europa jetzt noch so großartig aufsteigen sollte...
und vielleicht die Welt insgesamt:
Sie wird zu Ende *gehen, ja sie geht ständig aufs Ende zu...*
Wozu aber dann die täglich neuen Anstrengungen jeden Tag...?
Angefangen beim alltäglichen Geschirrspülen und Bettmachen..
und der Gartenarbeit... Wozu?
Weil es hier ähnlich ist wie in der Geschichte von der Verklärung Jesu:
Die Anstrengungen und Mühen und Hoffnungen der Japaner,
ihr Land wieder und noch schöner aufzubauen,
zeigen etwas vom Göttlichen, vom Ewigen.
Diese Mühen aufzubauen... und überhaupt *aufbauend zu leben*,
das ist viel mehr als nur etwas für die Zukunft tun
und gegen Untergang und Ende.

Es kommt nämlich letztlich gar nicht darauf an, sich ewig zu erhalten…
und sich und das Land vor dem Untergang zu retten....
Es kommt vielmehr darauf an, hier auf der Erde - mitten im Vergänglichen und nicht gegen es - das Unvergängliche, das Ewige, Göttliche, also die Liebe aufleuchten zu lassen. im Tun und im Leiden...

Es kommt darauf an, in all dem welthaften Vorwärtsgehen und Fortschreiten ... das Heilige, das ewig Gute zu *vergegenwärtigen*
und zur Erscheinung zu bringen: Gott zu offenbaren!

Sich *zeichenhaft* um das Gute zu mühen und das Gerechte...
aber eben nicht, um es ein *für alle Mal erhalten* zu wollen
im Irdisch-Zeitlichen..
In all dem Guten, Aufbauenden, Gerechten; in all der *unbedingten* Liebe e*rscheint* Derjenige, der selbst die Liebe ist; und durch Den hindurch damals (in der Verklärung) die ganze Liebe seines Vaters geleuchtet hat wie die Sonne….
Er ist die Lebenssonne, die den harten Alltag erwärmt...

Die japanischen Menschen - man hat es gesehen an ihren fromm gefalteten Händen - wenden sich in diesen Tagen auch deutlich ihrer Gottheit zu und ihren Ahnen im Gebet.

Das Evangelium zeigt uns:
Wo Menschen - ähnlich seinem Sohn - sich Gott zuwenden,
da geschieht Verwandlung…, da leuchtet der Mensch auf,
auch wenn er krank und sterbend darnieder liegt.
Grad da *geschieht* Verwandlung am tiefsten.

Japanisierung...heißt deshalb und muss heißen:
Sich immer neu aufmachen...aufbrechen...
äußerlich gesehen wie *Sisyphos*, endlos...
aber in Wahrheit wie *Jesus* ...wo mitten in dem irdischen Fortschreiten
die *andere Zukunft* aufleuchtet: Die Herrlichkeit der Auferstehung...

Und so ereignen sich alle die Höhepunkte unseres Lebens...
die schönen und die schweren als sakramentale Zeichen der Andern Welt..
und sollen uns Kraftquelle sein für das immer neue Hinuntergehen und
Bleiben im *Erdental*... mit all ihren Katastrophen und Beben…
und den immer neuen Diktaturen verschiedener Art, die ihre
Machtkonstellationen mit aller *Gewalt für immer* erhalten wollen..
Die Verklärung des Herrn dagegen soll die geistige Kraft geben,
in dieser *immer bebenden Erde* standzuhalten …,
standzuhalten im Guten gegen den moralischen Verfall...

2. Fastensonntag A 2017 Joh 11,3-45

Es ist ein unglaubliches Erlebnis, von dem diese drei Männer (Petrus,
Johannes, Jakobus) versuchen zu berichten:
Dass eines Tages Jesus sie **beiseite nimmt**; weg vom Alltäglichen...

Der Gang zur Heiligen Messe am Sonntag, das ist auch so ein Sich
beiseite-Nehmen lassen -
...und Er führte sie auf einen hohen Berg...

Jemand fragt dazu:
Ist das nicht die Verdichtung unseres ganzen Lebens:
Jesus nimmt uns beiseite und führt uns zur Höhe…?
Das ganze Leben: Ein einziger Aufstieg...

Und innerhalb dieses ganzen Lebens die vielen kleinen und größeren A*ufstiege* auf die mehr oder weniger hohen *Berge...*
und die Überwindung, diese Aufstiege immer neu anzugehen…

Ein Sänger erzählt, dass er trotz vieler Jahre *Auftreten* immer das Lampenfieber überwinden muss, wenn er auf die Bühne tritt...
Die jungen Leute, die einen *Aufstieg* angefangen haben mit ihrer Lehre;
die Schüler in ihrer Schule ...(hoffentlich die richtige...)
Und sind nicht eine besondere Art von Aufstieg die Monate einer Schwangerschaft, wovor sich die junge Frau bei aller Vorfreude auf das Kind auch irgendwie ängstigt und sorgt;
und die ja noch *gekrönt* wird mit den schmerzhaften Stunden der Geburt.

Die drei Männer Petrus und Johannes und Jakobus versuchen zu beschreiben, was sie erlebt haben: Vor ihren Augen verwandelt sich das Gesicht Jesu, wird *leuchtend wie die Sonne,* seine Kleider strahlen *weiß wie das Licht selbst.*
(Ich bin ...das Licht der Welt)
Und sie sehen zwei Gestalten dazu treten, die mit Jesus reden und identifizieren sie als *Mose* und *Elija* (*Lukas-Evg.*).
Und aus einer Wolke hören sie auf Jesus hin gerichtet eine Stimme rufen:
Das ist mein geliebter Sohn...
Und dann ist plötzlich alles vorbei.
Sie sehen nur noch Jesus allein, wie zuvor.
Und doch ist nichts mehr wie zuvor.
Dieses einzigartige Ereignis geht ihnen nicht mehr aus dem Sinn.
Was war geschehen? Was bedeutet es?

Es gibt Erfahrungen, die man nie mehr vergisst.

Kriegsteilnehmer erinnern sich, wo ihnen mitten in dem Grauen, mitten in der Angst und der Unbarmherzigkeit ein *wirkliches Licht* aufgeleuchtet ist - in Gestalt eines guten Menschen:
Diese russische Ärztin, die den jungen deutschen Kriegsgefangenen das Leben rettet mit so *grünen Kügelchen*, wie einer sich erinnert...
Und der Kranke, der weiß, dass seine Krebskrankheit unheilbar ist und dass er nur noch wenige Monate zu leben hat: Da können die Angehörigen nur staunen, mit was für einer Größe und wie gefasst der unheilbar Erkrankte jetzt über die Schwelle seines psychischen Widerstands *gestiegen* ist und wie fröhlich er ihnen begegnet…!
Die Mutter, die gegen die Empfehlung eines Arztes das voraussichtlich behinderte Kind zur Welt bringt... und jetzt sagt: Wir sind hineingewachsen in die Liebe dieses Kindes, das uns bei aller Belastung jeden Tag ein Licht ist...
Und sind es nicht immer wieder die intensiven Eindrücke der Natur, die uns ganz unmittelbar eine innere, eine ewige Herrlichkeit *schauen* lassen...
Deshalb sagen wir ganz einfältig unsern Dank dem Lieben Gott für die herrliche Ferienwoche, die wir erleben durften und dass es möglich war, die ganze Woche Schi fahren zu können - dank auch der Männer, die für die Piste gesorgt haben....
Wie gut das unsern Kindern und den Eltern tut.

Was war es, was die Drei auf dem Berg erfahren haben?
Es ist ihnen - ganz direkt gesagt - Jesus *aufgeleuchtet.*
Für einen Augenblick haben sie die Innere Herrlichkeit
Jesu geschaut; ein *überwältigender* Anblick.

Ähnlich dem Zustand der Mutter, die dann am Ende der Schmerzen ihr Kind geboren hat und es endlich sieht!
Der Sänger, der dann die Freude der Zuhörer erlebt und seine eigene (wenn die Aufgeregtheit abgeklungen war).
Die Freude des Lehrlings, der die Gesellenprüfung bestanden hat.
Die herrlichen Anblicke, die der Winter und die Berge bieten.....
Die Bilder, die der Himmel am Morgen oder am Abend in seinen verschiedenen Stimmungen zeigt..

Und es gibt die *Gipfel-Erlebnisse,* die jeder Mensch braucht und sich selbst bereitet: Die jungen Eltern, die mit Begeisterung Romane lesen, am Sonntagnachmittag sich fast verlieren können im Weiterlesen der Geschichten. Und das Musikhören ist eine Art von Höhe-Erleben, von Erhebung… Und die Filme, die man allein oder gemeinsam anschaut im Fernsehen daheim oder intensiver im Kino...

Das braucht noch lange nicht Realitätsverweigerung sein,
im Gegenteil: Der Film zeigt oft überdeutlich das Leben unserer Zeit oder einer Vergangenheit...
Dass man dann auch beglückende Erlebnisse festhalten will ähnlich wie Petrus, das liegt in der Natur des Menschen.

Es gibt Leute, die Filme drei Mal anschauen und Bücher zwei Mal und drei Mal lesen: Aber es ist doch jedes Mal ein neues Schauen und Lesen!
Und eine Musik, die uns besonders gefällt, würden wir am liebsten ständig hören wollen...

Ich selbst gehe seit Jahren Woche für Woche denselben immer schönen Weg! Und Pastasciutta könnte praktisch jeden Tag auf dem Tisch sein und wie schaut man doch bis ins hohe Alter dieselben romantischen Liebesfilme mit immer neuer Rührung an...

Aber die wirklich großen Erfahrungen können nicht wiederholt und festgehalten werden...(etwa mit Fotografieren!).
Es gehört zu diesen großen Erfahrungen/Ereignissen auf den „hohen Bergen“, dass man *drinnen* nicht bleiben kann…
Eigentlich in keiner Gegenwart. Und immer ist Gegenwart!

So wie es auf Dauer nicht gut ist und nicht gut tut, auf ewig in ein und derselben Runde bleiben zu wollen und jeden *Fremden* ausschließen...
Da trifft sich eine kleine Runde jeden Monat. Und eines Tages heißt es:
Ein neuer Gast ist eingeladen, ein Unbekannter.
Reaktion: Muss das sein? Es war so schön, so vertraut unter *uns*!
Aber dann machen alle die Erfahrung:
Dieser *Fremde* hat unsere Runde und unsere Gespräche bereichert!

Ja, es könnte sogar sein, dass er uns *gerettet* hat!
Herausgeholt aus dem Immer-gleichen...(einer Art Inzucht).

Die drei Jünger müssen mit Jesus von der Höhe der Verklärung hinuntersteigen in die Mühen des Alltags, das Kreuz des Alltags; ja, der Weg wird sie und uns zu Golgatha, zum *Karfreitag* führen.

Und ich darf dazu an die Menschen denken, die alt geworden sind, täglich Schmerzen haben und das Sterben vor sich...
Sie steigen ganz in dieses Erdental hinunter.
Und doch sind sie weit höher oben „auf dem hohen Berg" als wir Jüngeren:
Da, wo das äußere Leben allmählich zu Nichts wird,
grade da sind diese Frauen und Männer in ihrer Frömmigkeit schon fast ganz oben auf dem *Berg der Vollkommenheit...*

Damit zeigen sie, was für uns alle gelten muss:
Dass beides anzustreben ist: Zugleich auf dem Berg (der Verklärung) zu sein - und Unten im Tal:
Mystik des Alltags, Exerzitien im Alltag... heißt ja:
An Gott denken. Gott in allen Dingen suchen/finden:
Im Alltäglichen das Nicht-Alltägliche, im Grau das Farbige ...

Jeder Morgen scheint ja *oberflächlich* gesehen gleich zu sein.
Wenn ich aber für diesen Morgen danke, dann betrachte ich diesen Tag als einen, der mir wirklich geschenkt ist:
Und ich werde diesen heutigen Tag als einzig und unvergleichlich mit den andern Tagen sehen...

Ohne diese kleinsten Erhebungen unserer Seele
(Lied: *Zu dir o Gott, erheben wir die Seele mit Vertrauen...)*
...ohne den Gedanken an einen Gott…verfällt unser tägliches Leben ins Graue und ins Depressive
Wir reiben uns auf an den Kleinigkeiten des Lebens.
Sind ständig aufgeregt mit den Aufregern des öffentlichen Lebens...
Suchen süchtig nach den Tröstungen dieser Welt (Zeitung..).

Aber *Anna* bei unserem Geburtstags-Essen für sie:
Wo wir fast automatisch und künstlich aufgeregt auf das Thema *Minarette* zu reden kommen und zu dem Fall *Kampusch*, ruft sie:
...also wenn ihr nicht sofort aufhört davon, gehe ich...!
Haben wir uns denn nicht vieles zu erzählen von uns selber... unserer Arbeit...unserer Kinder...Familien...
Es bleibt dann immer noch Zeit für Politisches über *Minarette* und Kampusch... Das dann aber unaufgeregt und ausgewogen...
Übrigens:
Die drei Jünger sind dann Jahre später im Garten Getsemani, wo Jesus Todesangst gelitten hat, eingeschlafen wohl vor Angst.
Sie hatten die prophetische Schau auf dem Berg Tabor für den Moment vergessen.
Haben nicht auch wir diese Gnaden-Stunden, diese Gottesnähe-Erfahrungen oft vergessen? Wir müssten bewusster/aufmerksamer hineinschauen in unseren Lebenslauf und diese außerordentlichen Ereignisse entdecken, wiederentdecken.
Sie dürfen nicht vergessen werden: Diese besonderen Momente unseres Lebens, wo wir ohne es zu erkennen, Gottes Nähe deutlicher als sonst erfahren haben.
Glaube nicht an irgendeinen Zufall.
Immer bin ich es, die Liebe, die es geschehen lässt.

4. Fastensonntag A 2011 Joh 9,1-41

Auf dem Weg nach Jerusalem, hin zu seiner Kreuzigung und Auferstehung, hat Jesus diesem Blindgebornen das Augenlicht neu geschenkt: Er, der nie gesehen hatte, konnte (wieder) sehen...
Die Erzählung von diesem Ereignis wird immer schon dahin verstanden, dass der Blindgeborne jeden von uns darstellt:
Und dass Gott uns (wieder) sehend machen will.

Der Mensch ist sehend und doch blind, weil er so auf sich selbst bezogen ist; dass er blind ist für das Leben der Anderen;
blind, was die eigenen Fehler betrifft; blind für den Sinn des Lebens;
blind für die Gnadengeschenke im Leben...

Vergangene Woche haben wir beim Auferstehungsgottesdienst
für *Martin* Sätze gehört, die er in der Intensivstation geschrieben hat.
Da redet Martin auch von dieser Blindheit und vom Sehendwerden,
wenn er nachdenkt über Umstürze im Leben.
Umstürze kommen plötzlich, schreibt er. Und dann:
Sie öffnen uns die Augen. Lassen uns Dinge erkennen,
die zuvor nicht in unserm Blickfeld waren.
Man erkennt, was wichtig ist...und wer...
Martin wird damit gemeint haben, dass er jetzt die andere Seite des Lebens sieht: Das Leiden und das Sterben und den Tod,
und dass er von da her erkennen kann, wie *nichtig* so vieles ist
und wie an der Welt gehangen wird ohne auch nur einen Blick darüber hinaus...
Er und Ich:
Betrachte alle Dinge im Blick auf die Ewigkeit...
Hat es dir nicht gut getan, dich der Grenze des Lebens zu nähern,
um mit den Augen der Wahrheit zu sehen, was das Leben der Erde ist und was ewiges Leben bedeutet...?

An der Türe vom Pfarrhof steht eine junge Frau, es ist diesmal keine Ausländische...Sie bittet um ein paar Euro:
Ihr Kühlschrank sei komplett leer...
Das Wochenende...
Sie sieht nett aus und war auch nett...
Ich gebe ihr Geld für den Kühlschrank,
wohl auch, weil sie nett aussieht und nett ist...
Eine halbe Stunde später :
Zwei Männer an der Türe; die sahen nicht so nett aus.
Beim einen die Zähne kaputt. Ausländischer Akzent...
Ich wollte sie schon kurz loswerden,
aber dann denke ich: Das ist nicht gerecht,

dass ich nur auf den äußeren Eindruck reagiere...
Und habe ein paar Minuten lang etwas aus ihrer Geschichte gehört…
ihre Stimmen...ihre Blicke gesehen...

Und bin ein zweites Mal zur Geldtasche gegangen...
Ich habe sie jetzt besser *gesehen,* diese Männer…
habe etwas von ihrer Wirklichkeit gesehen...

Und dann der Nachbar, der seit Jahrzehnten da wohnt und den bisher niemand so recht gekannt hat. Bis sich eine Gelegenheit ergeben hat zur Begegnung am Zaun. Und jemand hat diese Gelegenheit wahrgenommen und siehe da: Der Nachbar ist ganz anders
Ein Griess-Muffel haben wir gedacht...
Aber das ist er ja gar nicht!

Die Wirklichkeit des Andern sehen:
Das ist Nächstenliebe...
Aber zu diesem Sehen kommt man allein durch Vertrauen und Interesse.
Etwas wissen wollen über den Anderen;
dazu muss man fragen...

Und dann ...
ist da bei einer Kapelle schon länger der Verputz heruntergefallen...
Ein alter Maurer, der täglich vorbeigeht, sieht das - er *sieht* das! -
und kann nicht anders als am nächsten Tag mit Kübel und Kelle
und Malta den Sockel der Kapelle frisch zu verputzen.
Der Mann hat das Fehlerhafte gesehen, *weil* er *bereit* war, es zu reparieren!
So wird man aber immer mehr zu einem Sehenden, wenn man den Dingen nachgeht...und etwas tun *will…*

Und dann haben wir dieser Tage wieder die jährliche kleine Beichtübung mit den Erstkommunion Kindern und mit den Schülern der Volksschulen.
Ich sage es immer wieder:
Zum Staunen, wie sieben und acht und 10 jährige Kinder bei dieser Gelegenheit sich selber *sehen;*

Wie sie ihren Zorn beschreiben...ihre Faulheit...ihre Streitlust…
ihren Neid...ihre kleinen Lügen...und wie sie erzählen, wenn sie sich entschuldigt haben...
Sie lernen, sich selber nach dem Maßstab der Gebote zu sehen;
ja, nach ihrem Gespür für das, was die anderen - Mama und Papa und die Geschwister *nervt* und was nicht in Ordnung ist an ihrem eigenen Tun und Lassen.
Jemand sagt:
Alle Formen der geistigen und moralischen Blindheit kann man zurückführen auf die Gottesblindheit. Wir sehen nicht, dass Gott da ist. Wir glauben nicht wirklich an ihn. Sogar dann nicht, wenn wir beten...

Und es ist auch Unglaube, wenn ich im Umgang mit Anderen stehen bleibe bei ihren Eigenschaften, bei ihrem Äußeren, sei es abstoßend oder anziehend...

Gott will uns sehend machen - Christus will uns sehend machen...
Jesus hat den Blinden geschickt, sich im Teich Schiloach zu waschen, unterzutauchen: Das ist ein Bild für die Taufe.
Schiloach aber heißt *der Gesandte* - und das ist *Christus.*
So heißt das also:
Sich Waschen und Unterzutauchen in Christus...
Hineintauchen in die Tiefe der Heiligen Schrift...
und des Gebetes, des Vaterunsers..
Eintauchen in die Tiefe des Leidens.. in die Tiefe des Augenblicks..
denn *Er* ist *der Augenblick und die Ewigkeit...*

Das ganze Leben ist durchsetzt mit Taufen,
mit Untertauchen im Teich Schiloach - in die Wirklichkeit Gottes...
Denn aus der Erniedrigung kommt der Aufstieg...
Die Herrlichkeit aus der Demütigung...

Und wenn dann Jahre vergangen sind und der ehemals blinde junge Mensch - gottesblinde Mensch - im Alter oder auch durch eine schwere Prüfungen sehend geworden ist - Gott-sehend..,

dann zweifeln wir, ob es auch wirklich derselbe ist, so sehr hat er sich verändert ...äußerlich und innerlich...
Er selber aber weiß, dass er es ist.
Er kann den Menschen, der er früher war, vergleichen mit dem, der er jetzt ist! Er *sieht* den *unendlichen* Unterschied an sich selbst.
Ich bin es, sagt der Blinde zu den Leuten. Ähnlich wie es Christus sagt

4. Fastensonntag A 2014 Joh 9,1-41

Entsprechend diesem Evangelium von der Heilung des Blindgeborenen habe ich mich an Situationen erinnert, die das *Sehen* betreffen oder besser gesagt, verschiedene Arten des *Sehens.*
(Bert spaziert ins Dorf.)
Weil ich grade eine Zugreise durch Österreich machen musste und durfte, möchte ich gleich Werbung machen fürs Zugfahren: Man kann da ungleich besser und aufmerksamer die Landschaften sehen als mit dem Auto.
Und wenn man dann in einer fremden Stadt ist:
Wie viel besser müsste man noch das Sehen lernen, denke ich mir.
Ein Sehen, wo ich von mir selber absehen könnte (wo ich mich selber irgendwie vergesse) und deshalb alles genau sehen kann -
ähnlich wie Kinder oder Maler oder gute Schriftsteller, die wir deshalb so gerne lesen, weil sie alles so genau sehen und beschreiben können...
Übrigens nicht nur die fremde Welt, sondern auch die aller eigenste, die wir nämlich oft auch nicht wirklich sehen.

Eine andere Situation des Sehens:
Weil ich öfter im Altenheim bin, fällt mir immer wieder auf, wie wir Menschen uns in unserem Aussehen verändern im Laufe des Lebens...
Und wenn man - ich sage das jetzt auch als *Mann* - eine junge Altenpflegerin neben einer alten Frau *sieht*, ist es einem zunächst gar nicht bewusst, dass die alte Frau auch einmal hübsch ausgesehen hat wie diese Junge und dass die Junge auch einmal *alt a*ussehen wird.

So gibt es also zwei sehr verschiedene Arten des Sehens:
Die eine, wo man hängenbliebe am attraktiven Aussehen einer jungen Frau; das andere *Sehen*, wo du die Wahrheit und den Frieden im Gesicht des alt gewordenen Menschen siehst.

Falls wir alle mit dem Blindgeboren gemeint sind,
dann in dem Sinn, dass uns das *Aussehen* gefangen nimmt -
und wir das Unscheinbare übersehen...
In der alttestamentlichen Lesung haben wir gehört:
Gott sieht nicht auf das, worauf der Mensch sieht.
Der Mensch sieht, was vor den Augen ist, der Herr aber sieht das Herz.

Wenn im heutigen Evangelium von dieser Heilung eines Blindgebornen erzählt wird, dann geht es darum, dass wir zu einem gerechten und aufmerksamen Sehen *erlöst* werden sollen.

Da haben Psychologen ein Experiment gemacht mit Theologie- Studenten:
Man hat ihnen den Auftrag gegeben, dort und dort an der Uni
eine Rede zu halten über das Gleichnis vom Barmherzigen Samariter.
Dazu wurden sie aber kurzfristig per Telefon verständigt, sodass sie sich sehr beeilen mussten, wenn sie rechtzeitig dort sein wollten.
Sämtliche Theologie-Studenten liefen dann auf ihrer Strecke
an 10 Bettlern vorbei, ohne auch nur hinzusehen.

Sie haben sich dem Rollenzwang und dem Terminzwang
völlig unterworfen; waren nicht bereit oder hatten nicht den Mut,
wenigstens bei einem dieser Bettler kurz innezuhalten und etwas zu geben:
Sie fürchteten, dass sie zu spät kommen würden...
wo sie doch genau diese Situation im Gleichnis vom Barmherzigen Samariter analysiert haben und das Vorbeigehen der beiden Priester.

Arme Menschen sehen: Sich so auf das Sehen einlassen, dass ich nicht mehr anders kann als handeln...

Ein ganz anderes Sehen ist das Sehen in mich selbst hinein. Das, was wir in der Kirche die *Beichte* nennen, ist ein solches Hineinsehen in mich selbst.

Eigentlich ist das eine unglaubliche Fähigkeit des Menschen:
Eigene Schuld, eigene Verfehlungen zu sehen und an ihnen zu leiden;
und das voller Hoffnung, sie zu überwinden...
Deshalb erinnere ich jetzt mitten in der Fastenzeit:
Die persönliche Beichte ist eine reale Möglichkeit,
an sich selbst zu arbeiten...
Das sei ja der *Sinn des Lebens*:
An sich selbst zu arbeiten, sich ständig zu korrigieren...

In diesen Wochen sind wieder die Schulkinder der Volksschulen mit dem Beichten dran (das eine Mal im Jahr!)
Und ich finde ich es überaus wichtig, dass die Schulkinder nach wie vor das Beichten kennen lernen - auf möglichst ansprechende Weise freilich.
Eben dieses Hinein-Sehen in mich selbst; dieses Reden über mich selbst, dieses Zielsetzen im Blick auf das, was sich gehört und was gut ist und schön (wie es das Kind schon weiß!).
Und zugleich muss ich auf Ostern hin einladen und Mut machen zum Beichten. Das soll kein großes Reden sein:
Ein einfaches Sich-Zeigen vor Gott mittels der Kirche...

Der Blindgeborne in unserer Geschichte: Er wird nicht nur sehend gemacht, es wird ihm auch der Glaube an Jesus, den Christus, geschenkt.
Uns allen, die wir heute hier sind, ist der Glaube schon geschenkt worden, der Anfang des Glaubens...
Wir bemühen uns, unsern Glauben tiefer werden zu lassen…

Und wir *müssen* uns bemühen, denn dieses Licht des Glaubens kann verlöschen in uns und in unseren Kindern; so, dass wir nicht mehr beten können. Dass wir den Glauben nur noch von Außen sehen:
Dass wir das Gefühl des Glaubens verlieren könnten...
Dass uns das alles fremd wäre bis komisch...
Dass wir keinen Draht mehr hätten....

Dieses Evangelium will uns sagen:
Der Glaube an Gott und an Jesus ist ein unendlich kostbares Geschenk, wertvoller als das Augenlicht. Denn der Glaube macht uns sehend, heißt es.

Der Glaube ist es, in dem wir die innere Schönheit des alten Menschen sehen…Der Glaube macht offen für den armen Menschen.
Der Glaube ist es, der mich antreibt, hineinzusehen in mein Inneres:
In der Absicht und der Hoffnung, mich zu bessern, mich zu verändern...
auch durch das Sakramente der Kirche.

Der Glaube lässt glauben, dass alles in der Schöpfung das Bild (Offenbarung) Gottes ist... Der Glaube lässt uns dankbar sein für alles...
auch für das Schwere: Weil das Schwere uns in seine Nähe zieht;
weil es uns das Ziel des Lebens bewusst macht...
Der Glaube macht sehend, auch den, der blind bleiben musste sein Leben lang.
Es heißt, dass wir Gott in den Geschehnissen unseres Lebens sehen sollen;
und schließlich auch im Tod, wo Er uns begegne.

Bitte und Wunsch und größtes Anliegen: Sehen zu dürfen.
Das *Ziel* unseres Lebens zu sehen...Beispiele des Guten zu sehen...

Es kommt vor, dass ein junger Mensch, vielleicht auch ein eigenes Kind, auf Abwege gerät; gemein wird und gewalttätig...
und die ganze Familie und die Bekannten wenden sich von ihm ab.
Und in allen baut sich unwillkürlich ein Feindbild gegen den jungen Menschen auf: Man sieht ihn nur noch als den gemeinen Burschen.

Was ist das für ein *Sehen* im Unterschied zu dem ganz anderen Sehen, dass ein bekannter Jugendrichter kennt und fordert:
In seinem Büro hängt ein Plakat, auf dem ein unsympathisch wirkender Skinhead abgebildet ist - und drunter steht:
Jetzt, wo ich überhaupt nicht mehr liebenswürdig erscheine,
da bräuchte ich am meisten deine Zuwendung, deine Achtung,
deine Wahrheit...

4. Fastensonntag A 2008 Joh 9,1-41

In der Geschichte vom Kleinen Prinzen sagt der Fuchs zu dem Kleinen Prinzen:
Das ist mein Geheimnis, das ich dir, lieber kleiner Prinz, heute verrate. Es lautet ganz einfach:
Man sieht nur mit den Herzen gut...

Der Kleine Prinz hatte nämlich entdeckt, dass es einen großen Unterschied macht, ob man zum Beispiel viele Rosen automatisch begießt oder viele Kühe maschinell füttert und melkt…
oder ob man eine Rose besonders pflegt oder auch einzelne Kühe oder die zwei Hasen oder Schildkröten sich vertraut gemacht hat...
und so eine Beziehung aufbaut...zwischen dir und den Tieren…

Im einen Fall sind dir die Kühe oder die Rosen oder die Hasen ... im Grunde gleichgültig…jederzeit austauschbar…Sind alle gleich…
Im andern Fall sind dir deine Kühe und die zwei Hasen und die Rosen am Herzen…sie sind dir vertraut geworden und du ihnen…
und deshalb *siehst* du sie ganz anders als die tausend andern.

Man sieht nur mit dem Herzen gut...
Ein großer französischer Philosoph hat zwei Sichtweisen so auseinander gehalten, dass er die eine Sicht Esprit de Geometrie, also die Mathematische Sicht bezeichnete…, die der Zahlen und der Berechnung...
Die andere Sicht bezeichnete der mit Esprit de Coeur …
Sicht des Herzens, des Vertrauten…

Wenn vor der Pfarrhaustüre ein Bettler steht, dann sehe ich ihn aufs erste als einen, der nur etwas will und nichts gibt und sie sind mir lästig und...

Manchmal aber habe ich mir dann doch einige Minuten Zeit genommen und hinein gefragt in ihre Leben...ihr Wohnen usw.
Und deshalb gibt es inzwischen einige, die mir vertraut geworden sind...und ich ihnen...

Man kennt einander beim Namen und einer sagt mir grad gestern,
dass letzte Woche die Mutter gestorben sei...(möglicherweise eine
Notlüge!)

Und ich kann da nicht mehr ohne weiteres sagen:
Geht mich nichts an...Geh deiner Wege…
Auch wenn ich manchmal denke:
Hätte ich doch nicht so nachgefragt!
Hätte ich mich nicht so interessiert für ihn, dann wäre er mir ein Fremder
geblieben und ich wäre nicht so verpflichtet...

Auch das berufliche Arbeitsleben kennt diese beiden Sichtweisen:
Man könnte den Arbeiter rein von den messbaren Leistungen her sehen;
rein nach dem finanziellen Nutzen, der natürlich auch sein muss.
Es gibt aber Chefs, die interessieren sich für das Leben der Mitarbeiter, die
sich dann mehr noch identifizieren mit der Firma...ohne dass das
ausgenützt würde...
Man sieht nur mit dem Herzen gut...
Im Altenheim habe ich gepredigt,
wie gut es einem jungen Menschen tut, alte Mensch zu sehen.
Sehen, dass der Mensch sich äußerlich verändert..
Was für ein Unterschied, wenn man Jugend-Fotos anschaut von einem
Menschen, der jetzt 80 ist und drüber...

Der Heilige Paulus schreibt einmal über Christen:
Dass das Menschen seien, die nicht mehr auf *das Sichtbare starren,*
sondern nach dem Unsichtbaren Ausschau halten...
Aber wir starren ja noch so sehr auf das Sichtbare...
Das Aussehen wird zunehmend wichtig…
Wie sehr geht es darum, dass alles attraktiv aussieht…

Aber je mehr das Äußere, das Sichtbare wichtig wird,
desto anstrengender ist das Leben.
Und zwar in dem Maß, als das Innere Leben schwach ist
oder noch gar nicht vorhanden.

Das Innere Leben: Das sind meine Gedanken, das ist meine Einstellung gegenüber der Umwelt, den Andern...
Wenn ich gut denke, - mit dem guten Herzen sehe,
dann wird das gemeinsame Leben leicht …
die Begegnungen ...und das Miteinander...

Schwer dagegen, wenn ich ungut denke ...
Ein alter Mensch ist vereinsamt, weil er immer geschimpft hat über die anderen: Wie blöd die sind ...wie schwierig... usw.
Urteile also nicht so nach dem Äußeren…
du kannst die Geheimnisse der Herzen nicht...

Man sieht nur mit dem Herzen gut...
Sehen muss man lernen…
Sehen lernen, was zu tun ist...
Lernen, dankbar den Tag sehen….die Nacht…
den Himmel über uns - mit dem immer andern Gewölk..
die Blumen, die Kräuter….die Tiere...die Bäume….das Wasser..
Dankbar sehen die Landschaft, in der wir leben…
Lernen, den Anderen als meinen Anderen zu sehen..
vor allem auch: Lernen, Sterbende zu sehen und Tote..

Ist es nicht Gott, Den ich in alledem sehe...?
Sehe ich nicht in alledem sein großes Geheimnis...
Man sieht nur mit dem Herzen gut….:
Ich wünsche mir, die Fügungen Gottes in meinem Leben besser zu sehen.

5. Fastensonntag A 2017 Joh 11,3-45

Ich bin die Auferstehung und das Leben...
Wer an mich glaubt, wird leben, auch wenn er stirbt...
Da fällt dir am Morgen ein:
Heute hat doch dieser alte Freund Geburtstag...
Du suchst lange seine Tel-Nummer, obwohl du dies und das zu tun hast heute... und rufst ihn an, obwohl du ihn noch nie angerufen hast - und er ganz selten telefoniert. Er hat mich sofort an der Stimme erkannt und hat sich sehr gefreut. Er war ganz weg!

Der Glaube muss durch Taten bewiesen werden...durch Handlungen...
Der Anruf zum Geburtstag, war das nicht eine kleine Auferstehung?
Gegen meine Trägheit, mein Vergessen?
Für mich und für das Geburtskind...
Jesus hätte das auch getan…
Er, der die Auferstehung ist, weil er das Leben ist...
und alles Leben aus Gott...

Da schafft jemand mit viel Aufwand an Zeit und Hingabe etwas Schönes zum Anschauen; oder jemand bereitet einen Vortrag vor;
oder spielt eine schöne Musik - wie der Musikverein im Ganzen...
Die Frau kocht ein gutes Essen. Der Schüler macht die Aufgabe sorgfältig.
Das sind doch kleine Auferstehungen!
Erst recht, wenn Andere diese kleine Schöpfung genießen können.

Wer an mich glaubt, wird leben...
Wir reden oft über unsre Mitmenschen…und die reden über uns...
Und dabei man kann nicht nur schön reden über andere...
Manchmal muss man diesen oder jeden Fehler ansprechen bei jemanden...
Aber man muss das mit Erbarmen tun, mit Nachsicht…
im Bewusstsein meiner eigenen Fehler und Schwächen.
Das ist auch Glauben an das Evangelium...an Gott...an Gottes Vorbild in Christus. Das ist Nächstenliebe.
Komm heraus, Lazarus!

Jemand sagt:
Gestern bist du aber so richtig aus dir herausgegangen!
Aus sich herausgehen können; aus dem Grab der Hemmungen,
der Ängstlichkeit, Verkrampfungen...der Eitelkeit....der Ich-Sorge...
der Ichbezogenheit...des Stolzes...
Komm heraus! sagt einer zum Anderen:
Aber er sagt es nicht durch das Wort, sondern durch seine Art…
und bewirkt es auch, indem er sich selbst vergisst...

Jesus sagt:
Ich bin die Auferstehung und das Leben...
Wer sich daher mit Ihm verbindet, der wird in gewissem (ethnischem) Sinn
selber auch ein *Mensch der Auferstehung.*
Das sind wir, wenn wir Menschen *der Sanftmut* werden,
wenn wir auf Rache und Vergeltung verzichten.
Wenn wir im Gegenteil bereit sind zur *Vergebung.*
Dann sind wir schon Menschen der Auferstehung;
dann erwecken wir Andere aus dem Grab der Kränkung...
zum Frieden...zur Gemeinschaft.. ,
dann ermutigen wir Andere...bauen sie auf... holen sie aus sich heraus.
Damit rufen wir an Seiner Stelle: *Lazarus, komm heraus*!

Die Totenerweckung des Lazarus durch Jesus erinnert daran,
dass wir schon hier in diesem Leben manchmal an die äußerste Grenze
geworfen werden...in eine schwere Prüfung - wie in ein Grab...
Und dass wir dann - wenn wir aus dem Grabe herauskommen,
neue Menschen sind...
Er: Siehst du nicht den Unterschied zwischen dem Leben, das du mir vor dieser Prüfung gegeben hast und dem Leben, das du mir jetzt, nach dieser Prüfung, anbieten willst? Hat es dir nicht gut getan, dich der Grenze des Lebens zu nähern, um mit den Augen der Wahrheit zu erkennen, was das Leben auf Erden ist und was das ewige Leben bedeutet?

Diese große Prüfung soll ein Mittel deines Gottes sein,
deine Blickrichtung, deine Aufmerksamkeit...auf Ihn zu lenken...

Wie der reiche Steuerhinterzieher, der nach einigen Jahren Gefängnis gesagt hat: Diese Gefängnisstrafe hat mir gut getan...
Ich bin von meinem Hohen Ross heruntergeholt;
ich habe Menschen aus allen Schichten kennen und achten gelernt...
ich habe gelernt, nachzudenken; an Gott zu denken... vor Gott zu sein.

In einer geheimnisvollen, sakramentalen Wirklichkeit ist die Taufe eben genau das: Dass der Alte Adam, der Ich-Mensch stirbt,
damit der Neue Adam, Christus, in uns lebt.
Nicht mehr ich lebe, sondern Christus lebt in mir.

Mit der Taufe beginnt die Auferstehung in Vereinigung mit Christus.
Stehe auf mit mir! Sei ein Besserer Mensch. Ändere dich.

Viele der Juden, die zu Maria gekommen waren und gesehen hatten, was Jesus getan hatte, kamen zum Glauben an ihn.
Es sollte aber nicht ein Wunderglaube sein.
nicht nur ein Glaube an Jesus als Wundertäter,
In jenen, die glauben, weil sie ein Wunder gesehen haben, beruht der Glaube nicht auf inneren Gründen.
Der Wunderglaube bezeugt das Wunder,...aber nicht Gott...
ebenso könnte eine andere wunderbar scheinende Tatsache den Glauben auslöschen...oder ein schweres Leiden ...Sterben...
große Katastrophen, wo keine Rettungswunder geschehen..
Der Glaube derer, die glauben, ohne Wunder gesehen zu haben..
dieser Glaube fasst Wurzeln in ihrem freien Willen.
Sie kennen meine unsichtbare Gegenwart...
und sie vernehmen meine Stimme...

Und Jesus sagt:
Löst ihm die Binden und lasst ihn weggehen
Dieses an sich kleine Detail, diese *Nachsorge..*
kann aber doch auch heißen: Man möge dem Menschen, der innerlich schon neu geschaffen ist; der persönlich schon aus dem Grab ins Leben gerufen ist: Man möge ihm doch helfen, dieses Leben jetzt zu leben...

Und im Falle der Taufe und der Erziehung der Kinder kann es doch heißen: Dass Paten und Eltern und alle...dem Kind, das aus dem Grab des alten Lebens herausgerufen ist, jetzt helfen mögen /müssen,
das *neue Leben der Taufe* zu entwickeln...
Vereinnahmt nicht Kinder für eure Ideologien…
für eure Parteilichkeit...und für eure Weltlichkeit...euern Materialismus, ...für eure Aversionen ..
Ihm die Binden lösen*: D*ie äußerlichen Hindernisse ...wegnehmen.
Und lasst ihn weggehen...
Sucht nicht, ihn für euch zu vereinnahmen...haltet ihn nicht fest...
Lasst ihn seine Wege gehen...
An meiner Pfarrhaustüre steht ein Rumäne.
Ich erkenne das an seinem dunklen Aussehen, an seiner Sprache.
und wie ich dann noch sein theatralisches, weinerliches Jammern,
das er mir da vorspielt...mit Kreuzzeichen... da wollte ich im ersten Moment die Türe zumachen...
Aber ich nehme ihn ernst und tadle ihn: Er solle nicht so kindisch und so falsch tun…! Ich mache ihn ein wenig nach, um ihm zu zeigen, wie abstoßend das ist und gebe ihm den Gutschein...und die drei Euro für das Ticket... Obwohl ich sehe, dass er nicht ganz zufrieden ist, zieht er doch mit einem Danke ab...
Tomislav war am Telefon! Seit ein und einem halben Jahren hat er sich selber im Zimmer eingeschlossen! Hab ihm von Zeit zu Zeit ein Brieflein geschrieben: Im Sinne von *Lazarus: Tomislav, komm heraus!* Ich hatte seinen Bruder angerufen Iwan und es meldet sich: Tomislav!
Das schien mir fast unmöglich! Ja, er sei im Aufbruch ein bisschen...Er sei schon einige Male hinausgegangen...ins Freie…

5. Fastensonntag A 2014 Joh 11,3-45

Von der Stadt Jerusalem hören wir ja immer wieder im Zusammenhang mit den schweren Spannungen zwischen Palästinenser und Juden.
In der Nähe von Jerusalem liegt das Dorf Bethanien.
Ob das heute auf palästinensischer oder jüdischer Seite liegt,
weiß ich nicht.
Damals, zurzeit Jesu, haben dort die drei Geschwister Maria und Martha und Lazarus gewohnt. Und Jesus ist befreundet gewesen mit diesen Dreien; ist sicher oft bei ihnen auf Besuch gewesen.
Wie sehr er die Geschwister liebte, zeigt sich daran, dass er am Grab des Lazarus geweint hat:
Seht, wie lieb er ihn hatte! sagten die Leute.
In den zweitausend Jahren bis heute hat es viele Menschen gegeben und es gibt sie, die ähnlich wie die drei Geschwister zu einer tiefen Freundschaft mit Jesus gefunden haben und das, obwohl er seit dem ersten *Ostern* nicht mehr sichtbar ist.
Für den heutigen sog *aufgeklärten* atheistischen Menschen eine kindische Einbildung: Dass man mit dem *Sohn Gottes, also mit Gott* eine geistige, persönliche Freundschaft pflegen könne...

Aber warum wartete Jesus damals so lang mit seinem Kommen, nachdem er die Nachricht erhalten hat: ***Dein Freund Lazarus ist krank! ...***
bis es zu spät war und Lazarus stirbt...?
Geht man denn nicht gleich hin, wenn ein Freund sterbenskrank ist...?
Und die Not der Schwestern...?

Aber das ist doch auch die Erfahrung gläubiger Menschen:
Dass sie inständig für einen jungen geliebten Mitmenschen gebetet haben:
Gott möge ihn doch nicht sterben lassen (Gott möge ihn vor dem Tod bewahren...)
Aber es kommt keine Antwort.
Wärst du hier gewesen, dann wäre er nicht gestorben...,
sagte Maria zu Jesus.
Es gibt Menschen, die ihren *kleinen (bedingten)* Glauben verworfen haben,

weil ein junger Mensch trotz ihres Betens gestorben ist.
Der Glaube ist insofern Kleinglaube, als er allein unserem Leben wollen dienen soll. Wenn wir schwer krank sind, wollen wir mit allen unseren Fasern nichts als *zurück* in den früheren Zustand des Gesundseins.
Und es werden größte Anstrengungen unternommen in der Forschung, der Zellforschung, der Embryonen-Forschung..., um das Leben zu verlängern. Zugleich weigert sich der *Mensch* mit allen Mitteln, in die andere Richtung zu schauen: In die Richtung des Endes, des Sterbens und des Todes. Als ob es ganz und gar unpassend wäre, dass man an das Ende denkt und gar davon spricht...

Dieser tiefe Widerstand gegen den Tod und schon das Denken an den Tod ist freilich auch dann noch da, wenn man glauben kann an ein Weiterleben nach dem Tod. Maria glaubte das, wenn sie sagt:
Ich weiß, dass mein Bruder einmal, nämlich am Jüngsten Tag auferstehen wird...
Aber bei all dem Glauben und auch dem Wissen, dass wir einmal alle sterben müssen: Wir wehren den Gedanken an den Tod lange ab und das umso mehr, wenn es ein früher Tod ist wie bei Lazarus.

Wenn wir die Todesanzeigen lesen und es auch im eigenen Umkreis erfahren: Wie früh kann das Sterben oft kommen!
Der Tod begleitet dich immer...
Aber in diese Trauer und in dieses Ausgrenzen des Todes und der Sterbenden hinein sagt Jesus ein Wort, an dem sich seither unzählig viele Menschen festhalten konnten und können:
Ich bin die Auferstehung und das Leben. Wer an mich glaubt, wird leben, auch wenn er stirbt...Er wird auf ewig nicht sterben.
Wer hier schon verbunden lebt mit Ihm; wer hier Sein Leben in der Welt fortsetzt; der wird leben, auch wenn er stirbt: Der sieht dem Lebensende nicht mit Angst entgegen. Er weiß, dass er *hinter der Türe* erwartet wird von eben Dem, der *das Licht* ist...
Komme so weit, dass du dich auf den Tod freust, denn er bringt dich zu mir.
Wer an mich glaubt, wird leben, auch wenn er stirbt...
In diesem Glauben kann und wird ein Mensch sich ganz hingeben,

wird er sein Leben, seine Zeit, seine Kräfte ... hingeben für seinen Dienst an der Welt: Das ist sein Part für das Heil der Welt...
Wer an mich glaubt, wird...hier schon auf der Erde *leben* in einem tieferen Sinn, einer tieferen Qualität.
Damit wir aber vertrauen können auf dieses Wort Jesu:
Dass der Gaube an Gottes Macht wirklich lebendig macht, ruft Jesus den Freund, der schon seit vier Tagen tot ist, aus dem Grab heraus.

Ich persönlich glaube absolut daran, dass Jesus damals wirklich einen Toten und nicht etwa bloß einen Scheintoten neu zum irdischen Leben erweckt hat. Ähnliches wird uns auch von Heiligen berichtet:
Dass durch sie Tote zum Leben erweckt worden sind.
Deshalb müssen wir sehen:
Diese Totenerweckung des Lazarus bedeutet zugleich *mehr* als die Wieder-Erweckung zum irdischen Leben.
Der laute Ruf: **Lazarus, komm heraus!** - ist auch ein Ruf an mich und an jeden von uns nicht erst im Tod:
Komm heraus... aus dem Grab deiner Begierden...!
Komm heraus... aus deiner unwirklichen FS-Welt,
hinaus in die wirkliche Welt vor Deiner Türe!
Komm heraus aus dem Grab deiner Träumereien!
Komm heraus ...heraus aus dir und rede! Sage, was du sagen musst...
Heraus mit der Sprache!
Komm heraus! Beschreibe, was dir fehlt;
was dir weh tut. Ich will dir zuhören.
Komm heraus! ... heraus aus deinem Hang zu Bequemlichkeit und Müßiggang: Zeige durch dein Leben, dass man nicht auf der Erde ist, um sich auszuruhen...Handle, wo du die Möglichkeit hast zu handeln!
und sei es, den Telefonanruf zu erwidern...

Karfreitag A 2008 Joh 18,1-19

Ich muss zuerst von einem Krankenbesuch reden,
weil das ganz zum Thema des Karfreitags gehört.
Eine sehr alte Person, die seit Jahren auf das Sterben hofft:
...Von Fest zu Fest habe ich gehofft - und Er kommt nicht...
sagt die Person.
Zuerst habe ich gedacht, ich sei gemeint, der Pfarrer, weil ich in der Tat schon einige Zeit nicht mehr dort war. *Nein, ich meine Ihn! ...* und deutet hinauf. *Habe ich denn das wirklich verdient...*klagt der alte Mensch.

Ich überwinde mich und versuche diese Arme zu trösten mit dem Trost, der mir gerade heute, am Karfreitag, so glaubwürdig ist, obwohl oder weil er so quer gegen das allgemeine Denken geht:
Nein, sage ich, dass du so lange alt sein musst und leiden, das ist keine Strafe! Ich glaube fest, Er holt dich noch nicht, weil du eine besonders Starke bist und noch so viel für Ihn tun kannst... und zu seinem Kreuz dazulegen kannst, was Ihm noch fehlt...
Dein Leiden ist ein großes Gebet, eine Fürbitte für Menschen, die sich versündigt haben, die verloren gehen...
Jesus sagt ja: Lass mich nicht ohne deine Leiden. Sie helfen den Sündern...
Und dann gibt es noch dieses andere tröstliche Wort, das dem Leiden Sinn gibt: *Wenn ich ein anderes Mittel hätte, dich an mich zu ziehen, würde ich es dir geben.*
Jeder und Jede von uns kommt in die Situation, wo ein Allernächster, der Partner, ein Kind, die Mutter, der Vater ...im Sterben liegt.
Und wir wissen nicht, wie viele Tage oder Wochen es dauern wird.
Dann gibt es wieder Anzeichen, dass noch einmal eine Besserung kommt.
Und wir hoffen wieder, dass es doch nicht so ernst ist...
So bangen wir und sind hin und hergerissen zwischen Hoffnung auf Besserung und Ergebung ins Sterben.

Der Karfreitag *predigt* uns, dass wir *neu und anders* auf den Tod schauen können und sollen...
Der Karfreitag macht möglich, dass wir uns lösen von der menschlichen Hoffnung, es müsse immer weiter gehen und das Sterben dürfe nicht kommen...
Der Karfreitag lehrt uns, den Tod anzunehmen. Aber nicht, weil wir ohnehin alle sterben müssen und uns nicht anders übrig bleibt, sondern ein Annehmen im Glauben an die Bedeutung des Todes:
In der gläubigen Erinnerung, dass auch Er (!) diesen Weg gegangen ist.
Und dass Sterben heißt: Zu Gott gehen.
Oh, mein arme, kleine Tochter, armer, kleiner Sohn, wie kurz ist das Leben auf der Erde...
Fast alle werden auf halbem Weg stehen bleiben..
Fühlst du nicht, dass deine wahre Heimat anderswo ist?
Warum hier unten hängen bleiben...?
Es kann morgen sein, das andere Leben...

Die Benediktinermönche haben zu ihrer Regel, jeden Tag sich den Tod vor Augen zu halten...Für uns normale Christen-Menschen scheint das reichlich übertrieben und zudem: Wozu soll es gut sein?
Antwort: Dass man zum Sterben und zum Tod ein reifes Verhältnis gewinnt, dass man sich *mental versöhnt* mit der Tatsache,
dass meine liebsten Mitmenschen sterben werden und dass ich sterben werde...
An den Tod denken lernen mit der Absicht, den Sinn des Todes zu begreifen und dass er eine Bedeutung hat:
Es ist der Moment des höchsten Vertrauens...
Der Tod ist die allgemeine Gutmachung des Lebens...
eines oft egoistischen Lebens..
Der Tod ist die Türe, die sich öffnet, Er steht dahinter: Christus...
Der Tod ist die letzte Korrektur...

Es wird manchmal gesagt: Der Kreuzestod von Jesus sei nicht vorgesehen gewesen. Jesus selber hätte seinen Kreuzestod nicht gewollt...zumindest nicht vorher.

Aber im Hochgebet der Kirche und damit des christlichen Glaubens heißt es: *...am Abend, an dem er ausgeliefert wurde und sich aus freiem Willen dem Leiden unterwarf...* Aus freiem Willen!
Und den Aposteln hat Er sein Leiden - und seine Auferstehung - offiziell drei Mal angekündigt:
Der Menschensohn muss leiden und er wird getötet werden,
am dritten Tag aber wird er auferstehen...
Der Kreuzestod Jesu ist unendlich bedeutungsvoller als das beklagenswerte Leiden und Sterben eines außergewöhnlich guten Menschen oder eines Propheten.
Jesus hat in seinem Sterben am Kreuz diesen letzten Sinn erfüllt:
Sühne für die Sünden der Welt...(wie unsympathisch ist uns Heutigen das Wort von der Sühne!)
Er ist der *unendliche Wiedergutmacher.*
Sein Kreuzestod war und ist das reine Opfer des Gott-Menschen,
der selber ohne Sünde war.
Der Rosenkranz betet:
...der für uns gekreuzigt worden ist...
Für uns! Das heißt: An unserer Stelle...Stellvertretend.
So sind wir - geistlich - alle schon gestorben.
An anderer Stelle heißt es:
Christus hat die Sünden aller Menschen getragen...
Er ist Derjenige, der die Verfehlungen der Menschheit nicht nur verzeiht, die man ihm anvertraut, sondern der diese Fehler auf sich nimmt, um für sie die Vergebung des Vaters zu erlangen..

Gestern haben wir die Worte Jesu zur Fußwaschung gehört:
Ich habe euch ein Beispiel gegeben, damit auch ihr so aneinander handelt...
Und an anderer Stelle: *Ich habe euch das Beispiel für die größte Opferbereitschaft gegeben; für die absolute Selbstlosigkeit.*

Deshalb ist es möglich geworden, alle Kreuze der Menschen
als Sühne für die Sünden darzubringen...
Ach, würden die Menschen es verstehen, ihre Leiden einzusetzen für die Wiedergutmachung der Fehler ihres Volkes und ihrer selbst...

Was die Rede vom *Kreuz* betrifft:
Es ist ein Geheimnis des Glaubens, dass jeder Mensch sein Kreuz in seinem Leben tragen muss.
Die Kreuze auf den Gräbern sind Sinnbild dafür...
Es heißt dazu:
Dein Kreuz ist nicht irgendein Kreuz,
sondern ist auf dich zugeschnitten - von Ihm.
Das Kreuz des Tages, das Kreuz der Nacht..
sodass es heißt: Nimm das Kreuz eines jeden Tages auf dich,
so wie Christus es getan hat, wenn du ihn als das vollkommene Beispiel für dich anerkennst.

Karfreitag A 2011 Joh 18,1-19

Nach der Leidensgeschichte.
Vor der Kreuzverehrung, die nach den Fürbitten folgt, die immer neue alte Frage:
Was bedeutet das Kreuz Jesu?
Was ist der Sinn seines Todes am Kreuz?
Erlösung von der Sünde des Adam hat das Gebet zum Beginn der Feier gesagt:
Nach dem Gesetz der Natur tragen wir das Abbild des Ersten Menschen,
des Ersten Adam an uns, des Ur-Menschen,
der zum Archetyp der Menschheit geworden ist.

Aber erst durch den Zweiten Adam, den *Neuen Archetypen* des Menschen, wird deutlich, was der Erste Adam über jeden Menschen, über die Menschheit gebracht hat:
Nicht was Gott will, sondern was Ich will, soll geschehen...
Die Sünde des Adam und aller Menschen ist die Egozentrik,
ein heilloser (metaphysischer) Egoismus, der tiefer im Menschen lebt als das Moralische und Psychologische.
Der heillose Hang, sich selbst mehr zu lieben als die andern;
ja, mehr als Gott: **Für mich - gegen Gott.**

Es gibt diese Geschichte mit den überlangen Löffeln, die den Menschen zum Essen zur Verfügung gestellt sind.
Hölle, also *Sünde der Welt* ist dort, wo die Menschen verzweifelt und ewig versuchen, sich selbst mit diesen überlangen Löffeln das Essen zum Mund zu führen. Es geht nicht. Die Löffel sind zu lang.
Also werden sie immer magerer.
Sie verhungern vor den vollen Töpfen!

Die Erlösung bringt die *Umkeh*r. Auf einmal erkennen sie (durch Sein Beispiel), dass sie sich mit den Löffeln leicht gegenseitig füttern können.
Vielleicht haben sie das auch zuvor schon heimlich gewusst,
aber sie haben es nicht gewollt, nicht riskiert! Was, wenn der andere nicht auch so tut wie ich...?
Und überhaupt: Ich werde doch diesen Andern nicht füttern!
Bin ich denn der Hirte meines Bruders...?

Am Kreuz betet Jesus, der Neue Adam:
Nicht mein Wille geschehe, sondern Deiner...
Das Kreuz ist das Inbild des gehorsamen Menschen-Gottes,
wo der, der Gott ist, alle Selbstvergottung besiegt…
die Sünde der Selbstvergötzung des Menschen beseitigt.

Kinderfeier am Karfreitag 15 h
(Entwurf. Nicht gebracht).
Wenn man etwas Böses getan hat, muss man es wieder gutmachen...
dazu sagt man auch *Buße.* Das wirst du noch büßen! sagt man,
wenn jemand etwas Böses getan hat.

Aber die Menschen haben schon so viel Böses getan...
dass sie das nie mehr gut machen könnten.
Ja, sie sind mit dem Böse-tun so böse geworden...
dass sie gar nicht mehr sehen, wie böse sie sind...

Da hat Jesus zu seinem Vater gesagt:
Alles, was ich mir von dir wünsche:
Dass du den Menschen ihre Sünden gegen deine Schöpfung vergibst...

die Schöpfung, die zuerst sie selber sind..
Damit sie wieder *ganz neu* anfangen können...
Ich will für alles wiedergutmachen...
Wenn es sein muss, mit meinem Sterben am Kreuz.
Ich möchte das Böse, das sie dann auch mir antun,
nicht mehr mit Bösem vergelten...Ich möchte die Schmerzen,
die sie mir antun, *für sie alle* auf mich nehmen...
als Buße für ihre Sünden...so als wären es meine Sünden,
die ich aufs Kreuz mit hinauf nehme...
So möchte ich Beispiel für sie sein, damit sie auch anfangen,
wirklich gut zu sein und das Böse, das sie einander antun,
nicht mehr mit Bösem vergelten, sondern dass auch sie sagen:
Ich vergebe dir…
So *sind* auch sie mit mir zusammen *deine Vergebung*.
Denn ich bin Deine Vergebung.
Durch mich wirst du ihre Sünden nicht nur verzeihen, sondern wirst sie mir als die meinen aufladen, damit ich für sie deine Vergebung bin...

Und ich möchte, dass die Kinder ihren Eltern gehorchen lernen,
so ähnlich, wie ich Dir gehorche…
Am Morgen beim Aufstehen und Anziehen ...dann beim Frühstück...
beim Kindi-Gehen.. beim Hausaufgaben-Machen...und beim Fortgehen und Heimkommen... beim Schlafengehen..

...dass sie dann später als Erwachsene immer mehr dir gehorchen lernen, so wie ich dir gehorcht habe: Damit sie so immer mehr deine Kinder sind.

Im Kreuz ist Heil...?
Zuerst und bevor wir auf unsere Kreuze hinschauen, müssen wir heute auf Seines schauen:
Im Kreuz ist Heil heißt zuerst:
In Seinem Kreuz ist Heil, ist Erlösung, ist Sühne der Sünden der ganzen Welt…
Dieses Meer der Sünden, der Verbrechen, der Morde, der Verdorbenheit,
der Gleichgültigkeit, der unendlichen Unterlassungen des Guten..
Wo auch ich das Gute nicht getan, das ich hätte tun sollen und können.

das notwendig gewesen wäre für das Gute in der Welt...gegen das Böse.
Im Kreuz ist Heil, ist die Vergebung, die Löschung der unendlichen Zahl von Sünden...
Im Kreuz ist Heil heißt aber zugleich: Der Neuanfang ist möglich gemacht, sodass die Welt...sodass ich selbst ...aufs Neue frei bin…
Im Kreuz ist Heil heißt: Ohne sein Kreuz würde das Gute, das Heilige… die Wahrheit...die Liebe... in der Menschheit verschwinden..
Die Welt würde heil-los und immer tiefer von der Sünde beherrscht:
Von der Gemeinheit, der Gewalt, von der Habgier, von der Unfähigkeit zu lieben, von ungezügelter Triebhaftigkeit, von der Angeberei, vom Gefangen-sein im Egoismus, in dem sich jeder Mensch als Mittelpunkt sieht...

Gott aber hat seinen eingeborenen Sohn in diese Welt gesandt, um - als einer der ihren - die Sünden aller als die Seinen! auf sich zunehmen… und so - als schuldloses Lamm - durch das vollkommene Opfer, die vollkommene Buße…, die Sühne der Sünden zu erwirken.
m.a.W. die Vergebung des Vaters zu erlangen...
Ja, die Vergebung, die Wiedergutmachung des Vaters selbst zu *sein:*
Ich bin die Vergebung... des Vaters...

Vergebung aber ist Freisprechung; macht möglich die neue Freiheit der Kinder Gottes, den absoluten Neuanfangs...Neuschöpfung... für jeden, der es will...bis zu seinem Lebensende.

So hat also der Gott-Mensch, der selbst ohne Sünde war,
die Sünden aller als die seinen auf sich genommen...
stellvertretend für alle das göttliche Opfer gebracht...im Gehorsam gegen den Vater...gehorsam bis zum Tod... zum Tod am Kreuz.

Und nur so konnte der *Mensch der Erbsünde* wieder frei werden ...für ein neues Leben...einen neuen Frühling…

Jetzt ist aber jeder berufen und befähigt, von sich aus beizutragen zur Erlösung, beizutragen zum Glücklich-sein anderer - ohne jeden Eigennutz - aus reiner Nächstenliebe.

Helfen, Seelen zu retten, das Verderbliche in der Welt immer wieder gutzumachen ...

Das ist so, wie jemand aufräumt, wo andere Unordnung gemacht haben...
Zu diesem Retten der Welt gehört dann auch das tägliche Kochen in der Küche und das Geschirr waschen…und das Aufräumen…
Jede alltägliche Handlung, die in der Absicht getan wird,
der Liebe in der Welt zu helfen...

Und es gehört zur Erlösung der Welt, wenn die Bürger eines Landes umkehren zu einem gerechten Lebensstil...
oder wenn ein Mensch für andere, ja für die Völker betet...
Wir kennen nicht die Macht des Gebetes...
Und es dient der geistlichen Rettung und Umkehr der Welt,
wenn du die täglichen Dornen (Schwierigkeiten) deines Lebens erträgst – aus Liebe zu Gott.
Diese Annahme der täglichen Lasten sammelt die Gnade, mit der du eines Tages die größeren Prüfungen bestehen kannst...

Sühne zu leisten für sich selbst und die Welt…, für einen einzelnen Menschen, für eine einzelne Seele...
Sühne, indem wir das Gute tun, das immer das schwerere ist,
das opfervolle; das Gute auch in der Erfüllung der beruflichen und Standespflichten..

Wer mein Jünger sein will, - wer an meiner Stelle
ein *anderer Christus* sein will für die Welt, der verleugne sich selbst und nehme täglich sein Kreuz auf sich und wirke somit am Heil der Welt,
unersetzlich an seiner Stelle, an seinem Ort,
... hin auf das ewige Ziel, dass die opferbereite Liebe (Gottes) den Egoismus der Welt besiege...im einzelnen Menschen …
und so in der Welt..
Das eigene Sterben, der eigene Tod soll und kann die größte Wiedergutmachung des eigenen Lebens sein,
soweit dieses auch ein egoistisches Leben war...

Im Kreuz ist Heil.
Ohne das Kreuz Jesu würde die Welt heillos der Sünde verfallen...
der Unfähigkeit zur wahren Liebe, der Habsucht,
der Flucht in die Sünde der Welt, um so den sicheren, aber sinnlosen Tod *vergessen* zu machen...
Im Kreuz ist Heil... Er hat meine Sünden als die seinen auf sich genommen, um am Kreuz die Vergebung des Vaters zu erlangen.
Am Kreuz ist der Sohn Gottes zur Vergebung des Vaters geworden. Und es lehrt uns die menschliche Unmöglichkeit, das Böse nicht mehr mit Bösem, sondern mit Gutem zu vergelten...und so für das Heil der Welt mitzuwirken...unersetzlich.
Im Kreuz ist Heil...heißt auch: Der Mensch wird heil,
wird glücklich durch Gutes tun, mit jedem Opfer.
Die Seele wird schöner mit jeder guten Tat,
Im Kreuz ist Heil, weil es das Zeichen der Selbstüberwindung
und so zugleich die Quelle des Heils und der Freiheit ist...
Der Trinker, der strahlend sagt: Seit vier Wochen trinke ich nicht mehr Der Entzug ist Kreuz, aber grad darin seine Freiheit.
Im Kreuz ist Heil, wenn das Kreuz eines Leidens uns in die Wahrheit und Tiefe des Lebens führt....
Lange leben wir nur an der Oberfläche...
Wenn ich ein anderes Mittel hätte, dich näher an mich...zu ziehen...
Im Kreuz ist Heil im Sinne des Trostes, den es uns spendet,
wenn wir es anschauen.

Im Kreuz ist Leben...
Das Familienleben ist auch Kreuz. ..
Aber diese Belastung stiftet Leben:
Erstaunliches, erfüllendes Gemeinschaftsleben
Gemeinschaft aber ist Leben...
und ist Liebe...
Im Kreuz ist Leben heißt also: Im Kreuz ist Liebe.
Kreuz ist das Zeichen der Opferbereiten Liebe...
Die Standes und Berufs-Pflichten sind Kreuz.
Indem sie erfüllt werden, stiften sie „Leben“...
In der Hingabe der Arbeit vergisst man sich selbst...

Im Kreuz ist Leben heißt: Leben der Hingabe
Kreuz ist Leben in der Selbstvergessenheit...

Im Kreuz ist Hoffnung
Im Kreuz des täglichen Beginnens ...ist Hoffnung auf Gelingen. ...
Wer nichts auf sich nimmt, kennt die Hoffnung nicht.
Im Kreuz der Prüfung ist es die Hoffnung, dass wir bestehen.
Der Grund der Hoffnung für das Meistern der großen Prüfungen
sind die kleinen Prüfungen, die wir täglich ertragen lernen.
Im Kreuz ist Hoffnung heißt:
Im Kreuz ist Loslassen. Nicht mehr das Machen-können.
Wo wir uns loslassen, fangen wir an zu hoffen....
Und wenn wir leiden müssen, hoffen wir, dass der Schmerz einmal zu Ende geht und tun vieles dazu…
Wer nichts tun würde, der wäre kein Hoffender.
Man kann aber auch zu viel tun. Dann wäre man auch kein Hoffender mehr, sondern einer, der erzwingen will, was nicht zu erzwingen ist.
Aber einmal ist das Leiden ein letztes Leiden, ein letztes Kreuz.
Da wächst die *andere* Hoffnung auf.
Im Kreuz des Sterbens ist es die Hoffnung auf Vollendung der Erlösung; auf Erfüllung der Verheißung, die der vom Kreuzestod Auferstandene selber ist.
Es ist die Hoffnung, dass, wenn ich diese irdischen Augen schließe, sich eine neue Welt auftut....

Im Kreuz ist Hoffnung auf Auferstehung.
Das Kreuz ist Vorspiel der Auferstehung...
In der Hoffnung leuchtet schon die Auferstehung...

Ch. Peguy.
Gott selbst ist der Erste Hoffende,
der am Kreuz Hoffende.
dass es nicht umsonst sei...
dass Du ihm folgst mit dem Kreuz, das er Dir zugedacht...

Osternacht A 2011 Mt 28,1-10

Jetzt, nach der Lichtfeier, das Wort der Heiligen Schrift
des Alten Testaments.
Wir wissen ja in der heutigen sog Wissensgesellschaft viel und immer mehr über die Welt und was sich wissenschaftlich erforschen lässt.
Aber der Mensch hat das tiefe Bedürfnis zu wissen, was der Sinn ist und das Ziel des Ganzen...

Die 1. Lesung
spricht von der **Erschaffung des Menschen...**
Es gibt auch die Weigerung, an Schöpfung zu glauben.
Denn die Überzeugung, dass Welt und Mensch Schöpfung sind, enthält die Überzeugung, dass es einen Schöpfer gibt, der aus *absoluter Freiheit* schafft - und zwar bis zum Ende - und mit einem ewigen Ziel.
Bist du wenigstens fest davon überzeugt, dass ich euch geschaffen habe, um euch in der Ewigkeit unendlich glücklich zu machen...?
Welchen letzten Sinn sollte sonst das Leben hier auf der Erde haben...
mit der notwendigen Arbeit an sich selbst...?

Die 2.Lesung
ist die Erzählung über den Mann, der für Juden und für Moslems und für Christen zum Vater des Glaubens an den einen Gott geworden ist:
Abraham.
Es geschieht bei uns und es geschieht überall, dass auch junge Menschen sterben. Ein besonderes Zeichen des Glaubens an den Einen Gott ist es, wenn Eltern sagen: Wir glauben trotzdem an den gütigen und allmächtigen Gott. Wir glauben, dass diese Trennung einen letzten Sinn hat...
Abraham wäre bereit gewesen, sich von seinem einzigen Sohn zu trennen...sogar mit menschlicher Gewalt, wenn es Gottes Wille gewesen wäre...Er hätte sich von keinem Argument und von keinem Gefühl abbringen lassen, es zu tun.
Er hat gedacht wie die junge sterbende Mutter:
Ich verstehe es nicht, aber ich bin einverstanden...
Und ich *werde* es verstehen.

Die 3.Lesung
zeigt auf, was in diesen unseren Tagen an den nordafrikanischen Völker zu erfahren ist: Dass es böse, tyrannische Mächte gibt in der Welt und unterdrückte Völker, die um einen hohen Preis ihre Freiheit erlangen wollen.
Israel ist das Muster dieser Flucht in die Freiheit.
Aber es geht dabei um eine noch tiefere Befreiung als die politische, nämlich um die Geschichte der Menschheit und damit jedes Menschen als Wallfahrt aus dieser irdischen Welt in ein höhere…jenseitige...ewige.

Damit aber ist das Leben auf der Erde als Übergang, als „Taufe“ begriffen, als Sterben zum Auferstehen.
Geführt vom Neuen Mose, dem Christus.
Und wenn es auch die günstigen Umstände sind, die diese Flucht in die Freiheit ermöglichen:
Die Heilige Schrift sieht Gott auch in den Umständen am Wirken...
Gott ist auch der Gott der Umstände...der Vorgänge der Natur…
und der Zufälle..
Und noch etwas sagt diese Erzählung:
Es gibt eine letzte Gerechtigkeit für den Tyrannen,
hier im Bild die Ägypter.
Gott stürzt die Mächtigen vom Thron…und erhöht die Niedrigen...
zuletzt über die Zeitlichkeit hinaus...

Ostersonntag A 2008 Joh 20,1-9

Was mir immer wieder als Widerspruch erscheint,
was ich irgendwie nicht zusammenbringe:
Wenn auf der einen Seite des Lebens gebaut wird - schöne große neue Häuser!
Und zugleich zur Firstfeier stirbt jemand aus dieser Familie,
die das Haus baut, den Grund gekauft hat...
Oder die Bäume setzen....
Oder...

Wie kann man bauen mit diesem Aufwand an Geld und Kraft und Anstrengung, wo man doch eigentlich wissen oder sehen müsste, dass man sterben muss! *Dass der Tod uns immer begleite...*

Da gibt es eigentlich nur zwei Antworten oder drei:
Entweder man ist ein Illusionist, der diese Wahrheit einfach ausblendet, sich blind stellt und sich einbildet, er baue für die Ewigkeit...
Oder man ist ein Fanatiker, der mit Gewalt gegen die Vergänglichkeit, gegen seine eigene Sterblichkeit auf diese Weise demonstrieren will! Sich und der Welt den Anschein verschafft, dass er jetzt - auf jeden Fall jetzt - total lebt…!
Und wenn er Forscher wäre, Biochemiker...er würde den Tod und die Vergänglichkeit als Skandal empfinden und würde seine Forschung mit dem Ziel betreiben, den Tod zu bekämpfen und einmal zu besiegen...
Und noch radikaler:
Wie kann man mit Bewusstheit und vollem Verstand Kinder zeugen und zur Welt bringen, wenn man weiß, dass dieses Leben von Anfang an auf Sterben und Tod zugeht, letztlich gleich, ob früher oder später...

Oder – das andere Extrem:
Soll man aufhören, Häuser bauen...?
Aufhören, über die *Umfahrung* nachzudenken und sie anzielen…?
Aufhören, den Krebs zu bekämpfen...sowohl persönlich wie in der Forschung..?

Soll man aufhören Politik zu machen, mühsam demokratische Politik... Und wie ist es mit einem Seref oder einem Sigismund oder mit diesem Martin oder dem Roma-Bettler, wo es einfach nichts nützt und es zu keiner Veränderung des Lebens kommt, obwohl du schon tausend Mal ein Ultimatum gestellt hast:
Wenn du nicht - bis dann und dann - helfe ich dir nicht mehr,
weil du ein bodenloses Fass bist...weil es sinnlos ist...weil meine Mühe zu keiner Besserung führt.

Und der krebskranke Mensch :
Er kämpft mit allen Mitteln gegen seine Krankheit...
kämpft ums Überleben...
Aber dann, wo er einsehen muss, dass sein Kampf verloren ist,
da will er sich das Letzte Leiden *ersparen* und sich das Leben nehmen:
Um nicht auf den *fremdbestimmten* Tod warten zu müssen...

...dass es aber *andererseits* ein *gewisses* Kämpfen,
ein tapferes Standhalten gibt, einen geistigen Sieg über die Krankheit...
Und dass es zutiefst Sinn hat, sich nicht gehen zu lassen
und der Krankheit und dem Sterben eine Gestalt zu geben..
eine Form...
Das bewundern wir, wenn Menschen, die manchmal lange Zeit unter dauernden Schmerzen leiden, mit diesen Schmerzen leben...
ja, sie verbergen, so gut es geht...sodass man erstaunt hört, wie schwer diesem Menschen alles gefallen ist, was er getan hat...
Dieses Standhalten gegen die Versuchung,(Gott möge uns, wenn er will, nicht in diese Versuchung führen) sich gehen zu lassen...
sich in ein unmoralisches Leben zu flüchten, in Süchtigkeit
und Illusionen oder nach *aktiver Sterbehilfe* zu verlangen...
In diesem Standhalten zeigt sich ein Leben, eine Kraft, die wirklich unvergänglich ist. Da zeigt sich Auferstehung, *Auferstehungsleben!*

Mit dieser heiligen Kultur, mit dieser heiligen Souveränität mitten im Leiden, Schmerzen und Sterben, mit dieser Geistigkeit...(siehe Martin B.).. *zeigt sich ...erscheint*...und wird *vergegenwärtigt ein Leben,* das ewig ist mitten im Vergehen ... im Sterben...im Untergang...

Es geht nicht um definitive Vermeidung des Untergangs.
Das Erscheinen des Schönen und Guten ist in seinem Sinn unabhängig davon, wann es zu Ende geht. Denn was da zu Ende geht, ist nicht „das Schöne" selbst.
Spaemann R., Schritte über uns hinaus, S 336.

In diesem geduldigen Annehmen, in diesem geduldigen Aushalten
und gewissen *Aufhalten d*es Endes, solange es geht..
ist nicht ein bloßer (biologischer) Überlebenstrieb tätig,
sondern:
Da *erscheint* das Leben der Auferstehung...
das ewig Gute... Göttliche...Schöne....

Und so ist es mit dem Bauen vom neuen Haus …
und dem Einziehen in die neue Wohnung..
Es ist nicht und darf nicht sein ein blindes sich Einrichten in der Welt,
als ob es für die Ewigkeit wäre...
Und man deshalb einen viel zu hohen Preis bezahlt an Kräften
und an Geld und dass man sich dabei selbst verschleißt…,
sondern:
Das neue Haus und das Wohnen und Leben in diesem Haus soll als Möglichkeit dazu dienen, dass wir darin wachsen in der göttlichen Nächstenliebe und Gottesliebe...
Dass wir darin auch Ruhe finden, um nicht allein ans Bauen zu denken und ans Überleben, sondern an den Ewigen…, um zu danken ...und Kindern diese Liebe einzupflanzen…diese Dankbarkeit.
Und das neue Haus soll mit seiner Schönheit die Anderen und uns selbst erfreuen, weil es einfach gut tut und weil es Freude macht,
ein schönes Haus zu sehen… Und weil das schöne Haus die Umgebung schön macht, das ganze Dorf....
Und weil so ein Haus das Bild ist einer ewigen Wirklichkeit...
Sinnbild…, das freilich als Bild vergehen muss,
damit es Botschaft sei, Kunde von eine andern Welt...
der Ewigen Welt..

Und die Neue Schule...die schönen, herrlichen Schulgebäude...
und die Schulsysteme..
und die Kinder... und die Lehrer...
und die Entwicklung...
die aber kein Ziel haben kann als das des je einzelnen Kindes...

Schule kann nie und darf nie bloß Funktionieren...
wie eine Art Maschine, eine Produktionsmaschine...Fabrik...in der Bildung und Ausbildung produziert wird...
kontrollierbare, messbare...Ergebnisse..

Predigt - Osternacht
Diese zwei Marias gehen in der Morgendämmerung,
zwischen Licht und Dunkel, zum Grab…
so wie wir das auch zu Zeiten tun...
Für sie damals der erste Tag der Woche, für uns der Sonntagmorgen.
Und plötzlich, ohne Vorzeichen, ein Erdbeben.
Vielleicht von der Stärke wie in Japan.
Aber damals waren es nicht die Erdplatten,
sondern es heißt:
E*in Engel des Herrn kam vom Himmel herab und trat an das Grab...*

Ganz ähnlich wie im Weihnachtsevangelium bricht da in diese Welt ein Zeuge der anderen Welt herein:
Ein Engel. Es heißt: *...vom Himmel herab...*
Mit anderen Worten: Es gibt außerhalb des irdischen Universums eine Wirklichkeit, die *jenseits* der Zeitlichkeit ist… in der wir leben.

Im Hochgebet beten wir dazu jeden Sonntag:
Nimm alle, die aus dieser Welt geschieden sind...
in den Reich auf, wo sie dich schauen... von Angesicht zu Angesicht...
Aus dieser Welt geschieden...
Sterben ist Hin-Scheiden *aus dieser Welt in die andere, höhere...*

Er: Hinscheiden...währt nicht lange. Es bedeutet, diese Erdenwelt zu verlassen und in eine andere einzutreten...die ohne Ende ist...

Aber das alles können wir erst wissen seit der Auferstehung Jesu,
wo der Engel zu den Frauen gesagt hat:
Fürchtet euch nicht!
Ich weiß, Ihr sucht Jesus, den Gekreuzigten.
Er ist nicht hier...
Mit *Nicht hier* meint der Engel nicht *hier i*n dieser irdischen Wirklichkeit,
in dieser Welt-Geschichte...
denn er ist auferstanden...wie er gesagt hat.
Kommt her und seht euch die Stell an, wo er lag...
wo sein Leichnam lag...
Der Engel weist darauf hin:
Jesu Leichnam lag an dieser Stelle im Grab.
Er ist nicht gestohlen worden...
Er ist von den Toten auferstanden.
Er war bei den Toten...
...ist Hinabgestiegen ins Reich des Todes... sprechen wir im Credo.
Und ist von den Toten auferstanden...ihnen allen voraus.

Und wie die Frauen das Grab verlassen - voller Frucht und großer Freude,
da, so lesen wir: **...kam ihnen plötzlich Jesus entgegen...**
mit derselben geheimnisvollen Plötzlichkeit wie das Erdbeben,
das die Übernatürliche Realität des Engels verkündet...

Und es heißt: Sie gingen auf ihn zu, umfassten seine Füße...
... der also doch wieder *hier* war - auf der Erde,
aber jetzt in einem Leib, der zum reinen, unmittelbaren Ausdruck der Seele
geworden ist..
Das Äußere als reiner Ausdruck des Inneren..
Nichts Widerständiges, nichts Sterbliches mehr war - und ist -
am auferstandenen Leib, der zum vollkommener Ausdruck der Person
geworden ist..
Da sagte Jesus zu ihnen - zum zweiten Mal:
Fürchtet euch nicht!
Und das ist das erste, was Ostern auch uns zuruft:
Fürchtet euch nicht! ...vor allem vor dem Tod sollt ihr euch nicht fürchten.
Er führt euch zu mir...

Und wenn ich nun den Tod verstehe/glaube als Eintritt ins andere Leben, ins Leben, das Er ist...
...dann werde ich mich wirklich nicht mehr derart fürchten vor dem Tod...und dem Schatten, den er hintergründig auf das ganze Leben wirft…
Dann wird die Erde für mich das werden, was sie in Wirklichkeit ist:
Bild und Übergang...

Dann werden wir nicht mehr bauen, als sei es für die Ewigkeit.
Werden die widrigen Umstände annehmen können...
und die Dinge, die heute und morgen in unserem Leben passieren:
Die Knochenbrüche, die Operation übermorgen, die Pleite, der Streit, die unheilbare Krankheit...der Infarkt... der Tod...

All das wird uns nicht mehr aus der Fassung, der *österlichen Fassung* bringen...
Selbst wenn die Welt unterginge: Wir würden drüber stehen.
Und zugleich werden wir uns ganz hingeben können an die jeweilige Aufgabe, das jeweilige Tun...
Und wir werden Ballast als Ballast erkennen und abwerfen...
...All das werden wir können, weil wir im stillen Bewusstsein leben, dass Er da ist. Er, der gesagt hat:
Ich bin die Auferstehung...

Ostersonntag A 2011 Joh 20,1-18

So wie wir auch heute noch spät abends oder ganz früh morgens zum Grab auf den Friedhof gehen, wenn unsere Trauer noch neu ist...
so auch Maria Magdalena.
Wie sie aber sieht, dass der Stein weggenommen ist,
da kann sie nur denken:
Man hat den Herrn aus dem Grab weggenommen...
Dabei macht ihr Herz noch keinen Unterschied zwischen Leichnam und Ihm selbst. Der Leichnam ist für sie immer noch der Herr, er selbst...

Und die zwei Freunde, Petrus und Johannes, laufen hin
und sehen „nur noch" die Leinenbinden da liegen, mit denen der Leichnam eingebunden war und das Schweißtuch, das auf dem Kopf gelegen hatte...

Da ging auch der andere Jünger, nämlich Johannes, der zuerst an das Grab gekommen war, hinein. Und das Johannes Evangelium, das ja von ihm selber stammt, schreibt:
Er sah und glaubte...

Wir sehen zwar heute nicht mehr das leere Grab - als erstes Indiz dafür, dass da etwas Großartiges, Unglaubliches, Unmögliches, geschehen sein muss....
Aber sind wir nicht auch schon Glaubende, wenn wir nur schon die Dinge und Ereignisse unsres Lebens *sehen, wirklich sehen*...?
Wenn wir den Frühling noch tiefer und reiner sehen würden…
wie Dichter...den Himmel:
Schau oft zum Himmel, es hilft dir, ihn zu sehen...
Die Tiefe zu sehen, die unendliche Freiheit...

Und wenn Eltern ihre Kinder sehen, die grade Neugeborenen -
Oder wenn man den Mond sieht – in seiner scharfen Sichelform oder als vollkommene Scheibe...die Obstbäume ...die Katze auf dem Feld... die felsigen Berge...das Reh...den treuen Hund...

Oder erst recht, wo man „umkehrt" aus einem privaten Krieg - und vergibt und Vergebung erfährt.

Und wenn wir - zuletzt - einen liebsten Menschen sterben sehen -
in aller Ergebenheit, in einem letzten Frieden und sanften Lächeln..
Wenn wir dann nicht willentlich und hartnäckig *Nein* sagen zum Osterglauben, müssen wir dann nicht auch mit dem Johannes sagen:
Ich sah und glaubte...?

Nun heißt es aber - darüber hinaus - zurecht:
Es komme darauf an, den Glauben zu *leben,* also nicht nur mit Kopf und Gefühl an die Auferstehung glauben, sondern:
Lebendiger Zeuge der Auferstehung sein... Mensch der Auferstehung.
Er, der die Auferstehung ist, will in mir/uns auferstehen...
jetzt und hier schon ...

Und grad da können wir noch einmal sagen:
Ich sah und glaubte...wenn wir nämlich die Augen auf tun und all die *Auferstehungen* rund um uns, in uns sehen!

Da denke ich z.B. an den Lehrer, der alle seine Kräfte und seine Zeit hinein investiert, damit er ein guter Lehrer sein kann für die Schüler…
...damit er immer wieder Neues bringen kann...usw.
In dieser opferbereiten Liebe ist die Auferstehung am Werk...

Und es ist *Zeugnis der Auferstehung,*
wie da jemand jahraus jahrein unter Schmerzen leidet,
und trotzdem fähig ist und willens, freundlich zu sein...
und da zu sein für die anderen...
und das mit den Worten begründet:
Je mehr ich an meine Anderen denke, umso mehr vergesse ich meinen Schmerz...und mich selbst...

Die große Auferstehung wird es sein, wenn alle Schmerzen zuletzt sich in Freude verwandelt haben werden... und die Narben verklärt an die Erde erinnern... (Dostojewski, Karamasow)

Der junge Mann, der seit Jahren alkoholkrank ist und jetzt in der Türe steht und mich mit einem *österlichen Lächeln* anstrahlt:
Er habe seit 4 Wochen nichts mehr getrunken...
Er wolle, ja er müsse jetzt Schluss machen mit Trinken!
Und es falle ihm leichter als gedacht...!
*Auferstehung des Willens...*in diesem Hinauswachsen über das Laster...die Sucht...

Auferstehungsgnade, wo ich nicht mehr ängstlich auf die Arbeitsstunden schaue, weil freie Zeit verloren gehen könnte...
Ich will nicht mehr nur frei *haben*, sondern frei *sein.*
Auferstehung, wo mitten in all dem wirtschaftlichen Druck und den Sachzwängen - quer dagegen - der *Sonntag gehalten* und gefeiert wird.

Auferstehung wird schon gelebt,
wo man *vom Bösen Willen zum Guten Willen* umkehrt:
Vom sturen, fanatischen Willen, etwas durchsetzen zu wollen mit aller Gewalt...und nicht ertragen können, dass es anders kommt…
hin zum guten Willen, der deshalb gut ist, weil er es akzeptieren kann, wenn es anders kommt als gewollt..

Ich denke an die *Auferstehung des alten Klavierspielers,*
der 30 Jahre lang aufgeregt und nervös gehudelt und gewurstelt hat
und jetzt durch einen Lehrer gelernt hat, in Ruhe und gemessen und ohne Hetze *die Stücke selbst* zum Klingen bringen kann...

Auferstehung ist auch, wo wir von einem immer zu lauten und heftigen Diskutieren zu einem ruhigen, gewaltfreien, gelassenen Mitreden wachsen.

Oder *(Auferstehung)*, wo in einem Streit beide Parteien vom hohen Ross heruntersteigen...und vorsichtig den Frieden suchen...

Und *die jungen Ärzte,* die jedes Jahr nach Madagaskar reisen,
um Kindern zu einem - wie sie sagen - *neuen Leben* zu verhelfen,
wenn sie mit ihrer chirurgischen Kunst die durch Brände entstellten Gesichter der Kinder wieder schön machen...
Wie sollte das nicht der *irdische Vorschein von Auferstehung* sein!
Auf Seiten dieser Ärzte, die vom inneren Lohn ihres Schenkens reden..
und auf Seiten der Familien und Kinder, die durch diese tätige Liebe eine soziale Auferstehung ihrer Kinder erfahren...
Und das durch die Fürsorge für ihren *irdischen Leib,*
der doch das vergängliche Vorausbild des Auferstandenen Leibes ist...
(wo dann alle leibhafte Materie zum reinen Ausdruck der Seele geworden ist.)

Und was kann dem *Handwerker der Oster-Glaube* sagen?
Dass Tag für Tag die *Auferstehung in ihm schon wächst:*
In seiner Treue, seiner Hingabe, in seinem Fleiß, in seiner persönlichen Stärke…, so dass jeder Tag ein unmerkliches Hinaufsteigen ist in der Heiligkeit... hin zur Großen Auferstehung
(zu dem herrlichen Palast des Reichen Mannes auf dem Gipfel des Berges.)
Das ist dann wie bei dem Straßenkehrer Peppo aus der Geschichte von „*Momo*“: Der Tag für Tag einen Besenstrich nach dem andern tut - zwar von Herzen das Ende seiner Arbeit erhofft, aber dieses Ziel hinein verlegt in jeden einzelnen Besenstrich...und dann - ohne es recht zu bemerken - am Ziel angekommen ist…und erkennt, dass er immer schon mit dem Ziel vereint war...mit Dem, der von sich sagt:
Ich bin das Ziel. Ich bin die Auferstehung...
Anfang der Auferstehung ist im Bekenntnis meiner Fehler - denn aus der Erniedrigung kommt die Erhöhung.
Auferstehung, wo jemand im Sterben geistig über sich hinauswächst...
und dieses Letzte Kreuz bewusst auf sich nimmt...
und wo die Trauernden mitten in ihrer Trauer lächeln können..

Und erst recht die i*nnerliche Auferstehung*, wo wir im Aufblick zu Gott, *im Beten...* die Welt unter uns lassen...vielleicht hier in der Heiligen Messe.

Und es ist *Verkündigung der Auferstehung, w*o du freundlich bist gegenüber jemanden, der dich verletzt hat...

Es ist *Seine Auferstehungsgnade*, wenn du immer wieder einen neuen Antrieb, diese Motivation in dir hast…Dass du, was dir sonst elend schwer fällt -jetzt mit Leichtigkeit angehst…*Gnade Seiner Auferstehungs-Kraft.*

(Regina E.) Und wie ich da mitten drin bin im Reden von den Auferstehungen schon hier in diesem Leben, da ruft ein alt gewordener Mensch halblaut in meine Predigt:
Aber zuerst müssen wir doch sterben, dann erst kann es die Auferstehung geben….!

P.S.:
Und die Dinge, die heute und morgen in meinem und unserem Leben passieren…, die Stürze der Großmütter und die Brüche… oder der Infarkt oder auch ein unheilbare Krankheit: All das wird mich nicht mehr aus der Fassung bringen...*Und selbst wenn die Welt unterginge: Ich stünde drüber...*
(was ja im Sterben jedes Menschen subjektiv geschieht),
...weil wir schon innerlich, fast instinktiv verbunden sind
mit der andern Welt…
Er und Ich: *Alles wird auf halbem Weg stehen bleiben..*
...Warum hier Unten hängen bleiben...?

Und dann: Wir haben alle schon gehört davon, dass nach den Gesetzen der Biologie und der Natur sich alles entwickelt nach Gesetzen,
und dass auch wir Menschen uns entwickeln.
Aber nach dem Gesetz des Verlaufs der Welt kann es unmöglich eine Auferstehung geben.
Da gibt es eine Entwicklung zu Höheren Arten geben und die Entwicklung der Menschheit auf dieser Welt...
Aber dass diese ganze Welt mit ihren biologischen Gesetzlichkeiten,
mit ihrer Materie, mit ihren Gesetzen der Schwerkraft und der Zeit und des Raumes *absolut überstiegen* wird...,
dass also *aus diesem Leben über es hinaus* ein *Ewiges Leben* kommen soll:
Das ist - von der Welt her und aus der Welt alleine absolut unmöglich...
Es gibt keine Entwicklung vom natürlich, irdischen, sterblichen Leben hin zu einer Auferstehung.
Die Auferstehung ist etwas derart Neues,
wie die Schöpfung aus dem Nichts das absolut Neue war...
Nur mit dem Unterschied: Dass die Auferstehung Jesu und der Toten nicht aus dem Nichts geschieht, sondern die Auferstehung eben schon bestimmter Menschen ist, die zwar tot sind, aber in ihrer Individualität auferstehen...
Wir werden dann nicht *ganz anders* sein…, sondern wir werden ganz und vollkommen die sein, die wir begonnen haben zu sein...
Ja, wir sollen jetzt schon versuchen die zu sein, die wir sein werden…

Ostersonntag A 2014 Joh 20,1-18

Letzte Woche bin ich eingeladen gewesen im *Kindi* -
und habe mit den Kindern über den Lieben Gott und über Jesus reden dürfen...
Dabei scheint es für die Kinder ganz selbstverständlich (evident!)
zu sein, dass es einen *Lieben Gott* gibt...
und den *Himmel*, in dem Er selber ist...
und dass dieser Jesus sein Sohn ist...
und dass der ein wunderbar guter Mann war…
und dass der am Kreuz angenagelt gestorben ist,
weil die Führer Israels neidisch auf ihn waren...

*Und ist er dann für immer tot geblieben? h*abe ich sie gefragt.
Nein, er ist in den Himmel gegangen,
sagen sie, weil sie das schon gehört haben...
Und er ist zwei Mal oder drei Mal noch einmal vom Himmel gekommen…
Und jetzt ist er im Himmel und sieht uns…
schließt Lilly unser Gespräch ab....
Und woher wisst ihr das alles? frage ich.
Aus dem Buch, das wir gelesen haben !

...und was die Kinder gelesen haben, das haben auch wir grad jetzt gelesen im Evangelium!

Als Kinder haben wir ähnlich geglaubt wie unsere Kinder heute.
Aber dann fragt man sich eines Tages und man soll sich das fragen:
Ist das alles wahr? Gibt es wirklich einen Gott?
Und was ist das für ein Gott?
Was meint man mit dem Wort *Gott*?
Die große Antwort auf dieses Fragen *ist* Jesus von Nazareth,
der gesagt hat, dass er *der Sohn* sei...
und dass niemand Gott so kenne wie Er.
Ja, dass Er von Gottvater in die Welt gesandt worden ist,
uns zu lehren, was für ein Gott Er ist...

und er hat gepredigt:
Glaubt an Gott und glaubt an mich...
Später sagt er:
Wenn du wüsstest, was Gott ist....
Seine Güte, seine Freigebigkeit,
vor allem seine Liebe: Sie ist der Inbegriff seines Wesens...
Glaube einfach an die Liebe eines allmächtigen Wesens,
das höherer Ordnung ist als ihr...

Und Er hat sich hier auf Erden abgemüht unter Kälte und Hitze und Hunger und hat von Anfang an Leiden und Tod des Menschen auf sich genommen - mit dem einen großen Unterschied, wie die Kirche betet:
Aus freiem Willen hat er sich dem Leiden unterworfen...
Er hätte vom Kreuz herabsteigen können...
Doch ***für euch*** *wollte ich am Kreuz sterben -*
Und am dritten Tag bin ich ***für Euch*** *auferstanden:*
Nicht zu meiner Verherrlichung bin ich auferstanden, sondern dass ihr glaubt und eure eigene Auferstehung erwartet...

Aber können wir denn wirklich unsere Auferstehung erwarten?
Der Auferstehung muss das Sterben vorausgehen
und wir können das Sterben nicht wollen.
Wir wollen festhalten, Wen und Was wir lieben...
so wie Maria von Magdala ihren Jesus festhalten möchte...

In unserm Leben kommt ein Unglück,
man wird krank, man wird alt,
Und da fangen wir an, das Wort von der Auferstehung ernst zu nehmen...und das Wort:

Dass man den Tod nicht fürchten solle,
weil er die Stunde des größten Vertrauens sei...
meine letzte Korrektur ,
die Türe, die sich öffnet...
und Er, der große Freund, steht dahinter;
ähnlich wie im Garten vor Maria von Magdala.

Aber Auferstehung hat nicht nur diese Zukunftsbedeutung
über den Tod hinaus. Auferstehung hat zuvor noch eine einen inneren Sinn...ganz im Sinn des Paulus-Wortes:
Ihr seid mit Christus auferweckt....

Der Auferstandene sagt:
...Euer Herz ist das Grab, aus dem ich auferstehen möchte...
Zuerst war ich in eurem Herzen wie begraben.
Jetzt lebe ich darin... ich, die Auferstehung selber
Lass mich leben in deinem Leben...
lass mich durch dich Auferstehung sein....

Ich möchte, dass du auferstehst aus deiner Eigenliebe,
aus deinem Kreisen um dich selber...
zu einem Menschen, der sich vergisst und der beitragen möchte zum Glücklich Sein der Anderen, -
dass du auferstehst aus deinem Stolz zu einem Menschen, der gerne dient...und die andern höher einschätzt als sich selber...

Dass du auferstehst aus dem Grab der tausend Kleinigkeiten,
die dein Denken beherrschen und dich nicht schlafen lassen...
Ich möchte, dass du auferstehst zum inneren Kontakt mit dem Schöpfer...
Auferstehst, indem du deine Arbeiten Best möglichst erfüllst…
Ich möchte, dass du auferstehst von deinem Geiz und ein freigebiger Mensch wirst...Dass du aus deinem Kritisieren auferstehst zur Nachsicht und zum Erbarmen mit den Andern...
Dass du deine Prüfungen annimmst im Glauben, dass sie aus Gottes Hand kommen zum Wohl deiner Seele.
Und dass du auferstehst zur Freude an den erfreulichen Dingen der Welt und deines Lebens...
Ich will, dass du auferstehst zu einem Menschen, der das Böse mit Gutem überwindet...
Dass du auferstehst zu einem versöhnlichen Menschen,
der vergibt und der tröstet…
Euer Herz ist das Grab, aus dem ich auferstehen möchte...

Die Raupe weiß nichts vom Schmetterling,
sagt der Bischof in einem Interview für Ostern.
Die Raupe weiß nicht, dass sie zum Schmetterling werden soll
Aber wir: Wir wissen jetzt vom Schmetterling...
Wir wissen, dass wir noch *Raupe* sind...
und doch hat der *Schmetterling* schon angefangen in uns zu leben...
der lebendige Glaube an den Auferstandenen..

Ich bin auferstanden und ich bin zu euch zurückgekommen.
Ich wollte euch nicht euch selbst überlassen.
Bete für die, die das nicht glauben, die keinen Glauben haben.
*Der Tod, der für sie nicht überwunden ist, löscht all ihre Freuden a*us.
Bete, dass der Glaube sich ausbreite. Er wandelt alles um.

Im Glaubensbekenntnis jeden Sonntag bekennen wir ja mit der Kirche:
Ich glaube an die Auferstehung der Toten...
Im Hochgebet betet die Kirche bei jeder Messe für die Gestorbenen Mitmenschen:
Gütiger Vater, gedenke unserer Brüder und Schwestern, Mitmenschen, die entschlafen sind in der Hoffnung, dass sie auferstehen...
Der Glaube an die Auferstehung von den Toten lässt uns denken an die auferstandenen Toten, die ja zahlenmäßig weit mehr sind als wir,
die wir noch auf der Erde leben:
Die Heiligen des Himmels und die Sehnsüchtigen auf dem Weg ....

Ostersonntag A 2017 Joh 20,1-18

Ostern, die Auferstehung von Jesus, gibt uns eine völlig neue Sicht unseres irdischen Lebens.
Da wird uns die Wirklichkeit Gottes und des Menschen gezeigt, Himmel und Erde, das Unten und das Oben,
die Höhe und die Tiefe, das Zeitliche und das Überzeitliche,
Diesseits und Jenseits.

Unser Leben auf der Erde wird total relativiert:
Entgegen unserer „normalen“ Anschauung, dass dieses Leben das wichtigste und einzige ist, sodass wir die Mitmenschen, die sterben und gestorben sind, irgendwie bedauern:
Als ob wir, die Überlebenden, die Sieger wären und sie die Verlierer.

Aber es heißt:
Sieh die Erde an als einen Übergang, der weder dein Herz noch deinen Geist ganz festhalten kann, weil du für die große Freiheit geschaffen bist...
Und: *Was macht es schon aus, was mit dir geschieht, da dein Erdenleben einmünden wird in ein Leben ohne Ende und dich alles dahin führt.*

Das ist die große, österliche Übersicht, die wir meist nicht suchen, weil sie uns unheimlich ist.
Wir wollen hier leben ohne diese Übersicht.

Geh aber zu meinen Brüdern und sage ihnen:
Ich gehe hinauf zu meinem Vater und zu eurem Vater, zu meinem Gott und zu eurem Gott...
Wenn das auch unser Lebensende ist, ja unser Lebensziel, nämlich hinaufzugehen zu Gott, uns heimholen lassen von ihm, der sagt:
Wenn ich gegangen bin, werde ich wieder kommen und euch zu mir holen, damit auch ihr dort seid, wo ich bin...
...wenn das unser Ziel ist, sollen wir dann - theoretisch gesprochen - keine Pläne mehr machen für dieses Leben?
Sollen wir nur noch provisorische Hütten bauen?
Uns beruflich und arbeitsmäßig zurückziehen...
Aussteigen ?
Sollen wir nicht mehr für unsere und der Kinder Zukunft sorgen?
Möglichst wenig anschaffen…? (Katastrophe für die Wirtschaft)

Da kann uns Sein Gleichnis von den Talenten eine Antwort geben.
Dort wird uns nämlich gesagt:
Entwickle dich!
Vervollkommne die Person, die du bist
und die ich ins Leben gerufen habe.

Du hast alles, was du dazu brauchst.
Arbeite an dir jeden Tag, erziehe dich.
Der Tod ist die letzte Korrektur.

Und das alles, indem du mitten in der Welt deine Rolle spielst,
deinen Part für das Heil der Welt.
Und das heißt:
Heirate…Baue ein Haus...Sorge für eine gute Wohnung
Verdiene dir dein Geld…Mach eine gute berufliche Arbeit...
Bilde dich weiter…sei unternehmerisch...
Suche die Zusammenarbeit mit andern…Setz dich ein für Gerechtigkeit...
Achte jede Person... Habe Achtung vor dem Leben…
Sei tolerant...Sieh deine Fehler und suche Versöhnung und Frieden...
Ertrage die Schwierigkeiten eines jeden Tages aus Liebe
zu Gott, das wird dich stark machen für größere Prüfungen...
Die Not der Welt und die in der Nähe dürfen nicht kalt lassen.
Sei arbeitsam.
Pflege die Kultur der Familie und der Traditionen.
Sorge vor…und nütze die Zeit...

Aber: Das alles darf nicht dein Herz und deinen Geist besetzen.
Du siehst, wie glücklich Menschen sind, wenn sie sich ein Haus bauen.
Aber sie täuschen sich selbst, wenn sie ihr Herz daran hängen.
Diese starke Sehnsucht nach einem Zuhause ist dem Menschen für seine himmlische Wohnung gegeben...

Deshalb kommen in unser Leben die Schmerzen,
die Krankheit, das Gebrechen des Alters, die Verluste…der Tod ..
Das holt zurück aus den Täuschungen, aus der Flucht in die Welt…
Das macht demütig und weise und arm und ergeben.
Das macht wach…
Selig die Knechte, die Mägde, die der Herr wach findet, wenn er kommt, und die ihm öffnen, sobald er kommt und anklopft.
Denn wer an seinem Leben hängt, wird es verlieren.
Wer aber sein Leben in dieser Welt gering achtet, wird es bewahren bis ins ewige Leben.

Gering achten heißt nicht *verachten.*
Aber es heißt: Frei bleiben und frei werden gegenüber Zukunft und Vergangenheit, gegenüber der Welt, gegenüber sich selbst und seiner Eigenliebe.

Und so könnte ein Wort vom Hl Paulus auf paradoxe Weise sagen, wie man eingestellt sein sollte, im Glauben an die Auferstehung 1Kor 7.30ff:
Die Zeit ist kurz.
Deshalb soll, wer eine Frau hat, so leben, als hätte er keine.
Und wer weint, als weine er nicht.
Wer lacht, als lache er nicht. Und wer kauft, als würde er nicht Eigentümer.
Und wer die Welt nutzt, als nutze er sie nicht.
Denn die Gestalt dieser Welt vergeht.

Mit anderen Worten:
Erstehe du zu neuem Leben, erstehe auf mit mir...
Sei ein Gewandelter, ein Besserer,
und komm mir näher...immer näher...

3. Ostersonntag A 2017 Lk 24,13-35

Heute noch ein Wort zu diesem Petrusbrief:
Wenn ihr den als Vater anruft, der jeden ohne Ansehen der Person nach seinem Tun beurteilt,
dann führt auch, solange ihr in der Fremde seid, ein Leben in der Ehrfurcht vor Gott...
Was wir *tun* und wie wir es *tun*, hat entscheidende Auswirkung auf unsere persönliche Entwicklung und das Heil der ganzen Menschheit.
Mein Tun ist wie eine Saat von kleinsten Samenkörnern, im Bösen wie im Guten.
Und dann :
Ihr wisst, dass ihr aus eurer sinnlosen, von den Vätern ererbten Lebensweise losgekauft wurdet…mit dem kostbaren Blut des Lammes...ohne Fehl und Makel.

Diese sinnlose, von den *Vätern ererbte Lebensweise* - d.h. die unseres *erbsündigen* Menschseins:
Das ist ein Leben im Neid und im Geiz und Eifersucht - individuell und kollektiv:
Ein egoistisches Leben, wo man gut ist, soweit es sich lohnt;
ein Leben *für sich (für uns)* - auf Kosten der Anderen und der Welt inklusive Natur.

Losgekauft, erlöst sein von diesem *heillosen* Leben heißt umgekehrt:
Das eigene Ich verlassen…
Wenn du von dir weggehst, ist das ein Gewinn für dich.
Wenn du dich suchst, ist es ein Verlust.

Film: *Ein Mann namens Owe…*
Ein älterer Witwer, der um seine unendlich geliebte verstorbene Frau trauert, will nichts anders als ihr sobald wie möglich ins Jenseits folgen und versucht dazu immer wieder, sich das Leben zu nehmen:
Aber es kommt immer etwas dazwischen.
Immer wieder wird er im letzten Augenblick daran gehindert, d. h. er lässt sich hindern, weil grade irgendjemand ihn anruft oder an der Türe läutet und jemand irgendetwas braucht, so dass immer wieder sein gutes Herz herausgerufen wird...
Und zudem ist er ein fanatischer Pedant geworden,
ein unmöglicher Nachbar, ein grantiger, giftiger, Eigenbrötler.
Aber dann zieht eine junge Familie mit Kindern in die Nachbarschaft und die iranisch-persische Ehe-Frau *holt* den alten Eigenbrötler *aus sich heraus*: Die Kinder *holen* die tief versteckte Liebe aus dem alten Mann, dem Owe, *heraus...*
Und sogar auch eine Katze, die er anfangs immer verjagt, lässt sich nicht verjagen, bis sie den alten Grantler soweit bringt, dass sie neben ihm im Bett seiner Verstorbenen liegen darf!
Und auch dem freundlichen schwulen jungen Mann gibt er,
wenn auch widerstrebend, bei sich Unterkunft,
weil dessen Vater ihn verstoßen hat…

Kurzum: Immer wieder kommt etwas oder jemand daher, sodass er immer neu auf sein gutes Herz hören *muss (!)*...und so endlich davon lässt, sich das Leben nehmen zu wollen...ja, zum geliebten Leih-Opa der Nachbarsfamilie wird.

Christus Jesus hat der Welt das Beispiel der Selbstlosigkeit gebracht...
und der größten Opferbereitschaft…
Der Preis, den er dafür bezahlt, ist der Tod am Kreuz.
Wie die Kerze, die sich verzehrt/sich opfert für ihr Leuchten.
Durch ihn seid ihr zum Glauben an Gott gekommen…
...an einen Gott, der von den Toten auferweckt…
...an einen Gott, der ohne Ansehen der Person jeden Menschen nach seinem Tun beurteilt. Denn jeder hat mitzuarbeiten am *Heil der Welt*...ist Miterlöser. ...

Zum Evangelium
...dieser Mann, der da frühmorgens am Ufer steht, sie erkennen ihn nicht. Erst nachdem sie auf seinen Rat hin den gewaltigen Fang machen, erst da erkennt ihn Johannes und er sagt zu Petrus:
Es ist der Herr!
An Gott glauben heißt ebenso an Christus Jesus glauben,
der aus Gott ist und selber Gott ist.
Es ist der Herr! Sagt Johannes zu Petrus
Wir würden sagen: *Es ist der Herrgott….*
Der Mann, der dort drüben am Ufer steht, ist der Herrgott!
Was für eine armselige Vorstellung machen sich viele Menschen von Gott!
Welch trauriges Bild von Jesus Christus!

Er ist es doch, der dich atmen lässt und dein Herz schlagen...
Ich helfe dir immer, meine arme Tochter...ohne dass du es merkst.
Ich bin der Freund, der das Gute im Haus vollbringt und sich dann heimlich davon macht, bevor er erkannt wird und man ihm danken könnte...
Wie oft halte ich Schädliches von euch fern, sodass ihr denkt:
Habe ich jetzt Glück gehabt! ...Hat sich das doch noch zum Guten gewendet! ...Was für ein schöner Zufall !...

Aber ihr denkt kaum einmal:
Er ist es! *Er selbst, der Herr, der mein Leben so lenkt,*
dass ich mich im Guten entwickle…!

Darum sage mir dein Dankeschön, auch wenn es nur einmal am Tage wäre! Obwohl du viel öfter Anlass dazu hättest, da ich dich atmen und ein Herz schlagen lasse! Bist du dir dessen bewusst?
Und glaube an keinen einzigen Zufall!
Immer bin ich es, immer ist es die einfließende Liebe, immer bin ich es...

Und sage ihm wiederholt: Ich weiß, dass ich dich nur unvollkommen kenne...und dass ich ohne deine Offenbarungen nichts von dir wüsste…
Und dann:

Das Kohlenfeuer am Boden Brot und Fisch
von den 153 großen Fischen, die Petrus im Netz ans Land gezogen hat...
Und obwohl es so viele waren, zerriss das Netz nicht.
Nach der Biologie der damaligen Zeit rechnete man,
dass es genau 153 Arten von Fischen gibt.
Aber das ist ein Symbol dafür, dass die Kirche, dass die christlichen Werte und Tugenden die der ganzen Menschheit sind:
Dass Christus das *Ideal aller menschlichen Tugenden i*st…
und dass Er uns einen Gott offenbart, der die Liebe ist...
bis hin zur Achtung gegenüber dem schlimmsten Menschen,
solange er noch umkehren könnte.
Kommt her und esst!
Apropos *Essen:* Wir wissen doch aus eigenen täglichen Erfahrung,
es kommt beim Essen auf Gemeinschaft an… Weil wir Essen müssen,
um am Leben zu bleiben, *müssen wir* auch zusammenkommen an einen Tisch...
So gesehen ist das Essen-*müssen* die wunderbare Einrichtung, die uns Menschen zur Gemeinschaft bringt… Müssten wir *von der Natur her* nicht essen, würden wir wahrscheinlich vereinsamen...total vereinzeln…

Aber hier ist es so, dass Jesus Christus das Hl Mahl der Eucharistie, das Sakrament des Altares erfindet.
Er und Ich:
Trachtet danach, euren Hunger nach meinem Lieblingsmahl zu stillen.
Das Mahl, das euch helfen will, den Weg zu gehen...
Denn... als es für ihn auf der Erde zu Ende ging, hat er ein Mittel gefunden, um bis an der Welt Ende bei ihnen zu bleiben... I/75
Hättest du die Demut, dich in einem so kleinen Stücklein Brot zu verbergen?
Aber ihr lebt so, als würdet ihr immer auf der Erde bleiben...
Werft so selten einen auch nur flüchtigen Blick auf das Jenseits, zu eurem künftigen Wohnsitz... obwohl euer Herz jetzt schon dort sein sollte..

4. Ostersonntag A 2008 Joh 10,1-10

Der heutige vierte Sonntag in der Osterzeit
wird der *Gute-Hirten-Sonntag* genannt.
Jesus hat sich ***Guter Hirte*** genannt.
Aber im heutigen Evangelium kommt noch ein anderes Bild Wort dazu:
Jesus nennt sich die **Türe zu den Schafen**.
Und er stellt klar:
Wer nicht durch die Türe zu den Schafen geht, sondern anderswo einsteigt, der ist ein Dieb und ein Räuber...
Weil gerade wieder die Zeit des Heiratens beginnt:
Beim sog. Brautgespräch mit dem Pfarrer geht es - zumindest der Form nach - darum, die Lauterkeit der Absicht, der Motive zu klären:
Es könnte ja sein, dass der Bräutigam aus einer bloßen Närrsche heraus heiraten will; aus einer egoistischen Leidenschaft heraus die Frau *haben* will.
Und so - mit dem Evangelium gesprochen - eben nicht durch die Türe, sondern *anderswo einsteigt:*
Nicht durch die Wahrheit zur Braut geht, sondern in egoistischer Absicht...

Wer in den Schafstall nicht durch die Türe, sondern anderswo einsteigt, der ist ein Dieb und ein Räuber...
Wer aber durch die Türe hineingeht, der ist der Hirt der Schafe...
*Und die Türe, das bin ich...*sagt Jesus.
Da ist kürzlich wieder zu sehen gewesen der großartige Bank Mann aus Bangladesch, der 2006 den Nobelpreis erhalten hat:
Junus, der seit 30 Jahren eine Bank besitzt, die Kleinstkredite an Millionen ärmster Menschen gibt, zu 98 Prozent Frauen, die mit den wenigen Dollars dann einen kleinen Handel anfangen können...
Das Ziel von dem Bank Mann: Diesen Frauen möglich zu machen, aus ihrer Abhängigkeiten herauszukommen.
Das Hauptziel der Bank ist ganz bewusst nicht, Gewinne zu machen, sondern für diese Armen da zu sein... und deshalb sämtliche Gewinne wieder in die Bank zu investieren.
...im Unterschied zu den Banken der Welt, für die das Hauptziel der größtmögliche Gewinn ist, der dann in die Taschen Weniger wandert.
Das persönliche Schicksal der Anleger kann diese Banken natürlich nicht einen Deut interessieren...
Gerade in diesen Tagen einer gefährlichen Bankkrise zeigt sich, wie vielen Menschen hohe Renditen versprochen werden, um sie so zum Geldanlegen zu verlocken. Aber die Versprechungen sind von vornherein übertrieben und keineswegs gesichert.
Auch das ist gemeint mit:
...beim Mitmenschen... *statt durch die Türe anderswo einsteigen...,* nämlich bei seinen Schwächen des Kaufen-Wollens und Haben-Wollens.

Wer aber durch die Türe hinein geht, der ist der Hirt der Schafe...
Das Wort hat mich auch erinnert an eine sehr beeindruckende Gestalt der Kirche, an den in Italien berühmt gewordenen *Padre Pio.*
Bei dem hat durch die *Türe zu den Schafen gehen* geheißen:
Denen, die bei ihm beichten wollten, ist er mit nahezu schockierender Aufrichtigkeit und mit absolutem Ernst begegnet:
Hunderte Male sei es vorgekommen, dass er beim ersten Besuch die Absolution verweigert hat:
Sie sind nicht wirklich vorbereitet!
Ihr Wille zur Veränderung, Ihre Reue ist nicht echt...!

Leute, die zum vierten oder fünften Mal mit denselben Fehlern gekommen sind, habe er hinausgeschickt aus dem Beichtstuhl:
Sie strengen sich nicht an! Ihr Beichten ist sinnlos! Ja lügenhaft!

Aber immer haben die Menschen, die oft von weither gekommen sind, - auch berühmte - noch ein zweites oder gar ein drittes Mal Anlauf genommen, um bei Ihm die Lossprechung von ihren Sünden zu erlangen... Aber die hat er nur gegeben, wenn er überzeugt war, dass der Beichtende es ernst nimmt...So ist dieser Padre Pio zurecht *heiliggesprochen* worden:
Nicht auf Beliebtheit war er aus, - auch nicht auf eigene Wichtigkeit, sondern auf das höhere Wohl der ihm Anvertrauten,
auf deren echte Wandlung im Leben.
Das Gleichnis von der Türe zum Schafstall ist wie ein Spiegel,
in den zu schauen unangenehm ist, grad auch für die, die besondere Verantwortung für Andere haben:
Die Frage, die Jesus da stellt, ist einfach:
Geht es euch um die Anderen...oder um euch selbst...?
Geht es euch um Eure Aufgaben oder um Euren Erfolg?
Liegt euch etwas am Wohl der Anderen...? oder sucht Ihr euch selbst zu verwirklichen mittels Anderer....

Vielleicht gibt es, wenn man Kinder hat, die Versuchung, in den Kinder die eigenen Wünsche zu suchen: Dass sie hoch hinaus kommen sollen.
Aber grad so beraubt man sie und hindert sie, sich entfalten zu können...
Das gilt auch für den Lehrer, die Lehrerin:
Der Anspruch, sich selbst zurückzunehmen und so die Potenziale der Kinder entfalten helfen; und zugleich aber sie zu *lehren.*
Schule kann dann nicht nur Spaß sein und der Lehrer nicht nur lieb und nett, und die anfängliche Schulfreude *muss* sich mischen mit Überwindung, mit Pflichterfüllung.

Und dann der Satz:
Er ruft die Schafe, die ihm gehören, einzeln beim Namen...
Jesus offenbart einen Gott, für den jeder Mensch einen eigenen Namen hat, ein eigenes Gesicht.
Keine Seele gleicht der andern in ihrer Eigenart vor Gott...

Wer siegt... dem werde ich einen weißen Stein geben, und auf dem Stein steht ein neuer Name, den nur der kennt, der ihn empfängt...
Wir sind hineingenommen in eine persönliche Beziehung.
Das ist der große Unterschied zwischen Jesus und allen andern politischen und geistlichen Führern.
Bei keiner der Weltreligionen ist es so, dass die Gläubigen eine persönliche, unmittelbare Beziehung mit ihrem Gründer eingehen können...

Die Schafe hören auf seine Stimme...
Der inzwischen berühmt gewordene österreichische Schauspieler Markovics (Die Fälscher) sagt in einem Gespräch über seine Lebensführung: *Ich habe bisher immer gehört auf das Kind-Gefühl in mir. Und fast immer hat es sich als falsch erwiesen, wenn ich manchmal doch von anderem her entschieden habe...*

Ob dieses Hören auf das Kind-Gefühl auch ein Hören auf Christus ist... auf die Wahrheit..? Habe ich schon einmal die Stimme Jesu gehört?
Einmal werde ich seine Stimme vernehmen.
Es heißt in der Heiligen Schrift:
Die Stunde kommt, und sie ist schon da, in der die Toten die Stimme des Sohnes Gottes hören werden...
Wie Lazarus im Grab die Stimme Jesu rufen hörte: *Lazarus, komm heraus!*
Und im Buch der Offenbarung ist zu lesen:
Die Stimme Jesu tönt laut wie das Rauschen von Wassermassen,
aber rührt zutiefst auch unser Herz.
Ich stehe vor deiner Tür und klopfe an. Wer meine Stimme hört und die Türe öffnet, bei dem werde ich eintreten...
Er ruft die Schafe – und führt sie hinaus...
Gefragt wird: Wo hinaus muss ich geführt werden?
Wo hänge ich fest? Aus welchem Schafstall muss ich befreit werden?

Äußerlich ist dieses *Hinausgeführt* werden da, wo wir aus unseren Häusern hinausgehen…ins Öffentliche Leben...in die Begegnungen.
Hinausgeführt werden wir, wenn wir krank sind und ins Krankenhaus müssen

Ein serbischer Journalist hat gemeint: *Wir Serben* müssten endlich hinaus kommen aus unserem faulen stehenden Gewässer: Wir meinen, die Welt reiche bis zu den Berghängen, die wir sehen…
Von der jungen Bevölkerung *im Iran* ist bekannt, dass sie - zumindest bis jetzt - über das Internet hinauskommen in die Welt und so andere Denkweisen... andere Religionen, andere Völker kennen lernen.

4. Ostersonntag A 2014 Joh 10,1-10

Vierter Sonntag im Jahreskreis: Der Gute-Hirten-Sonntag...
Könnte nicht besser passen zum Muttertag!

Was bedeutet den Müttern der Muttertag?
Was bedeutet er den Kindern, den Vätern?
Was will der Tag überhaupt sagen?

Der Muttertag soll ein kleines Zeichen der Anerkennung sein, des Dankes…und hoffentlich der Anstoß, auch übers Jahr dankbar zu sehen, was Mama alles macht und tut und auch manchmal erduldet und erleidet...

Im Blick auf das Evangelium kann man sagen:
Jede Mama ist berufen, auf ihre mütterliche Art Hirte zu sein für die Kinder; und zwar eine Hirtin, die *durch die Türe* zu den Schafen geht, also zu den Kindern...
Durch die Türe, das heißt:
...durch die Türe der Wahrheit, durch die Türe der Aufrichtigkeit, die Türe des Förderns und des Forderns.. ..

Wer durch die Tür hineingeht, ist der Hirte der Schafe...
Eine berühmt gewordene Mutter und Schriftstellerin über ihren Erziehungsstil:
Ich habe hohe Ansprüche an meine Kinder.

Und ich glaube an meine Kinder.
Wenn sie in die Schule gehen, will ich, dass sie ihre Hausaufgaben ordentlich machen, dass sie rechtzeitig im Bett liegen, damit sie am nächsten Tag leistungsfähig sind. Dass sie die Zähne pflegen.
Fernsehen, wo ich weiß, was es ist. Und wenn sie größer sind, dass sie in den Ferien einige Zeit arbeiten; dass sie daheim helfen lernen; dass sie anständig sind und höflich zu den Leuten;
dass sie keine Mitläufer werden...
Ich habe gewollt, dass unsere Kinder ein Musikinstrument lernen
und dass sie es gut lernen.
Erst wenn man etwas gut kann, macht es Freude.
Dieses Üben und ein Musikstück erarbeiten, ist eine Charakterschule.
Und bei den Söhnen ist uns wichtig, dass sie auch körperlich gefordert sind
- mit Fußball z.B. und mit Schisport...

Ja, sagt diese Mama, es ist anstrengend, immer ein bisschen dagegen halten zu müssen bei den Kindern. Aber wenn ich den Weg vom geringsten Widerstand ginge, wäre ich keine gute Mutter.
Sie sollen ruhig manchmal zornig sein auf mich und mich sogar hassen.
Grenzen setzen. Nicht stur, aber konsequent.
Worauf mein Mann und ich geschaut haben:
Dass die Kinder uns nicht gegeneinander ausspielen konnten.
Wenn Mama Nein gesagt, dann hat sich Papa dran gehalten und umgekehrt.
Papa war strenger.
Er hat aber meist gesagt: Fragt Mama...

Der Hirte geht durch die Türe zu den Schafen
und sie kennen seine Stimme...
Wie oft hat uns die Stimme von Mama gerufen, wo wir noch Kinder waren:
Zum Mittagessen, wenn wir auf dem Schulweg größere Umwege gemacht haben; am Abend vom Spielen,
am Nachmittag zur Hausaufgabe..

Laut Statistiken… seien Frauen heute nicht mehr so auf Kinder und Familie eingestellt... Sinkende Geburtenraten bei uns.
Es sterben mehr als auf die Welt kommen.

Freilich: Früher hat man die Familie nicht so planen können wie heute.
Aber wenn Kinder gekommen sind, hat man sie angenommen.
Ist das nicht heute auch noch so: Wenn das Kind einmal da ist,
freut man sich - gar mehr noch am Ungeplanten.

Überhaupt ist der Unterschied zwischen der Vorstellung, die man sich vorher macht und der Wirklichkeit des Kindes ein unendlich großer.
Die Vorstellung ist zuerst oft so, dass man eher keine Kinder haben möchte… Aber ist es einmal da, möchte man es nie mehr missen!
Ich bin gekommen, damit sie das Leben haben und es in Fülle haben.
Morgen/Heute werden zwei Kinder getauft.
Und in der Regel sind es mehr die Mütter, die wollen, dass das Kind getauft wird. Sie wissen noch tiefer um das Wunder mit den Monaten der Schwangerschaft, mit der Geburt.
Man will für das Kind den Segen des Himmels.
Man hofft und betet für das Kind, dass es eine gute Seele werden möge, ein guter Mensch, der für Gott und die Andern lebt...
Ich bin die Türe, sagt Jesus.
Wer durch mich hineingeht, wird selber gerettet werden.
Und ganz sicher ist es so, dass die Frau durch ihr Muttersein sich ganz neu entfaltet: Durch die Kinder, durch die tägliche Begleitung und das Mitleben mit den Kindern wächst da Tag für Tag die Liebe, die selbstvergessen macht, die opferbereite Liebe.
Und es wächst die Zärtlichkeit...
Seid zärtlich zu den Kindern...
Kinder bedürfen so sehr der Zärtlichkeit.
Ich bin gekommen, damit sie das Leben haben...
und es in Fülle haben...
Jesus:
Ich liebe die Kinder.
Ich habe besondere Gaben in ihre Seele gelegt.
Eben diese Gaben gilt es schon in der Kindheit zu entfalten...
und sie dann das ganze Leben in sich zu tragen.
Sie kommen von mir, von Gott, und ich finde sie so gerne bei euch wieder, wenn ihr erwachsen seid: Vertrauen ohne Grenzen. Gelehrigkeit.

Suchen und Verlangen nach Gott...nach Jesus, die Reinheit in der Absicht ...die Einfachheit...die Hingabe...die aufrichtigen Blicke.

Alle diese Gaben der Seele, die Mutter hat sie selber in sich
und sie wachsen in der Begleitung der Kinder.
Nadine K.
Für junge Frauen, die zum ersten Mal Mütter werden, ist es eine radikale Wende.im Vergleich zu vorher, wo auch sie beruflich unterwegs waren und irgendwie tun konnten, was sie freute.
Jetzt mit unserm Kind: Mama-sein ist ein 24 Stunden Job...
Und Väter wissen, dass ihre Berufsarbeit leichter ist...
Aber, sagt die Mutter, jeder Tag ist neu mit den Kindern...
du lebst dich immer mehr hinein, du vergisst das Früher...
Auch die Schmerzen der Geburt, die grenzwertig sein können..
Die Wirklichkeit des Mutterseins ist viel schöner als die Vorstellung, die ich davon hatte. Sicher, es ist stressig… aber es ist überaus beglückend und es ist unendlich sinnvoll.
Und es ist so heilsam, dass unser erstes Kind ein zweites dazu bekommen hat: So dreht sich für keines die Welt nur um es allein...

Letztlich zählt fürs Muttersein allein die eigene Erfahrung:
Bei allem, was einem die Großeltern und die Bücher übers Erziehen sagen:
Jede Mutter muss selber Expertin werden.

5. Ostersonntag A 2008 Joh 14, 1-12

Ich bin die Wahrheit...
Es kann sein, dass mancher Zeitungsleser mein Leserbrief-Schreiben kritisch sieht: Warum schreibt der immer wieder...?
Der Antrieb zu solchen öffentlichen Stellungnahmen per Leserbrief ist wirklich nicht, dass ich mich selbst ins Licht bringen wollte.
Es hat mit „Wahrheit" zu tun; mit meiner Meinung, dass dies oder jenes falsch läuft - oder dass ich einfach *anderer Meinung* bin.

Wenn Jesus sagt: **Ich bin die Wahrheit…,**
dann heißt Christsein wesentlich auch, *wahr* zu sein;
danach zu streben, *wahr zu sein*; zu erkennen, was wahr ist,
was Täuschung oder Irrtum...
Dabei ist, wenn man teilnimmt an Auseinanderersetzungen, immer auch zu prüfen: Will ich insgeheim nur im Licht der Öffentlichkeit stehen?
Will ich vielleicht nur Recht haben? Nur Sieger sein?

Elias Canetti, der große Soziologe:
Was wir nie anstreben sollen: Sieger sein zu wollen.
Dass sich die Wahrheit, das Richtige durchsetzen möge: Ja!
Aber nicht Ich oder meine Partei.
Wo es um weltliche Wahrheiten geht, die man diskutierten kann und soll, muss die Haltung so sein:
Ich habe eine Meinung dazu. Hast du auch eine? Welche...?

Ich bin die Wahrheit...
Jemand hat sich geärgert, war irritiert, weil der Arzt irgendwie gar nicht freundlich war wie sonst. Wir haben uns dann erinnert an einen hervorragenden Internisten, der nie ausgesprochen „nett" war, aber hervorragende Arbeit geleistet hat. Und ein Patient verteidigt ihn:
...der Arzt ist ja nicht zuerst zum Lächeln und Nett Sein da, sondern gut und richtig zu behandeln...
Gute Arbeit tun: Das ist *die Wahrheit tun...*also auf die Sache bezogen sein, heißt objektiv sein, unabhängig von der Person des Patienten...

Wenn ein Arzt dann auch noch nett sein kann, dann ist das freilich vollkommen.

Ich bin die Wahrheit...

Wo nicht die Wahrheit, sondern die Lüge, der Schein und nur das Geschäft zählt: Das müsse man von der chinesischen Politik befürchten,
wenn zu hören ist, dass China an den Tyrannen Mugabe, den *Hitler von Simbabwe* ein Schiff mit 70 Tonnen Waffen liefert, mit denen Mugabe sein eigenes Volk niedermacht: Dann muss man von China sagen, es gehört eher in ein Reich der Lüge, als der Wahrheit...
Weil es einen Tyrannen unterstützt, der selbst - wie alle Tyrannen - den Bezug zur Wahrheit und Realität seines Landes verloren haben...
(Vgl. 2019 Maduro in Venezuela, .u.a.)

Ich bin die Wahrheit...

An Jesus, an seinem Geist teilhaben... *in Ihm leben...* hat zur Folge,
dass man das *Wesen der Welt* erkennt:
Den Egoismus, den Eigennutz, die Gier…;
dass man also erkennt, was *Sünde der Welt* heißt.
Die *ontologische* Oberflächlichkeit des weltlichen Lebens;
die Lustigkeit der Welt und ihre Unterhaltung:
ihre Gekünsteltheit; die Unwahrheit ihres Scheins.

Und vor allem: Die Welt blendet aus, was sie an Tod und Elend erinnert.
Die Welt will in der Illusion, in der Unwahrheit leben:
In der Illusion eines ewigen Lebens hier...

Im Geist der Wahrheit zu sein bedeutet:
Die Tiefe der Welt und des Lebens wahrzunehmen...
den absoluten Ernst des Lebens erkennen -
die Wahrheit (die Wirklichkeit Gottes) in allem wahrzunehmen,
zu spüren, zu fühlen...

Ich bin die Wahrheit...

Bischof Elmar hat diese Woche ein weiteres Wort veröffentlicht betreffend Islam-Moschee-Minarett.
Ein zentraler Weg, Wahrheit zu erkennen und zu verstehen und Unwahrheit oder Irrtum...ist der Dialog, das Gespräch;

Bischof Elmar ruft zum einem *wahren Dialog* auf,
um die Wahrheiten anderer Religionen (des Islam)
und die Wahrheiten des eigenen Glaubens noch deutlicher zu erkennen.

Der Dialog schafft keine neuen Wahrheiten, aber der Dialog klärt auf;
setzt die Inhalte auseinander; baut Missverständnisse ab;
zeigt aber auch auf, wo unüberbrückbare Unterschiede sind.
Das Gespräch bewahrt jedoch eine menschliche Verbindung.

Freilich: Der Anspruch, den wir Christen hier stellen,
ist hoch und eindeutig: Wir überliefern und wir glauben,
dass das Wort wahr ist, das Jesus sagt, nämlich:
Ich bin die Wahrheit.
Nicht nur: Ich *sage* die Wahrheit...Oder: Ich bin *wahr*, sondern:
Ich bin die Wahrheit in Person...
Die Wahrheit, das ist aber Gott selbst.
Und so sagt Jesus:
Gott Vater ist in mir und ich in ihm:
wer mich sieht, hat den Vater gesehen...
Und wer mich erkannt hat, hat den Vater, hat Gott erkannt...
Niemals würden Moslems von Mohammed glauben, dass er - der Prophet selbst - in Person die Wahrheit ist.
Er hat die Wahrheit *über* Gott und Seine Weisungen wahrgenommen und festgehalten, aber niemals wird er als *die Wahrheit selbst* geglaubt.
Wenn man einem Moslem begreiflich machen wollte, wer Jesus nach unserer Überzeugung ist, müsste man sagen:
Was für Euch der Koran ist, diese heilige Schrift, das ist für uns Jesus Christus selbst. Er ist sozusagen der lebendige, persönliche Koran;
die *unmittelbar* Heilige Offenbarung Gottes....

Glaubt an Gott und glaubt an mich!
ruft Jesus in seiner Abschiedsrede den Jüngern zu.
Und wir gehen davon aus, dass Jesus weiß, wovon er redet:
dass er kein Schwindler, kein Illusionist...war:
Wenn er mit seinem Aufruf an unsern Glauben lehrt und sagt:
Ich weiß wie niemand anderer, dass es einen Gott gibt

und dass ich von Ihm gesandt bin, um Ihn offenbar zu machen
und wieder zu Ihm zurückzukehren. Und darum weiß ich auch aus mir selbst, dass es...
...im Haus meines Vaters viele Wohnungen gibt...
und dass Ich gehe, um euch einen Platz vorzubereiten...
Auch wenn wir noch so leidenschaftlich hier leben
und Zukunft bauen:
Es kommt dieses Ende - plötzlich oder langsam,
wo jeglicher Kontakt mit dieser Welt verschwindet,
aber die andere Welt noch nicht sichtbar ist:
Da hinein wird von dem, der in der andern Wirklichkeit ist, gesagt:
Ich werde euch zu mir holen, damit auch ihr dort seid, wo ich bin.
Meist schwer für uns, dieses Wort anzunehmen .
gar froh (Frohbotschaft) zu sein über diese Verheißung.
Es gefällt uns hier so gut; uns, die wir hier in diesem reichen , überreichen Land, übersatten Land leben und immer intensiver dabei sind, uns hier einzurichten...
Wir wollen nicht *ausziehen* müssen. *Wir wollen bleiben*!

Aber eine Vorübung, eine Vorwegnahme gäbe es doch:
Nämlich jetzt schon, hier schon mich manchmal hinüber zu stehlen
in dem, was man *Beten* nennt.
Ganz auf meine Art und verborgen.
So kann ich hier schon dort sein, wo er ist
und wo er uns haben will

Möge er einen Platz für uns bereiten können...
Möge Er dich und mich heimholen können;
mögen wir dann bereit sein für Ihn...
der von sich sagt: **Ich bin der Weg, die Wahrheit, das Leben.**

Erst am Abend deines Lebens wirst du wahrhaft zu leben beginnen, wenn du denken wirst, dass du heim möchtest...
Am Abend unseres Lebens, da wird das äußere Leben allmählich zu nichts, das innere Leben aber verdichtet sich und berührt sein Ziel..
Lebe einfach und liebend den Moment, den du innehast...

5. Ostersonntag A 2014 Joh 14, 1-12

Zu Auferstehungsgottesdiensten und Begräbnis-Gottesdiensten lesen wir:
Euer Herz lasse sich nicht verwirren.
Glaubt an Gott und glaubt an mich!

Ein junger, aufrichtiger Mensch hat mir geschrieben,
dass er aus der Kirche austreten will.
Auf meine Frage warum, sagt er zuerst einmal:
Dass es die Freiheit und das Recht einer jeden Person sei,
frei zu entscheiden, ob und was er glaubt oder nicht glaubt.
Und dann sagt er:
Ich bin nicht der Überzeugung, dass etwas Überirdisches existiert...
Ich glaube nicht, dass es einen Gott gibt;
vor allem in Anbetracht der Fakten glaube ich nicht.
Und erklärt dann:
Ich sage nicht, dass ich es weiß, dass es Gott nicht gibt.
Das kann man nicht wissen.
Aber ebenso wenig kann man wissen, ***dass*** *es einen Gott gibt.*
Man kann es nur ***glauben.***
Und ***ich*** *glaube es nicht.*

Und da hören wir heute Jesus von Nazareth rufen:
Glaubt an Gott und glaubt an mich…!
als ob er es auch dem jungen Mann zurufen wollte, der sagt,
dass er nicht glaubt...

Wie aber kommt Jesus selbst zu seinem Aufruf:
Glaubt an Gott und glaubt an mich...
Warum kann er so sicher sein…?
Weil Er der einzige ist, der *weiß*, dass es einen Gott gibt.
Im Johannes Evangelium hören wir:
Gott hat niemand jemals gesehen. Der eingeborene Sohn,
der an der Brust des Vaters ruht, er hat Kunde gebracht.
Aber das wiederum können wir nur glauben - oder auch nicht.

Der junge Mensch sagt:
Vor allem in Anbetracht der Fakten glaube ich nicht.
Er meint, in Anbetracht der Not in der Welt und der Verbrechen und der Leiden kann er nicht an einen allmächtigen Gott glauben.
Vielleicht auch in Anbetracht der Kirche mit ihrer Moral...
ihren Gesetzen, Forderungen...

Aber, möchte ich sagen:
Schau das Ganze an und das Kleinste...
Das Weltall, , die Berge, den Tannenwald, den runden Mond, das Spinnengewebe in den Bäumen,
das Leben der Bienen, das Wasser der Bäche,
schau die Herrlichkeit eine jeden einzelnen Tages an...
schau das Kind an...
die Liebe deiner Mutter...
schau das Leben der Kirchen-Gemeinde...
die Leute der Gemeinde..

Und überhaupt:
Was meinst du mit dem Wort *Gott,* wenn du sagst: Ich glaube nicht an *Gott.*
In meiner Quelle lese ich:
Was für eine kümmerliche Vorstellung machen sich viele Menschen von Gott und wie kümmerlich denken sie von Christus!
Man hält mich für einen Herrscher, der nach Laune seine Gnaden austeilt und der seinen Willen aufdrängt...Hast du begriffen, dass ich nichts aufdränge? Dass ich unermüdlich in eurem Dienst stehe,
auf eure Gebete antworte, warte und hoffe, dass ich Mich um die besten meiner Gaben bittet?
Wenn du nur wüsstest, wer Gott ist
und wie sehr er es verdient, dass ihr seine Eigenschaften kennenlernt, und in euch selber vertieft: Seine Großmut, seine Freigebigkeit,
seine außerordentliche Güte, seine Liebe, denn sie ist sein Wesen...
...lerne also, in allem den ganzen Tag immer wieder deinem Gott zu begegnen...

Aber an Gott glauben heißt ebenso:

Den Glauben beweisen durch die Tat.
Durch deine Dienstbereitschaft ..
Diene Gott...
Du dienst ihm, wenn du betest.
Und Er braucht deine Gebete... um seine Gnade ausgießen zu können.
Du dienst ihm, wenn du alle deine täglichen Arbeiten letztlich für ihn machst...Gott braucht alles.
Er braucht alle deine Dienste, um so allen zu dienen...mittels dir...über dich...

Und dann sagt Jesus heute:
...und wenn ich gegangen bin und einen Platz für euch vorbereitet habe, komme ich wieder und werde euch zu mir holen,
damit auch ihr dort seid, wo ich bin.
Jesus redet da über den Tod und das Leben nach dem Tod
und der junge Mensch wird einmal denken:
Vielleicht ist es doch wahr und es gibt es ein Jenseits…
eine Überirdische Welt, ein anderes Leben....
und der Tod ...mein Tod und der meiner Mutter...meiner Kinder...
ist unendlich mehr als bloß Tod...
Du näherst dich dem Tod.
Der Tod begleitet immer das Leben.
er wird dich zu mir bringen...

Zu dem jungen Menschen sage ich:
Dein Austritt geht Ok. Darauf kommt es nicht an.
Es kommt aber darauf an, dass du auf dein Herz hörst...
weder auf Andere noch auf den Geist der Zeit,
und dass du nicht aufhörst zu fragen, was das mit der uralten Rede von Gott auf sich haben könnte....zuletzt und zuerst in der Hl Schrift....
und bei Jesus von Nazareth.

Im Augenblick deines Todes werde ich dein Schwanengesang sein, denn die eigene Kraft wird dir dann dazu fehlen...
Nichts wird dich dann mehr mit der Erde verbinden.
Aber auch der Blick nach dem Jenseits wird dir noch verschlossen sein...

So werden wir beisammen sein im Augenblick des Übergangs...

Er ist die allgemeine Wiedergutmachung eures Lebens, das oft egoistisch war. Der Tod, das ist die wahre Geburt...der Eintritt ins andere Leben...
Bereite dich vor... Das Leben der demütigen kriechenden Raupe.
dann das Leben der Puppe...Verborgenes Leben.
Und schließlich: Der Schmetterling mit den bezaubernden Farben..
frei am azurblauen Himmel.
Freue dich, bald in die Fülle des Lebens zu gelangen...

Aber mit dem Glauben an Gott ist es so wie...
...wenn ein einsamer Fremder... durch ein weit entferntes Land reist, dann tut es ihm weh, wenn er nirgendwo einen freundlichen Blick erhält...
Da wird ihm seine Reise zur Qual...
So ein einsamer Fremder bin ich, Euer Gott,
wenn kein einziger Gedanke an Mich eure Seelen durchzieht...

Wenn die Seelen für mich also verschlossen sind,
dann rufe ich euch durch ein Geschehnis oder einen Umstand...
und ihr denkt dann:
Es ist Zufall... Schicksal...es ist die Realität... es ist halt so...
so ist das Leben...Wer von euch aber sagt: Es ist Gott ...?

6. Ostersonntag A 2014 Joh 14,15-21

Und ich werde den Vater bitten, und er wird euch einen andern Beistand geben, der für immer bei euch bleiben soll...
Es ist der Geist der Wahrheit...
Es geht auf Pfingsten zu und wir werden erinnert an den Heiligen Geist, den uns Jesus verheißen hat. Aber wie und woran kann man den Heiligen Geister wahrnehmen...?
Von Jesus haben wir ein Bild, können uns vorstellen, wie er gelebt hat in Israel, wie er als Mensch war, wie er gedacht hat und gehandelt und gesprochen (da wissen wir seine Worte).

Aber wie können wir uns den Heiligen Geist vorstellen?
Jesus hat nicht versprochen, dass wir ihn sehen werden, aber:
Er hat angedeutet, dass wir Ihn an seinen Wirkungen erkennen können.

Zwei dieser Wirkungen spricht Jesus an durch die Namen, die er dem Heiligen Geist gibt: Zuerst nennt er ihn den *Beistand.*
Das Wort *Paraklet* bedeutet auch: Helfer, Fürsprecher, Tröster...
Alles das war Jesus damals für seine Freunde.
Jetzt ist er nicht mehr sichtbar da. Aber er hat versprochen, dass er uns nicht allein lässt: Dass der *andere Tröster* bei uns bleiben wird...

Also noch einmal: Woran erkennen wir das Wirken des Heiligen Geistes?
Ich glaube: Wenn mitten in starken Belastungen und Aufregungen ein Friede, eine Ruhe ins Herz einkehrt und ich irgendwie *über allen Dingen stehe...*
Oder wenn in einer Auseinandersetzung, wo man angegriffen wird, es möglich ist, frei zu sein von Gefühlen der Aggression oder Rache oder Furcht und man in Ruhe seinen Standpunkt verteidigen kann...
ja sogar den Standpunkt des andern anhören kann - wirklich anhören - ohne *siegen* zu wollen...

Wenn in Stunden, wo ein naher Angehöriger stirbt, plötzlich Trost in mein Herz kommt...Ja, wo ich selber die Kraft spüre, andere zu trösten und ihnen beizustehen…
Der Heilige Geist ist da, wo sich in dir ein großer Zorn ausbreiten will, wenn du hörst, was für Gehälter und dann noch Abfindungen die Manager auch aus unserm Steuergeld erhalten
Im Geist kannst du deine Rachegefühle, deine Bitterkeit loslassen und sagen: Das ist nicht meine Angelegenheit. Und: Es gibt ein größere Gerechtigkeit für Menschen, die auf Kosten der andern leben...
Den Heiligen Geist erfahren wir vor allem in der Liebe, von der Jesus sagt: *Dies ist mein Gebot: Liebt einander, wie ich euch...*

Dieses Gebot leben wir, wann immer wir zum Beispiel einen unerwarteten, zusätzlichen Dienst auf uns nehmen....
und dabei nicht mehr an die Pläne denken, die wir hatten...
Dieses Gebot wird erfüllt, wo wir unsere ganz gewöhnliche tägliche Arbeit mit Hingabe tun: Ohne dabei auf Lohn, auf Geld zu schauen,
auf Gegenleistung...
Und es ist im Sinn dieses Gebotes, dass schon die Kinder lernen, aktiv für die Andere etwas zu tun…, zu helfen und nicht nur passiv sich von den Eltern und von den Andern lieben lassen...
Letztlich aber muss ebenso meine Krankheit, meine Altersleiden…im Namen dieser Liebe eingebracht werden...So kann und muss das Leiden zu einem Gebet werden ...für die andern...

Jesus nennt den Heiligen Geist dann auch den **Geist der Wahrheit.**
Was heißt da Wahrheit?
Wahrheit besagt in der Bedeutung der Bibel so viel wie:
Ein wahrer Mensch sein/werden.
Einer, der zuverlässig ist, der fest ist und treu sein kann und arbeitsam und hilfsbereit und fromm und…und eben nicht liederlich und gleichgültig und faul und geldgierig und gewalttätig.

Wahrer Mensch: Das ist ein schöpferischer Mensch,
einer, der gute Ideen hat und sie umsetzt...
Wahrer Mensch ist einer, der die gute Musik liebt, zumindest als Hörer...

Wahrer Mensch, der auch das Lesen liebt...
Mensch, der auch Nein sagen kann -
sich abgrenzen, wo es ihm richtig und notwendig erscheint...
Aber immer bereit ist, Ja zu sagen zum Helfen...zu einem Dienst...

Die Jünger Jesus sind zu solchen *Wahren Menschen* geworden:
Nachdem sie bis dahin wankelmütige und unsichere Menschen und schüchterne und abgeschottete, voller Menschenfurcht.
An ihrem Leben, an ihrer Wandlung kann man diese *Kraft von oben* erkennen, die sie umgewandelt hat in mutige, klare, unglaublich initiative und offene Menschen!

Auch an uns selber und unseren Wandlungen /Veränderungen können wir/müssen wir diese Kraft von Oben, den Heiligen Geist erkennen
An jenem Tag werdet ihr erkennen:
Ich bin in meinem Vater, Ihr seid in mir, und ich bin in euch.
Es ist diese Vereinigung mit Jesus - und so mit Gott selbst,
die das Christsein ausmacht.
Nicht mehr ich lebe, sondern Christus lebt in mir...
und durch mich...
Sein Leben fortsetzen... auf der Erde.
Ein *Anderer Christus* sein... *Salz* zu sein für die Erde...
meinen Part zu spielen für das Heil der Welt in großer Verantwortung.

6. Ostersonntag A 2017 Joh14,15-21

Ich werde meinen Vater bitten, und er wird euch einen andern Beistand geben, der für immer bei euch bleiben wird.
Es ist der Geist der Wahrheit…
Der Geist der Wahrheit...Geist der Gesprächs …
Geist der Gemeinschaft...Geist der Demokratie...
Geist der Tiefe...

Sitzung.
Gegnerische Meinungen.
Der Geist der Wahrheit...ruft jeden an, zu sagen, was er denkt, grad auch den Widerspruch hinein zusagen in eine Runde, die sich offenbar einig gewesen wäre: Und jetzt kommt da der eine und redet dagegen!
Gegen alle anderen, die sich schon eins sind..!
Hätte er nicht still sein können! Selbst wenn seine Meinung richtig wäre...
Wir wollen doch weiterkommen! Der hält alles auf!
Macht es kompliziert…

Aber in diesem Fall hier hört die ganze Runde dem einen Gegenredner zu!
Man nimmt seine Argumente ohne Zorn ernst und - kann sie widerlegen…!
So war man durch seinen Einspruch genötigt, noch einmal starke Argumente zu finden…vorzubringen… noch einmal alles zu durchleuchten...
Und man dankt dem Einzelnen sogar, dass er sich und seine Zweifel eingebracht hat und so der Gemeinschaft gedient…
Geist der Wahrheit... in der Liebe zur Wahrheit...in der Geduld...in der Sanftmut...im Machtverzicht...
Dieser Beistand, den er senden wird, ist der Geist der Wahrheit...
Da sitze ich im Café. Am Nebentisch ein sichtlich nobler Herr.
Und wir kommen dann doch noch ins Gespräch:
Ist es nicht der Antrieb des heiligen, des guten Geistes,
wenn zwei einander Unbekannte ein Gespräch beginnen...
Aber was mir hier drüber hinaus den Geist der Wahrheit zeigt:
Der noble Herr war Beamter, ein Ingenieur für Straßenbauamt.

Und so sind wir aus dem anfänglich oberflächlich Politischen ins Sachliche gekommen: Er hat mir erklärt, woraus der Asphalt besteht…!
Welches Gestein hierfür günstig ist und welches nicht...
Nebenbei die Anfrage wegen dem diskutierten Steinbruch...
Und dass es Rezepturen für die verschiedenen Asphalte gibt.
Es ist in den Medien so wenig Sachliches zu lesen…
Es wird meist nur oberflächlich politisiert und polemisiert!

Nur noch kurze Zeit und die Welt sieht mich nicht mehr…
Ich habe vorletzte Woche einen Brief bekommen von meinem *alten Professor Spaemann.* Er ist jetzt Mitte 90 und er schreibt:
Ob wir uns noch einmal sehen werden?
Er lebt in Stuttgart und ich bin vier Mal hinausgefahren auf Besuch.
Nur noch kurze Zeit und ihr seht mich nicht mehr, sagt Jesus.
*Ob wir uns noch einmal sehen…*denkt mein Professor laut nach...
Und ich dachte und denke: Irgendwie kaum zu fassen!
Da ist ein Mensch, ein lieber Bekannter, ja Freund grade noch hier auf der Welt und dann kommt eine Stunde, ab der ihn niemand mehr sehen kann.
Außer in Träumen...unsere Eltern. Wir erkennen im Traum, dass sie es sind.
Und das gilt natürlich von jedem von uns auch:
Dass man uns nicht mehr sehen wird…nie mehr sehen…
nie mehr reden...nie mehr begegnen...

Ob es wirklich ein Wiedersehen geben wird im Jenseits?
Und wie sehen wir dann aus?
Die Klassenkameraden, die ich nach 40 Jahren wieder gesehen habe, sie waren zu erkennen, ja; und doch waren die meisten von ihnen sehr verändert. Manche sehen freilich noch so aus wie damals.

Vor allem: Wie sieht Er aus?
Und was heißt das: Ihn schauen *von Angesicht zu Angesicht…*?
Und ich werde den Vater bitten und er wird euch einen anderen Beistand geben, der für immer bei euch bleiben soll.
Es ist der Geist der Wahrheit. Ihr kennt ihn, weil er in euch sein wird.
Da besucht jemand jede Woche einen Verwandten, der seit Jahren im Bett liegt und nur den Kopf bewegen kann.

Im Blick auf diesen Menschen hat jemand gesagt:
Wir, die wir gesund sind, wir haben immer eine Perspektive,
wir habe immer etwas zu tun, sind immer ausgefüllt...
Wehe, wir sind einmal für eine Viertelstunde nicht ausgefüllt.
Oder verhindert...der Computer funktioniert nicht...
oder Zahnweh oder Kopfweh...

Wir leben ständig in Ablenkungen und Absicherungen.
Auch die Arbeit ist uns zur totalen, sonntags-losen,
also gott-losen Ablenkung geworden…
Wir ertragen es nicht aus, auch nur für kurze Zeit still zu halten.

Erst wenn wir vom Schicksal gezwungen werden und uns nicht mehr bewegen können, werden wir *innerlich* und suchen Ihn...
Er: Wenn ich ein anderes Mittel hätte als das Leiden, euch näher an mich zu ziehen...
Ein ähnlicher Zustand ist das Altwerden, wenn uns alle Kraft schwindet:
N.: *Wie kann man nur so müd werden...*
So ohne Kraft, dass man kaum noch sitzen kann...

Diese Not, diese radikale Schwächung kommt auf uns alle zu.
Die körperliche Kraftlosigkeit und Ohnmacht.
Dazu die Leere, diese Sinn-Leere, wenn wir nichts mehr tun können.
Wenn das weltliche Leben aussichtslos wird…

Aber das hat doch den Sinn, dass unser *Inneres Leben* zunimmt:
Das Leben zwischen Gott und der Seele…
In diesem Sinn sagt Jesus:
Ihr werdet leben, weil ich in euch lebe...
Leben ist mehr als nur *Leben erhalten...*
Es ist das Leben des Schöpfers im Geschöpf…
Und Leben ist Liebe und Liebe ist Leben.

Mutter Teresa:
Wenn man einmal Gott in sich hat, dann ist das fürs ganze Leben...
Ohne ihn kann ich nichts tun.
Aber selbst Gott könnte nichts für jemanden tun,
wenn der keinen Raum für Ihn gelassen hat...
Man muss leer werden, um Gott einzulassen,
damit er sein Werk tun kann in mir... in uns.

Ihr aber seht mich, weil ich lebe und auch ihr leben werdet...
Sieh mich in der Natur... sagt Jesus, der Sohn, einmal.
Es ist jetzt wieder hell am Morgen und ich kann schon am morgen früh auf dem Weg gehen, der durch einen Wald führt.
Und wenn ich mich öffne und nicht gefangen bleibe in meinen Gedanken und Plänen, dann höre ich auf einmal, was schon längst stattfindet, aber ich nicht gehört habe,
weil ich in meinen Gedanke gekreist bin:
Diesen herrlichen Gesang der Vögel, diesen fröhlichen Gesang...!
Und da steckt wirklich Fröhlichkeit drinnen!
Und ich denke dann: Das ist ein Lob Gottes, das ist die Offenbarung Gottes:
Dieser so frische und überfließende Gesang der Vögel zeigt doch so viel von Gott selbst! Ist eine sichere Botschaft,
eine Kunde *über* Gott und *von* Gott...
Denner hat die Vögel ja *gedacht* und zwar so,
dass sie *von selbst* ihr Gotteslob singen.

Die Welt wird mich nicht mehr sehen, Ihr aber seht mich,
weil ich lebe... und weil auch ihr leben werdet..
Ihr seht mich, weil ich anwesend bin...über allem und in allem...
Ihr seht mich in den Nächsten, denn der Nächste ist ein Bild von mir.
Ihr seht mich in den Kindern, ihr seht mich in den Ereignissen,
in den Begegnungen, ihr seht mich in den Zufällen... in der Natur...

Und er lässt uns das Göttliche, das Große...das Persönliche... auch erkennen im andern Menschen, grad auch in Menschen, die du nicht magst,
die dir lästig sind: In den Armen.

Da klopft wieder einer an und ich rufe ärgerlich:
Du schon wieder!
Und wie ich seinen Zettel sehe:
Nein, heute gibt's nichts...Ich hab jetzt keine Zeit...
Du warst doch grad da?
Obwohl er seit einem Monat nicht mehr da war...
Im Geist *der Wahrheit* weiß ich, dass ich Zeit hätte...
und dass ich jetzt ein wenig hinhören könnte...
und glauben, was der Mann da sagt:
Dass er schwere Bandscheibenleiden hat und seit Oktober im Krankenstand
und dass er eine Rechnung für einen Wahl Arzt zu bezahlen hätte,
damit der die Therapie fortsetzt...

Und wenn du einmal hineingehört hast - und nicht gleich die Türe zugeschlagen in Selbstabsicherung, dann wirst du ihm geben, was er braucht...
Und wenn er doch gelogen hätte...?

7. Ostersonntag A 2011 Joh 17,1-11

In jener Zeit erhob Jesus seine Augen zum Himmel...
und betete...
Wo ich an Christi Himmelfahrt von dem herrlichen Tal erzählt habe,
hätte ich noch beschreiben sollen, dass über das ganze Tal sich der Himmel spannt...
Schau oft zum Himmel, es hilft dir, ihn zu ersehnen:
Seine Reinheit, Tiefe, Weite..
Wenn wir das auch lange Zeit in unsrem Leben nicht tun:
Ist es nicht Krankheit und Alter, die uns dann fast zwingen,
hinauf zu schauen zum *Ziel von morgen...*?

Jesus *erhob seine Augen zum Himmel*, zu Gott, seinem Vater.
Und weil er *ganz* Mensch geworden ist, weiß er wie kein anderer, wie Nichts der Mensch und wie groß Gott ist...
Der Vater ist größer als ich.
Er wollte ja die Menschen erlösen von der Selbstherrlichkeit, selber Gott sein zu wollen; erlösen von der Weltlichkeit, wo der Mensch eben nur auf die Welt, nur *nach Unten starrt…*; Gefangener der Dinge der Welt..
Und Jesus betet:
Die Stunde ist da...
Die Letzte Stunde des Lebens: Müssen wir nicht denken, dass alle Stunden unseres Lebens diese letzte irgendwie *vorbereiten*?
Man stirbt so, wie man gelebt hat...
Aber es heißt auch, dass in dieser letzte Stunde ein egoistisches Leben gesühnt wird, wiedergutgemacht, wo diese letzte Stunde angenommen wird in diesem Geist. Was alles geschieht in dieser letzten Stunde zwischen meiner Seele und Gott - und zwischenmenschlich in einer Familie!
Wie viel Versöhnung...Wie viel Frieden...

Denn du hast ihm Macht über alle Menschen gegeben, damit er allen, die du ihm gegeben hast, ewiges Leben schenkt...
Woche des Lebens.
Ewiges Leben.
Wir haben eine Einladung zu einer Abschiedsfeier von der Lehrerin Gertrud bekommen und da ist sie abgebildet auf einer Liege mit einer Zeitschrift in der Hand mit dem Titel:
Lebe!
Ich bin überzeugt, dass sie selber am allerwenigsten damit sagen will: Wahres Leben sei nur im Liegestuhl-liegen und in Zeitschriften schmökern…
Was ist Leben?
Leben ist, wo man sich hingibt...
Wo man sich vergisst im Tun, was man tun muss.
Leben ist Tat. Leben ist Ruhe. Leben ist Nachdenken, Erinnern, Danken, Schauen. Leben ist Zwiegespräch mit Gott.

Und weil ich von einer Lehrerin gesprochen habe:
Dasselbe sieht man bei den Schul-Kindern:
Sie *leben auf,* wenn sie entsprechend ihrer Talente herausgefordert werden;
wenn sie mit sanftem Druck ins Aktiv-sein hinein gezogen werden...
Und immer, wenn sie dann *drinnen si*nd, sind sie glücklich...
Dass man also schon die Kinder so in ein *Leben* hineinführt*,*
das nicht stirbt.
Du hast ihm Macht gegeben über alle Menschen,
damit er allen, die du ihm gegeben hast, ewiges Leben schenkt...
Wo das am innigsten geschieht, das ist die Heilige Messe,
die heilige Kommunion.
Da wird, *Geheimnis des Glaubens*, in dieser kleinen Hostie der geistige Samen geschenkt, der das Leben selbst in sich trägt…
das Leben, das uns dazu erzieht, selber *Hostie* zu werden;
in der Hingabe, im Aufschwung des Lebens...

Und wer so lebt, gleichsam als Hostie, der erkennt Gott*,* denn
...das ist das ewige Leben: Dich, den wahren Gott zu erkennen und Jesus Christus...
Christus erkennen heißt aber, Ihn nachahmen:
Nachahmen in seiner Hingabe, in seinem Dienen, seiner Geduld, in seinem Gegenwärtig sein, in seiner Barmherzigkeit, in seiner Nächstenliebe...
und ebenso in seiner Ruhe und in seinem Leiden...
Ich bin das Leben und ich gebe das Leben.
Das Leben, das ich gebe, geht bis in die Ewigkeit…
Das ist ein Leben ohne Tod. Dein Weg über die Erde wird in ein Leben ohne Ende einmünden… Alles führt dich dorthin...
Ich habe dich auf der Erde verherrlicht
und das Werk zu Ende geführt, das du mir aufgetragen hast…
Ein jeder von euch hat mitzuarbeiten am Heil der Welt...
an der Vermehrung des Guten...der Mitmenschlichkeit...
und keine Seele kann die andere darin ersetzen...
Sicher:
Zu dem Werk, das jedem aufgetragen ist, gehört das, was wir Pflichten nennen: Beruflich, familiär, persönlich, mitmenschlich...
Und es ist ein ständiges Ziel, diese Pflichten bestmöglich zu erfüllen…

Nun gibt es aber in unserem Leben die Fehler.
Verfehlungen gegen die Nächstenliebe. Es gibt ein egoistisches Leben...
Aber wie ist Gott selbst in Jesus damals den Menschen begegnet,
die öffentlich als *Sünder* gegolten haben...?
Und wie den Pharisäern, die so viel von sich selbst gehalten haben und
ihrer strengen Gesetzeserfüllung…?
Verachte niemanden, auch nicht den größten Sünder...(Mladic!)
Er kann bereuen und dann höher steigen als du in Gottes Reich.
Und ich habe das Werk zu Ende geführt, das du mir aufgetragen hast...
Wir hatten vom Gehalt der Priester in der Ukraine gesprochen...
und von der fixen Pension, die Priester hier bei uns bekommen...
und den geregelten Arbeitszeiten und Urlaubszeiten...

Der Bischof erzählt:
Da habe er einen Priester gehabt, der immer wieder gekommen sei
und gefordert, dass er seinen wöchentlichen Ruhetag haben will und den
gesetzlichen Urlaub und...
Eines Tages wurde er krank. Krebs.
Und auf einmal sei er nicht mehr mit diesen Forderungen gekommen,
im Gegenteil: Er habe auf einmal gearbeitet wir ein Knecht...
Habe keinen freien Tag mehr gemacht und auf Urlaub verzichtet…

Er habe in seiner unheilbaren Krankheit erkannt, dass er die Zeit nur nützen
und den Sinn seines Lebens nur erfüllen kann, wenn er den ihm
aufgetragenen Dienst tut… und zwar ohne Grenzen...
Eines Nachts sei er in seinem Zimmer gestorben.
Er sei in seinem Bett gelegen:
Mit einem großen Kreuz in der Hand.
Woche des Lebens.

7. Ostersonntag A 2017 Joh 17,1-11

Wenn es da heißt:
Jesus erhob seine Augen zum Himmel…
Denke ich an den Satz von ihm:
Schau oft zum Himmel hinauf, das hilft dir ihn zu sehen.
Ich weiß, wir sind mitten in diesem lärmenden Leben und weit davon entfernt, den Himmel zu ersehnen…
Aber zum Himmel hinaufschauen - zwischendurch -
Zum blauen Himmel oder auch bewölkten Himmel…
das kann wie eine tiefste Therapie wirken…
befreiend, tröstlich, schön ….

Kinder schauen gern den Wolken zu…
Aber Jesus hat zum Himmel hinauf geschaut,
weil er zu Gott-Vater gebetet hat:

Vater, die Stunde ist da…
Tut mir leid, aber wenn wir in die Kirche kommen,
dann müssen wir gefasst sein auf die Worte von seiner letzten Stunde und von unserer letzten Stunde. Grad in der Kirche und bei der heiligen Messe können die Letzten Dinge nicht ausgeblendet werden, im Gegenteil.

Dabei kommt es nicht so darauf an zu fragen, wie diese *letzte Stunde* sein wird, sondern was für eine *Bedeutung* das Sterben hat…
Dazu heißt es einmal:
Hinscheiden, das währt nicht lange.
Es bedeutet, die Erdenwelt zu verlassen,
um in eine andere Welt einzutreten.
Das erst ist die wahre Geburt: Geboren werden zu einem Leben,
das nicht mehr enden wird.
Dieses Leben aber bin ich…

Und dann:
Du hast dem Sohn Macht über alle Menschen gegeben…
Und doch heißt es wiederum an einer anderen Stelle:
Ja, meine allmächtige Liebe kann Welten erschaffen,
eure Umstände verändern…

Doch das, was eurer freien Großmut überlassen bleibt,
kann ich nicht tun, wenn ihr es mir nicht schenkt.
Was eurer eigenen Initiative anvertraut wurde,
kann ich nicht tun.
Du hast ihm Macht über alle Menschen gegeben, damit er allen, die du ihm gegeben hast, ewiges Leben schenkt…
Was an diesem Satz zu denken gibt:
Kann allen Menschen von vornherein ewiges Leben geschenkt werden,
also der Himmel, das unendliche Glück?
Braucht es für dieses Geschenk nicht wie für alle Geschenke eine Würdigkeit, eine Empfänglichkeit?!
Man könnte vielleicht hochmütig sein:
Ich brauche nichts geschenkt… auch von einem Gott…
Darum bitte ich auch um nichts…
Und schon gar nicht darum, Gott zu erkennen und Christus...

Denn das ist das ewige Leben, dich den einzigen wahren Gott zu erkennen und Jesus Christus, den du gesandt hast…
Bitte um die Gnade, mich besser kennen zu lernen.
Man macht sich einen falschen Begriff von mir.
Man hält mich für einen Gebieter, der nach Vorlieben seine Gnaden austeilt und der seinen Willen aufdrängt.
Hast du noch nicht begriffen, dass ich nichts aufdränge?
Ich bin machtlos eurer Freiheit gegenüber.
Ich zwinge nicht zu glauben...
Ich warte durch die Jahrhunderte...

146 *Der Mensch kann Gott weder beurteilen, noch begreifen.*
Man muss auf ihn hören und empfangen, was er euch schenkt.
Was für eine armselige Vorstellung machen sich viele von Gott, welch trauriges Bild von Jesus Christus!
Darum fehlt in ihrem Leben die Begeisterung, zu leben nach einer erhabenen Gottesvorstellung...
Aber *Gott erkennen*, das heißt doch auch:
Gott sehen in der Schöpfung; den Menschen in seinem Werk erkennen,
zu allererst in den Anderen und in sich selbst… in der tiefsten Seele.

Gott erkennen in den Kindern,
und in der Natur... im Baum, im Firmament, im Berg...
Seine Gegenwart, Sein Wesen: Die Liebe erkennen...
In der Kunst, in der großen Musik,
im Erlebnis des gemeinsamen Singens, des Chor-Gesanges...

Gott erkennen heißt *Gott nachahmen*…Ihm Gutes tun, im Arbeiten, in der Selbsthingabe…In der Opferbereiten Liebe…im Geben, im Dienen, im Vergeben…Im Gerecht sein… im gegenseitigen Helfen...
Und in allem *ist* schon ewiges Leben.
Leben, das nicht stirbt.. das in sich kein Ende hat - in der Einheit mit Gott, die mit dem Tod nicht aufgehoben wird…,
die über den Himmel hinaus bleibt…
Das ist das ewige Leben:
Dich, den einzig wahren Gott zu erkennen und Jesus Christus, den du gesandt hast... und ich habe dich auf Erden verherrlicht…
habe den Menschen gezeigt, wer du bist und wie…
und habe das Werk zu Ende geführt, das du mir aufgetragen hast...

So ähnlich wie Er hat jeder Mensch, hat jeder von uns…
sein Werk, seinen Part, seine Sendung zum Heil der Welt, zur Bekehrung der Welt… und keiner ist zu ersetzen im Hier und jetzt der Geschichte…
in diesem je einzigartigen Augenblick der Welt.

2. Sonntag A 2011 Joh 1,29-34

Wir wiederholen diese Wort hunderte Male im Laufe eines kirchlichen Lebens:
Seht das Lamm Gottes, das hinweg nimmt die Sünde der Welt...
Bevor ich lange theoretisch versuche zu erklären,
dass es so etwas wie die *Sünde der Welt* gibt, ein Beispiel:
Ich gehe frühmorgens meine Runde. Es regnet.
Ich habe einen Schirm aufgespannt.

Wie ich an einem Buswartehäuschen vorbeigehe,
da schreit einer von den beiden Männern, die dort schon auf den Bus warten:
Mann, gib Schirm!
Er schreit das zwei Mal - der Sprache nach kein Österreicher...
und hörbar betrunken.
Ich gehe weiter, als würde mich das völlig unbeeindruckt lassen:
Aber in meinen Gefühlen und Gedanken regt sich die *Sünde der Welt*
und ich stelle mir vor, wie ich geradewegs auf den Mann zugehe und ihm den Schirm um die Ohren haue...
Später habe ich denken müssen: Was bin ich doch immer noch für ein gewaltbereiter Mensch!
Das wäre doch eine Übung, geistvoll (im Geist Seiner Sanftmut!) zu reagieren statt bloß emotional in der *Mechanik (!)* der *Sünde der Welt...*

Sünde der Welt: Dass jeder Mensch voraussehbar gleich reagiert,
solange er kein geistiger, sondern noch weltlicher Mensch ist;
solange er *von der Welt* ist...
(Aus diesem Grund kann es die Psychologie als Wissenschaft geben,
solange der Mensch nach den Gesetzen der „Materie“ reagiert!)

Seht das Lamm Gottes, das hinweg nimmt die Sünde der Welt...
In diesen letzten zwei Wochen hat wohl jeder von uns öfter geklagt:
Dieser Regen! So grausig! Schade um den schönen Schnee!
Und es ist ja wirklich schade...
Aber diese Klage wäre nicht mehr recht, wenn man jeden Tag herum schimpfen und sich aufregen würde...
Sünde der Welt zeigt sich, wenn der Mensch sich *ewig* reibt an den äußeren Umständen des Lebens…
Johannes 23: *Nur für heute werde ich mich an die Umstände anpassen ohne zu verlangen, dass die Umstände sich an meine Wünsche anpassen...*
Das Lamm Gottes erlöst uns von dieser *Sünde der Welt,*
indem es uns lehrt,
...alles zu *nehmen, wie es kommt...*
Nimm alles als von mir kommend an...
Auch wenn ich dir Prüfungen schicke...

Seht das Lamm Gottes, das hinweg nimmt die Sünde der Welt...
Und es ist Sünde der Welt, dass wir blind sind für Katastrophen in Ländern wie jetzt Australien oder Brasilien, wogegen unser Regen hier ein Nichts an Not ist. Diese Blindheit für die Not anderer Länder und Menschen ist *Sünde der Welt*: Jeder Mensch ist in diesem Sinn schuldhaft blind...

Ein Beauftragter für die Welternährungsorganisation FAO
Jean Ziegler - predigt es seit Jahren:
Alle fünf bis zehn Sekunden - also auch jetzt - stirbt ein Kind an Hunger...
Und er sagt dazu: Das sind keine Naturkatastrophen, sondern indirekt Morde an diesen Kindern.
Denn die Welt könnte heute 12 Milliarden Menschen ernähren...
Aber jeder sechste Mensch ist permanent unterernährt…
Das ist *Sünde der Welt…*

Aber da, wo der Geist wirkt, der Heilige, da ist z.B. so eine weltweite Bewegung entstanden wie *Fair Trade...*
Jeder von uns, der Artikel kauft von Fair Trade,
hilft mit, eine gerechte Welt aufzubauen...
auch wenn diese Hilfe nie zum Ende kommt
und es nur ein Bauer ist in Afrika, in Südamerika,
der durch meinen regelmäßigen Kauf besser existieren kann...
Fair Trade...Produkte im Spar und im Hofer.

Seht das Lamm Gottes, das hinweg nimmt die Sünde der Welt...
Erlösung ist, dass Gott meine schlechte Vergangenheit wiedergutmacht (*aufarbeitet*) zusammen mit mir.
Wenn du demütig deiner Fehler gedenkst, lösche ich sie, nehme sich sie hinweg, nehme sie - was für eine Schande - als meine Sünden auf mich, um so die Vergebung des Vaters zu erlangen.

Zu dieser Demut der Reue treibt uns der Geist an,
von dem es heißt, dass Jesus uns mit ihm *tauft.*
Um Ihn, den Heiligen Geist, sollen wir oft rufen, heißt es,
mit unserem Seufzen: Dass wir von der Wahrheit und der Gerechtigkeit und der Nächstenliebe geleitet werden ...über die *Sünde der Welt* hinaus.

Pfingsten A 2005 Joh 20,19-23

Diese Tage sind voll von Rückblicken auf den Staatsvertrag und auf das sog. Dritte Reich und auf den Nürnberger Prozess:
Was zwar zum Ablauf einer jeden Gerichtsverhandlung gehört, aber in diesem Fall besonders abstößt: Dass sämtliche der angeklagten Kriegsverbrecher auf die ordnungsgemäße Frage: *Bekennen Sie sich gemäß der Anklage als schuldig oder nicht schuldig,* sie alle laut verkündet haben: *Nicht schuldig!*
Aber wie begreiflich wiederum, dass diese Männer nicht bereit waren (sein konnten), ihre Verantwortung wahrzunehmen und Reue zu empfinden.

Aus Furcht hatten sie die Türe verschlossen, heißt es am Anfang des Evangeliums heute. Aus Furcht vor dieser unerträglichen Wahrheit über sich selbst... hatten die Angeklagten die Türen ihrer Herzen verschlossen - vor dem *Geist der Wahrheit...*und vor dem *Geist des Friedens*
mit Gott und sich selbst...
Manche der Angeklagten aber, so hat man gesehen, haben begonnen zu weinen angesichts der Bilder und der Filmaufnahmen aus den Lagern. Ich bin überzeugt: Solche Erschütterung ist ein Werk des Geistes, wenn Er nur einen kleinsten Spalt geöffnet findet bei dieser Türe der Seele.

Aus Furcht ...hielten sie die Türen verschlossen...
Diese ursprüngliche Furcht, die nicht an die Liebe Gottes glauben kann; nicht an das Erbarmen, das unendlich größer ist als jedes Verbrechen...
Der Geist Gottes verkündet durch die Kirche
den Glauben an die Liebe Gottes:
Versenke dich in die Sorge Gottes. Und welches ist seine Sorge?
Dass man glauben möge an seine außerordentliche Liebe zu allen Menschen, zu allen, verstehst du?
Der Heilige Geist, das ist der Geist des Glaubens an die Barmherzigkeit Gottes... Der Geist, in dem wir dieses göttliche Erbarmen entwickeln können.

Aus Furcht vor den Juden hatten sie die Türen verschlossen...
Es ist im letzten auch diese Furcht des Menschen, die den Zumutungen des Heiligen Geist wesenhaft die Türen verschlossen halten kann.
Der Geist Gottes ist der Geist der Wahrheit:
Die Wahrheit aber kann nur dienen. Sie manipuliert nicht.
Sie *weht* nur.
Der Mensch verweigert sich dem Geist, seinem Feuer, seiner Initiativkraft, seinen Eingebungen; und eigentlich ist das die Normalität des *unerlösten* Menschen. Schon da, wo ich einer gewissen Rechthaberei verfangen bin; wo ich mich nicht belehren lasse; wo ich einen Schritt nicht tue, den ich tun sollte, aber die (eingebildeten) Folgen fürchte...

Da wird in einer Kirchenzeitung eine Untersuchung vorgestellt,
die aufzeigt, dass zwar *Familie* bei jungen Menschen einen sehr hohen Wert hat, dass sie aber immer weniger selber eine Familie gründen wollten. Und dass staatliche Hilfen für Familiengründung diese Einstellung nicht beeinflusst.
So dass ein deutscher Minister dieser Tage von lebensfeindlichen und *zukunfts-verneinenden* Tendenzen in der Gesellschaft sprach.
Die Absage an das Kind sei eine Absage an das Leben.

Und schließlich heißt es in dem Kommentar:
Nein: Über den Kinderwunsch und das Kinder-Bekommen entscheidet gewiss nicht vorrangig das Geld. Und auch nicht die Moral.
Es ist vielmehr eine Frage des Gottvertrauens und des Glaubens an das Leben, das Ewige Leben...

M.a.W. ist es eine Frage des *Hoffenden Glaubens* an die Verwandlungen des Lebens, wenn man diese Türe aufmacht, die man aus Furcht vor dem Kreuz, aus Furcht vor der Berufung zum Elternseins verschlossen hält...
Wenn Familiengründung zutiefst eine Akt des Gottvertrauens ist und der Hoffnung, dann ist es eine Frage, die den Geist betrifft, weil wir allein mit dem *Luftstoß* des Geistes diese Furcht überwinden.
Dieser *Geist der Großmut*, der die Festung meines *Ich* überwindet,-
und damit die Furcht vor einem opfervollen Leben, das *von Außen* so abstoßend aussieht, aber *von Innen* erlebt ein erfülltes Leben ist..

Da kam Jesus, trat in ihre Mitte und sagte: Friede sei mit Euch!
Dazu muss ich von einem Erlebnis der letzten Tage sprechen,
das so sehr mit diesem Frieden zu tun hat, den der Geist schenkt,
*wem er will...*und besonders d*em, der darum bittet...*
Nämlich vom Beichten der Firmkinder.
Ein kleines Pfingsterlebnis!

Denn immer wieder ist es erstaunlich, wenn sich schon bei so jungen
Menschen diese Gabe der Selbsterkenntnis zeigt;
nicht bloß angelernte Sätze, damit man einfach etwas daher sagen kann.
Das wäre gerade nicht die Art des Geistes:
Bei den Firmkindern ist *Wahrheit* in dem kleinen Beicht-Gespräch,
das eigentlich sich einzig dreht um die Frage:
Wo will ich mich bessern? Wo will ich mich anstrengen?
Wobei das durchaus auch Mathe sein kann oder Englisch,
oder weniger weggehen abends oder - das ist der Hauptwunsch:
Für Mama eine bessere Hilfe zu sein als bisher...
Aber das habe sie eher nachgesagt...Trotzdem ist es gut.

Dieses aufrichtige Bemühen um Selbsterkenntnis samt dem guten Vorsatz
und der einfachen Lossprechung: Das ist ein kleines Pfingsten!
Da geschieht Selbstheiligung. Da ist Arbeit an sich selbst im Gange!
Vor allem: Dieser innerste Antrieb, über seinen eigene Selbstherrlichkeit
hinauszuwachsen, das ist doch verursacht vom Heiligen Geist,
von dem es im Hochgebet heißt, dass *er alle Heiligung auf Erden
weiterführen und vollenden wird.*

Pfingsten - das Fest des Geistes, der heiligt...
Von dem berühmten Dichter **Friedrich Schiller,**
dessen 200. Todesjahr heuer gehalten wird, von ihm wird gesagt, er sei
geradezu versessen darauf gewesen, alles immer besser zu machen...
Vollkommen wollte er alles machen! Seine Gedichte künden davon!
Das Lied der Glocke... oder: Die *Ode an die Freude*
(Freude schöner Götterfunken...)
Aber nicht nur seine Werke, sondern zugleich sich selbst habe er
vollkommen machen wollen.

Das Leben selbst ist das größte Kunstwerk, das gestaltet sein muss!
F. Schiller war todkrank; da gestaltete er auch noch seine Todkrankheit...

Wer zieht wen über den Tisch:
Der Körper den Geist oder der Geist den Körper…?
Er wusste: Der Geist kann und soll den Körper beherrschen, weil der Mensch zur Freiheit befreit ist
...und nicht vom Fleisch bestimmt, sondern vom Geist...

Pfingsten - Geist der Freiheit.
Dieser Tage wird ein Wort für Österreich ständig erinnert:
Es ist der Ausruf des damaligen Außenministers Leopold Figl:
Österreich ist frei!
Aber zugleich muss gefragt werden heute:
Wie steht es mit der Freiheit des einzelnen Menschen in Österreich? Wie geht der einzelne Mensch mit der Gabe seiner je eigenen Freiheit um?
Wozu gebraucht er sein Frei-sein?
Ist sie stark geworden - oder ist sie vielleicht zum Sklaven geworden im eigenen Haus...?
Wir haben die geistige Freiheit, eine bestimmte Sache anzugehen - oder eben liegenzulassen; wir haben die Freiheit, den Mund aufzumachen oder zu schweigen...wobei auch das Schweigen gut ist...
Wir haben die Freiheit, uns aus Abhängigkeit zu lösen und so diese Freiheit wieder zu retten... uns aufzumachen zu jemanden...zu verzichten auf eine Freude, um stattdessen einem Andern zu helfen.

Kürzlich hat ein bekannter Politikwissenschaftler gemeint:
Wo Menschen eine absolute Gewissheit in sich hätten...
da sei die Gefahr, dass diese absolute Gewissheit zum Fundamentalismus führe, zu gewalttätiger Ausbreitung...
Was daher dem Frieden helfe, sei der *Werte-Pluralismus,* die Toleranz...
und das Gelten-lassen anderer Weltanschauung und Werte…

Aber war und ist es nicht gerade diese *absolute Gewissheit*, die die großen Helden, also Menschen wie den Erzbischof Romero oder Martin Luther King oder... so mutig gemacht hat?
Oder die Widerstandsgruppen im Dritten Reich..
Oder eben alle die 1700 Menschen, die Papst Johannes Paul selig und heiliggesprochen hat: Die waren alle von einer absoluten Gewissheit bewegt und getragen...
oder auch ein Franz Jägerstätter... oder die Geschwister Scholl...

Die absolute Gewissheit, dass dieses System vom Bösen ist,
hat Jägerstätter zum Märtyrer gemacht…und die chinesische Biologin,
die eingesperrt wurde, weil sie den Gebrauch von Blutkonserven kritisierte, wegen HI oder die russische Stukkatorin und die Menschenrechtsaktivistin und Nobelpreisträgerin in Burma, die schon jahrelang im Gefängnis ist, getrennt von Mann und Kindern...

Da gibt es diesen wunderbaren Film *Little Stuart,* wo ein vermenschlichtes Mäuslein, eben Stuart, sich verliebt in das Vöglein Margelove. Und wie sie endlich zueinander gefunden haben und das Happy End da zu sein scheint: Da meldet sich bei der Freundin der Instinktive Wunsch, mitzufliegen in den Süden, weil sie oben am Himmel die Vögel ziehen sieht...
Und siehe da: Der kleine Mäuse-Stuart bemitleidet sich selber nicht, sondern lässt seine Freundin los...und freut sich *für sie* an der Freiheit des Himmels…

***Pfingsten - Geist des Friedens*(Walter R).**
Dieser Friede, den Jesus da wünscht und zu geben hat,
ist so tief und absolut, dass er auch Niederlagen trägt und erträgt.
ja, er wächst geradezu da, wo Verletzungen angetan werden.
Es ist die Demut, die diesen Frieden hervorbringt und bei sich hat.
So heißt es von Jesus:
Er zeigt ihnen seine Hände und sein Füße, die Wunden, die ihm das Böse geschlagen hat.

Aber er hat das Böse nicht mit Gewalt oder mit Rache bekämpft,
sondern hat es mit Demut und Sanftmut ertragen
Und deshalb ist es wahr:
Die Überheblichkeit schafft Zwietracht und Krieg.
Die Demut dagegen stiftet Einheit und Frieden.

Und Jesus sagte noch einmal zu ihnen:
Friede sei mit euch! Wie mich der Vater gesandt hat, so sende ich euch.
In einem Drama von Friedrich Schiller heißt es zum Schluss:
Ich habe das Meinige getan, tun Sie das Ihrige...
In der bestmöglichen Erfüllung der jeweiligen Pflicht, die ich habe, liegt der Sinn des Lebens. Da ist die Freude der Seligen zum Teil schon in euch: Dann kann Ordnung und Einheit und glückliches Zusammenarbeiten unter euch herrschen… So hat auch Christus gehandelt… gelebt...in seinem Leben als Handwerker…
Ich habe das Meinige getan. Tun Sie das Ihrige!

Wie ist es mit meiner Pflichterfüllung? muss hier gefragt werden.
Und ist nicht der Heilige Geist die Kraft, die heilige Motivation,
die mich antreibt, das *Meinige* wirklich zu tun.
Tue, was du tun musst, heißt es...
Diese Sendung ist aber - gleich wo und in welcher Pflicht -
immer eine Friedens-Sendung. Es geht um einen innerlichen Frieden, einen Frieden des Herzens, der aber nicht im Innern bleiben kann.
Es ist Sein Friede, der Geist seines Friedens, der hinausfließt in alle unsere Kontakte…in unsere Beziehungen zur Welt...
Da fragt jemand:
Fließt in deinen Beziehungen etwas von dem Friedens-Geist, den Christus dir ins Herz gelegt hat, auch zu den Menschen, mit denen du dich nicht so gut verstehst…? oder auch in Gesprächen mit heiklen Themen, wo eine innere Aggression oder Blockade da ist..?

Frithjof Bergmann...
Ein ziemlich berühmt gewordener Wissenschaftler hat eine Vision, eine Utopie aufgestellt. Ziel dieser Utopie: Die Menschen sollten in seiner neuen Arbeitswelt mit viel größerer Zufriedenheit, ja Freude arbeiten

können! Jetzt sei es nämlich so, dass die allermeisten Menschen ihre Arbeit als eine Art „Krankheit“ erleben, eine *milde Krankheit* sagt er… eine Art Leiden wie unter einer zwar milden, aber doch einer Krankheit.

Die Menschen, ja die Gesellschaft insgesamt würde viel größeren Frieden haben …, die Menschen würden glücklicher sein, wenn sie zumindest zur Hälfte der Arbeitszeit dass tun könnten, was sie *wirklich, wirklich tun wollen.* Und vielleicht müsste man ergänzen:
An dem Platz, den sie *wirklich, wirklich wollen..*
Denn die berufliche Arbeit, die würde von den allermeisten Menschen getan, weil sie halt getan werden muss; weil sie das nötige Geld bringt... aber keineswegs, weil sie diese Arbeit aus ganzem Herzen tun wollen.
Es ginge also zuerst darum, dass die Menschen überhaupt herausfinden sollten, was sie *wirklich, wirklich tun wollen...*
(die meisten wüssten da gar nicht...)
Aber - müssen wir radikal einwenden:
Ist es nicht so, dass wir umgekehrt es so weit bringen sollten mit unserer Einstellung, dass wir das, was wir tun müssen, auch *wirklich, wirklich tun wollen.* Und das nicht nach langem Suchen, sondern weil wir in dieser Aufgabe, in dieser Arbeit, in dieser Verantwortung je unsere Sendung erkennen und glauben.

Aber vielleicht ist diese Utopie wirklich auch im Sinne der Sendung Jesu: Dass jeder seine Sendung auch irgendwie suchen und entdecken muss, - über alle pflichtmäßige Lohn-Arbeit hinaus und neben ihr:
Suchen und Finden was ich *wirklich, wirklich tun will.*

Dieser Wissenschaftler erhofft mit seiner Utopie,
dass dann unter den ganz neuen Arbeitsbedingungen/Umständen die ganze Gesellschaft eine lebendigere, eine fröhlichere, auch eine sparsamere und eine intelligentere Gesellschaft sein wird.
Es gäbe da keinen Zwang mehr zum wirtschaftlichen Wachstum...
Viel mehr Menschen würden wieder auf dem Land leben...
Man würde viel weniger kaufen, weil man viel mehr selber herstellen würde...in kleinen Unternehmen.
Die Konzerne hätten nicht mehr die Macht usw.

Und ist doch der Heilige Geist der Geist der guten Utopie; der Geist, der jetzt schon das Leben hervorruft, das das Leben des Himmels zur Darstellung bringt.

Und nachdem er das gesagt hatte: hauchte er sie an und sprach zu ihnen: Empfangt den Heiligen Geist!

Jeder Mensch hat seinen eigenen natürlichen Geist...seine eigene Fähigkeit zu sprechen und zu denken und hat teil an der Vernunft... und hat einen Verstand… und sein Gedächtnis…
Aber derselbe Mensch wird gerufen, seinen eigenen Geist zu öffnen für den allumfassenden Geist Gottes.

Der Heilige Geist ruft Völker und den je Einzelnen, seinen Part, seine Rolle, seine Sendung zu erfüllen für das *Heil der Welt.*
Der Heilige Geist verbindet jeden einzelnen mit dem Ganzen.
Er ist der Geist des Ganzen - und zugleich der Geist der Liebe zum jedem einzelnen.
Der Heilige Geist ist es, der uns das Gefühl, ja das heilige Bewusstsein der Verantwortung eingibt, weckt ...und den Sinn für das Heilige selbst...
Der Heilige Geist ist es auch, der den Menschen - uns - über alle Konkurrenz-Gefühle und Gedanken hinaustreibt…;
der zu einer neuen Innigkeit, zu einer neuen Verbundenheit integrieren will und alle Rivalitätsdenken überwindet...und in eine große, intensive Zusammenarbeit führt.
In unserem eigenen menschlichen Geist bleiben wir verfangen im ökonomischen Kalkül...in der Berechnung, im Abwägen von Vor- und Nachteilen. Die Opfer müssen sich lohnen...
Da bleiben wir verfangen im Ehrgeiz, im Sich behaupten-wollen gegen...

Der Geist, der Geist des Ewigen, des Guten, ...des Heiligen…
er ist das Licht für unser Bewusstsein:
Durch Ihn erkennen wir uns selbst als dieser Mensch hier und heute…
in diesen Zusammenhängen, in diesen Beziehungen, an diesem Platz…
als einer von allen - und doch unvergleichbar... so wie jeder andere um mich oder in der Welt...

Der Geist zieht mich weg von meinem Privaten, von mir selbst -
und zieht mich hinein ins Sachliche, in die Aufgabe, die Sendung...

Der Geist weckt aber unser Bewusstsein für unsere Endlichkeit...
und für die Kostbarkeit der Zeit... und so für den Ernst des Lebens.
Und er will, dass ich anstelle meiner kleinen Sorge die Seinige erkenne...
Führe alle Seelen in den Himmel...

So drängt er uns, beizutragen am Glücklich Sein/Glücklich Werden unserer allernächsten Mitmenschen... und hinzugehen zu denen, die *arm* sind… Er regt uns an zum Außergewöhnlichen, was wir noch nie gemacht haben...und wir uns aufzumachen zu den Andern...zum Gespräch…zur Begegnung…; uns aufmachen in die Natur, in der der Heilige Geist selbst zu walten scheint: In ihrer Ordnung, in ihrem Geheimnis.

Die Begegnungen zum Spiel und zum Gespräch im Café oder im Gasthaus: und dazu das kleine Aufbrechen dorthin: Da ist doch auch dieser Geist dahinter…
Der Geist ist der Geist der Freude. Er will, dass das dein tägliches Streben sei, Freude zu bereiten...

Eigentlich ist der Glaube an einen Heiligen Geist einleuchtend.
Es ist einleuchtend, dass das Gute eine geistige Macht sein muss,
die wir anrufen können im *Du.*
Und dass wir einzig durch den heiligen Geist- mit seiner Hilfe - das Böse , das Nichtige als nichtig erkennen, das hier so groß und unersetzbar erscheint..
Der Geist Gottes ist es, der Geist der Wahrheit, der uns unsere Illusionen durchschauen lässt und die Täuschungen dieser Welt…

Es ist der Geist, der uns jeden Tag aufs Neue glauben lässt an die Liebe Gottes, an die Treue Gottes, an die Geduld Gottes mit mir, mit jedem..;
Er führt uns in die Gotteserkenntis, weil er die Selbsterkenntnis Gottes ist...

Geist der Freiheit:
Da gibt es wieder einen wunderbaren Film für Kinder und Erwachsene. Die meisten Kinder, auch von Alberschwende, haben ihn schon gesehen: Little Stuart, diese kleine Maus, die von der Familie Little adoptiert ist - und da als kleines Mäuse-Menschlein mit lebt und eines Tages schicksalhaft dem kleinen Spatzen Fräulein Margelow begegnet und sich sofort verliebt.
Aber dann stellt es sich heraus:
Diese Margelow steht in den Diensten eines mächtig starken Falken! Der hat sie einmal aus der Gosse gerettet und jetzt muss sie für ihn stehlen gehen/fliegen:
Schmuck stehlen bei den Leuten - so auch bei der Familie Little!
Aber da kann sie den Konflikt nicht mehr aushalten zwischen der Angst vor dem Falken und der Liebe zu dem Mäuse-Männlein Stuart:
Ganz oben auf dem Pischkin-Center, wo der Falke mit ihr wohnt, da sagt sie sich los von ihm und weiß, dass es ihr das Leben kosten kann.

Pfingsten A 2008 Joh 20,19-23

Am Abend des ersten Tages der Woche...
Der erste Tag der Woche ist der Sonntag.
In einer Diskussion rund um Integration und Minarett hat jemand gesagt:
Wir sind doch kein katholisches Land mehr...!
Wir sind wirklich (staatskirchlich) kein katholischer Staat mehr,
aber ein christliches Land sind wir nach wie vor:
Ein Land, das den Sonntag in der Mitte seiner Zeitstruktur hat.

Und jeder Sonntag ist ein Kleines Pfingsten,
weil der Sonntag der Tag sein soll,
an dem *Zeit einmal nicht Geld* ist, weil da großzügig mit der Zeit umgegangen wird für sich, mit anderen…für andere...

So bin ich in euch nur zu einem Teil euer Sein,
manchmal das Sein des Sonntags..

Am Abend des ersten Tages der Woche..
Und wenn auch der Abend des Ersten Tages vom Geist geführt sein soll (vom seinem Sein), dann wird es nicht ein langer Abend mit Fernsehen, um den Montag auszublenden, im Gegenteil.
Der Abend des ersten Tages ist für einen zielbewussten Menschen ein Abend, an dem zeitig geschlafen wird:
Und zwar gegen den Trend, zu spät schlafen zu gehen...
und eindeutig zu wenig zu schlafen!

Man wird sagen: Das hat doch mit Pfingsten nichts zu tun!
Und ob! Wenn man sich eben nicht der Zerstreuungs-
und Unterhaltungsindustrie unterwirft, sondern den Gesetzen des Lebens, des Menschseins…, zu denen der Schlaf gehört...
und der zugleich ein Beweis des Vertrauens ist...

Und dann steht Jesus trotz verriegelter Türen mitten unter ihnen und sagt in ihre Angst hinein:
Friede sei mit euch!
Was sich doch jeder Mensch zutiefst wünscht:
Einen innerlichen Frieden in jeder Situation, ob gesund oder krank,
reich oder arm, in Aktion oder im Leiden…;
innerlich frei gegenüber dem Geld und den großen Dingen in der Welt...und auch jedem Mitmenschen gegenüber, ob reich oder arm,
ob schlimm oder gut; ob hoch oder niedrig, schön oder hässlich…:
Frei in einem heiligen (unabhängigen) Frieden...

Aber Jesus an einer andern Stelle:
Ich bin nicht gekommen, Frieden zu bringen, sondern das Schwert...!
Es gibt auch den Faulen Frieden, der gebrochen werden muss
Weil heute auch *Muttertag* ist:
Eine Schülerin hat zur Strafe ein 5Fünf-Minuten-Referat aufbekommen. Ein Wochenende dran gewesen. Aber weil sie den Stoff der Strafe nicht verstanden hatte, sollte sie eine zweite Strafe machen.

Mama tut, was sie noch nie getan hat und ruft bei der Lehrperson an: Mein Kind macht diese Strafe nicht ein zweites Mal! Und auch wenn Sie meinem Kind einen Fünfer geben: Es schreibt diese zweite Strafe nicht, weil ich sehe, dass es nicht gerecht ist! Ist das nicht eine kleine Geschichte des Friedens? Weil es eine Geschichte der Wahrheit ist und eines ruhigen Kämpfens gegen Ungerechtigkeit.

Das ist ja ebenso in den großen Feindschaften zwischen Völkern und Staaten und Ethnien: Dass man den Andern nicht kennt...
Doch, sagen die Verfeindeten Israelis und Palästinenser oder die Türken und die Kurden oder die Serben und die Kosovo-Albaner:
Wir kennen unseren Feind: Den Serben, den Albaner, den Palästinenser, den Israeli…! Sie sind hinterhältig und machtbesessen!
Was soll es da anderes zu kennen geben als das, was wir schon längst aus Erfahrung kennen!
Und das ist ja auch wirklich so, dass wir als Volkszugehörige den Ressentiments und Aggressionen des eigenen Volkes verfallen.
Aber es gibt die Möglichkeit der Umkehr, der tiefen Veränderung.

Fundamental ist die Erweiterung der familiären Tugenden der je kleinen Familie auf die Familie der Menschheit...
Aber dazu müsste man den Blick von Oben lernen:
Den Blick eines Gottes, der nicht der Gott nur unseres Volkes und einer Religion ist, so dass nur Bruder und Schwester sein könnte, wer unserer Religion angehört...

Pfingsten ist das Fest des göttlichen Geistes, der erkennen lässt, dass es für die vielen Kulturen und Sprachen und Geschichten eine höchste und innerste Einheit gibt:
Das sind die Tugenden des Geistes, die von allen Menschen absolut hochgeschätzt werden, *wie Ehrlichkeit, Mut, Respekt vor der Würde des einzelnen Menschen und eines Volkes, Anständigkeit, Liebe zur Wahrheit und Nein zu Lüge und Hinterlist...*

...und Jesus zeigte ihnen seine Hände und seine Seite...
Da freuten sich die Jünger, dass sie den Herrn sahen...

Die Nagelwunden sind die Zeichen seiner Niederlage:
die Zeichen seiner Demut.
Er hat das Böse nicht durch Gewalt besiegt, er hat es demütig ertragen...
Bei all den auch notwendigen Konflikten im Leben ist es die Demut,
die Frieden unter den Menschen schafft.
Überheblichkeit ist dagegen die Ursache für Zwietracht und Krieg im Großen wie im Kleinsten...

Wie oft sind es halt doch wieder Mütter, Großmütter, die mit ihrer starken Demut und auch ihrem Schweigen können.....die Einheit der Familie retten, erneuern... ohne dass es nur ängstliches Ausweichen wäre..

Und noch einmal wiederholt Jesus:
*Der Friede sei mit euch! U*nd fügt hinzu:
Wie mich der Vater gesandt hat, so sende ich euch...

Es heißt: Jede Seele, jeder Mensch ist eine Sendung.
Aber in allen unseren Sendungen sind wir hineingenommen in Seine Freiedens-Sendung und es geht dabei zuerst um einen inneren Frieden, einen Frieden des Herzens, von dem es heißt:
Du hast den Frieden des Herzens, weil ich in der Trostlosigkeit war, ...weil ich dir diesen Frieden erkauft habe.

... Aber dieser Friede kann nicht in unserem Inneren bleiben.
er fließt in unsere Beziehungen hinein…auch zu Menschen, mit denen ich nicht so gut kann oder in Gespräche, wo heikle Themen zu besprechen sind...wo Auseinandersetzung nötig ist...

Und auf den Wegen unserer Sendungen begegnen wir einander,
um mitzutragen an der Last des Andern....
Der junge polnische Student, der gestern an meiner Türe war:
Auf dem Weg seiner Sendung gehört wohl auch meine Türe dazu.
Gott sei Dank habe ich meinen *engen Geist* doch noch geöffnet!
Habe mich bekehren lassen vom Heiligen Geist zu einer kleinen Großzügigkeit. Dabei ist auf einmal Frieden geflossen zwischen dem jungen Mann und mir.

Dame aus Wien: *Aktion Menschlichkeit..*
Telefon: Eine Dame aus Wien wolle mit dem Pfarrer sprechen...
Herr Pfarrer, da ist wieder die Aktion Menschlichkeit! Sie wissen ja.
Und weil es heute vermutlich ihr fünfzigster Anruf ist, spult die Dame aus Wien halt den Fall herunter...und ich denke: *Schon wieder!*
Und: *Was habe ich eigentlich mit diesem Kind im Rollstuhl zu tun?*
Nein, ich Ich will nicht Mitleid heucheln! Sie: *Darf es wieder eine CD sein? Klassik? 28 Euro Herr Pfarrer..! Wieder per Nachnahme ? Hof 1 ? Danke, Herr Pfarrer! Wiederhörn, Herr Pfarrer!*
Kann man den Geist ausgrenzen? Nicht zum Zug kommen lassen?
Den Geist der Farbe, der Persönlichen Farbe, der Freundlichkeit,
den Geist der Freigebigkeit...?
Ich hätte es in der Hand gehabt, ein wenig nur freundlich zu sein, persönlich...Eine kleine Frage ins kurze Gespräch bringen, statt anzudeuten, dass sie mir lästig ist. Oder, was vielleicht noch besser gewesen wäre:
Fest und bestimmt abzuwinken: Heute nicht, bitte...
Wärt ihr doch kalt oder heiß! Aber weil ihr lau seid...
...und nachdem er das gesagt hatte, hauchte er sie an und sprach: Empfangt den Heiligen Geist!
In meinem Geistlichen Begleiter heißt es:
Flehe (in deinem Herzen) oft um das Herabkommen des Geistes.
Du weißt: Er weht, wo er will, - aber besonders da, wo er verlangt wird...
Doch wozu den Geist verlangen, erflehen? Mit welchem Ziel...welcher Hoffnung?
Zuallererst:
Dass ich den ganzen Ernst meines und unseres Lebens lerne zu erkennen...
Dass ich nicht vergesse, meine Tage zu zählen...
Dass ich bei aller äußeren Tätigkeit das innere Leben liebe...
Dass ich das Ziel unseres Lebens begreife...
Dass ich immer neu den Dienst in Angriff nehme,
der mir aufgetragen ist...
Ich sage: in Angriff nehme!
Es ist zu wenig, sich vom Dienst und von den Tagen nur ziehen zu lassen oder schieben.
Der göttliche Geist ist der **Geist des Angriffs...**

Beim Tennisspielen mahnt der Tennislehrer: Den Ball nicht erst schlagen, wenn er bei dir angekommen ist - und schon zwei Mal aufgesprungen! Du musst nach vorne laufen, dem Ball entgegen!
Angreifen statt zurückweichen!

Und - um beim Bild vom Tennis zu bleiben:
Jeder Ball kommt anders als der vorige,
was so viel heißt wie: Nicht stehen bleiben wie eine Statue
Der Geist treibt uns an, immer neu zu antworten auf immer neue Bälle...
Geist des Schöpferischen ...Komm Schöpfer Geist....

Da haben Familien für die Tauffeiern schöne, persönliche Fürbitten gemacht: Ich habe nach der Taufe gefragt, ob ich sie haben könne, diese Fürbitten. Aber dann habe ich gedacht:
Man kann das Lebendige nicht sammeln!
Bei der nächsten Taufe werden es wieder neue sein, andere,
auch wenn es Mühe macht, sie wieder neu zu formulieren.
Das ist die Mühe *unseres* Geistes zusammen mit dem Heiligen Geist.

Flehe oft um das Herabkommen des Geistes...

Damit ich nicht an den äußeren Umständen des Lebens, den sog *Rahmenbedingungen s*tehen bleibe...
Da gestaltet jemand den Garten und du denkst:
Das und das würde ich anders machen...
Und du steigerst dich hinein, bis du zu den Leuten hingehst und ihnen sagst: *Also, hört, Ihr solltet das und das so und so machen...!*
Aber der Geist lässt mich erkennen, dass das nicht so wichtig ist...
Sucht das Reich Gottes, alles andere wird euch dazu gegeben!

Flehe oft um das Herabkommen des Geistes...

(Robert.). Da gibt es eine Schriftstellerin, die ihre letztes Buch als Tagebuch geschrieben hat über die letzten sechs Monate ihres Lebens mit einer unheilbaren Krebserkrankung.

Wo sie schreibt über ihre großen Schmerzen - trotz aller Schmerzmittel …Wo sie schreibt über die Versuchung zu verzweifeln, über schwere Nächte…und darüber, dass sie - unglaublich - nie in ihrem Leben so glückliche innere Zustande erlebt hat wie da...!
Sie schreibt über den Verfall ihres Körpers...
und über die Menschen in ihrer Nähe....
Müssen wir nicht sagen: In dieser großen Mühe des Aufschreibens - gegen alle Müdigkeit und Erschöpfung,
da bedient sich doch der göttliche Geist des schwachen Menschengeistes...

In keiner andern Situation flehen wir so - und müssen wir so flehen um das Herabkommen des Geistes wie in den Stunden, wo wir am Leben in der Welt verzweifeln möchten...
Wo wir denken, das Leiden sei ohne Ende...
Der Geist aber hält unserem Geist vor Augen: Das alles hat ein Ende...
Und es ist *unendlich* wertvoll! Es muss durchgemacht werden
des Zieles Willen.., der Heiligkeit Willen..-
Für uns ...

Flehe oft um das Herabkommen des Geistes…

Da wird in diesen Tagen wegen des Verbrechens in Amstetten aufgerufen, zu schauen! Die Gesellschaft müsse schauen!
Hinschauen statt wegschauen...!
Ich glaube nicht, dass diese Aufforderung eine *pfingstliche* ist.
Eher fürchte ich, das könnte zu einer Verdächtigungs- Gesellschaft führen, einer Wächter-Gesellschaft des gegenseitigen Verdächtigens und Beobachtens...
Mit Gesetzen und Angst vor Strafe erzieht aber nicht zur Tugendhaftigkeit; nicht einmal zur persönlichen Anständigkeit...
Es ist allein der Geist, der zu einem *Schauen* erzieht,
das die Würde des Andern schaut und die des Kindes...
Es ist der Geist des Guten, der zu jeder Zeit Gesellschaft und Mütter und Väter, uns Erwachsene zur Tugend und zu herzlicher Liebe erzieht - und so mittels uns die Kinder.

und zugleich erkennt der Mensch durch den Geist das Schlechte als schlecht schon im eigenen Herzen und bekämpft und bewältigt es.

Flehe oft um das Herabkommen des Geistes
Er ist vor allem der Geist der Barmherzigkeit und der Nachsicht und des Entschuldigens...in der Hoffnung auf Heil und Heilung eines jeden Menschen, einer jeden Seele. Er ist der Geist, der vergibt und der zur Vergebung bewegt.
Wem ihr die Sünden vergebt, dem sind sie vergeben...
Die Firmkinder haben gebeichtet vor zwei Wochen.
Haben ihre Schwächen und kleinen Fehler angesprochen...und ihren Willen, sich da und dort zu bessern.
Es ist der Geist der Heiligkeit und der Wahrheit, der uns zur Selbsterkenntnis hilft. Durch Ihn können wir Reue empfinden, weil er uns das Hässliche der Sünde bewusst macht;
Er ist es, der uns antreibt, täglich bessere Menschen zu werden. Es ist der Geist der Heiligkeit, der uns zur Vergebung drängt und sie uns schenkt.
Das ist das größte, was Menschen und Völker füreinander und für sich selbst tun können:
Schuld vergeben und hoffend um Vergebung zu bitten…

Kleine Geschichte der Vergebung und des Friedens:
Das Kind ist Mobbing-Opfer von einer Gruppe von Mitschülern geworden.
Mama ist in großer Sorge.
Man hat schon einen Psychologen beigezogen.
Der Direktor hat Bestrafungen vorgesehen.
Das Kind traut sich kaum noch in die Schule gehen.
Jeden Morgen ist es ein Kampf. Was soll man tun? fragt Mama.
Durchstehen die Jahre noch? Oder Schulwechsel?
Oder: Wenn es irgendwie gelänge, einen Frieden zu stiften:
Nicht einen erzwungenen, sondern einen, den die Schulkinder selber machen...
Und dann war die Idee, die verrückte Idee da, - eine Idee des Geistes:
Mama wird zusammen mit der Tochter die Feindinnen zu einem Grillfest einladen! Das werden wir versuchen. Das könnte die Lösung sein,
meint Mama zuversichtlich.

Pfingsten A 2011 Joh 20,19-23

Das Vierte Hochgebet betet:
Damit wir nicht mehr nur für uns selber leben, sondern für ihn, hat er den Heiligen Geist gesandt, der das Werk des Sohnes auf Erden weiterführt und alle Heiligung vollendet.
...damit wir also nicht mehr nur für uns selber leben, sondern für Gott und den Nächsten, hat Christus seinen Geist gesandt.

Wo geschieht sie, diese pfingstliche Umkehr vom Leben-für-mich zu einem Leben-für-das-Gemeinsame...für Andere?
Diese Umkehr geschieht deutlich -
und davon will ich heute **zum Vatertag** reden -
beim Vater-sein und Vater-werden!
...Wenn da etwa ein Vater davon spricht, wie fast ahnungslos er hineingefallen ist ins Vater-sein und mit einem Mal für jemanden Andern als nur für sich selbst da sein *muss*…

Das Kind war es, das ihn zu dieser paradigmatischen Umkehr bewegt hat! So ist Vater-sein eigentlich schon selbst ein wirkliches Pfingsten, ein lange dauerndes und immer neues Pfingsten...
Und der Vater beschreibt, dass er jetzt, wenn er unterwegs ist, manchmal denkt: Was würde aus unseren Kindern, wenn mir etwas passiert…? Ich muss achtgeben auf mich wegen der Kinder, der Familie. Und, sagt er:
Ich muss das Vertrauen lernen ins Leben, in eine gütige Vorsehung.
Und er weiß, wie sein Kind ihn als den besten Papa der Welt sieht...
und er weiß ebenso, dass er das Ideal seines Kindes nie erfüllen kann...
Und er erlebt, wie das Kind ihn auch nach jedem Krach liebt,
als wäre nichts gewesen...
Und wie er bei der Frühgeburt des zweiten Kindes auf dem Weg ins Spital **gebetet hat, obwohl er gar nicht an Gott glaubt.**
Und wie dann später die Tochter sich zum Geburtstag eine Barbiepuppe wünscht und er diese Barbiepuppen gar nicht mag..
und es doch tut:

Jemand hat ihm gesagt: Wenn die Eltern so viel aufbauen für ihre Kinder, dann müssen die doch so manches wieder niederreißen...
an Vorstellungen und Überzeugungen oder und Aversionen..

Wie zeigt sich doch da der Geist in dieser Sorge,
in diesem Verantwortungsgefühl des Vaters für das Kind!
Auch da, wo Eltern auseinandergehen..

Ein Großvater hat gesagt:
Ich hoffe so sehr, dass meine Enkelkinder eine gute Bildung erfahren...
Was meint er mit Guter Bildung…?
Im Öffentlichen Leben wird ja laut gefordert, dass in die Bildung investiert werden müsse…
Aber der Großvater hat das wohl noch in einem tieferen Sinn gemeint.

Feiern wir mit Pfingsten nicht das **Fest der Bildung** schlechthin?
Ist die Ewige Weisheit Gottes in Person nicht der göttliche Bildner und Heiligmacher aller, die empfänglich sind?
Empfangt den Heiligen Geist...

Was also erhofft sich der Großvater, wenn er darauf hofft, dass die Enkelkinder gebildete Menschen werden mögen…?
Wohl das, was er an sich selbst sieht und was er selbst gelernt und erworben hat. Nämlich zuerst einmal, dass auch sie erkennen und sich bewusst werden: Ich bin nicht der einzige Mensch auf der Welt…
bin nicht die alleinige Mitte…
Ich bin zwar ein Mittelpunkt und bin einzig,
Aber alle Andern auch.
Jeder ist ein Mittelpunkt, jeder ist gesandt...
Jeder *ist* seine Sicht der Welt und Gottes wie kein anderer...

Deshalb tun Geschwister so gut...
dass der Mensch seine Egozentrik relativieren und zugleich achten lernt...
Das Vermögen dazu ist geistiger Natur: Es ist das Vermögen,
das wir die Vernunft nennen.

Und zur Bildung der Enkel gehört, dass sie auch teilnehmen lernen am Leben der Andern, sich interessieren für ihre Geschichten
Und - dass sie auch von sich selbst reden lernen, wo das gefragt ist.

Zu dieser Hoffnung des Großvaters gehört, dass seine Kinder und Enkel weinen können mit Andern - und sich freuen mit ihnen...
Weint mit den Weinenden und freut euch mit den Fröhlichen...
Und es gehört zur Bildung, dass man das Fremde als Bereicherung erkennt...am besten aus eigener Erfahrung.
Wunderbar, wie heutzutage die jungen Menschen in fremde Länder reisen und Sprachen lernen!

Mit seiner Hoffnung auf gebildete Enkel hofft der Großvater, dass sie das Arbeiten lernen...
Der Heilige Geist ist der Geist der Arbeit.
Lass dich vom Geist der Arbeit leiten… lese ich.
Bildung des Herzens erfährt man durch das Arbeiten und das mit Andern zusammen, weil man dabei lernt, sich selbst zwar wichtig, aber nicht zu wichtig zu nehmen...(das ist ein großer Unterschied!)
und doch sollen unsere Kinder in der Selbstachtung wachsen...
sollen nicht Menschen werden, die sich ducken...

Und der Großvater hofft für seine Enkel, dass sie Frieden *in sich* haben...und Friedliebende sind.
Es gibt Streit. Man führt Prozesse. Die Kluft wächst...
Dabei bräuchte es allermeist nur diesen Ersten Schritt, um den ganzen Streit zu befrieden. Ein Aufbruch. Ein Anklopfen bei der Türe des Feindes.
Wer solche erste Schritte tut, ist Medium des Heiligen Geistes.
Der Geist ist die Kraft des Ersten Schrittes.

Und **der Heilige Geist ist der Geist des Sonntags,**
an denen der Vater seinen Kindern das Schöne in der Welt zeigen wird. Das Schöne, das ja Bild des Himmels ist..
Er wird sie ins kirchliche Feiern einführen in der Hoffnung, dass sie nicht stolz werden gegenüber dem Glauben ihrer Väter und der Gemeinde und dass sie später neu zurückkehren zu ihren Wurzeln.

Im Geist des Sonntags wird er ihnen die Freude am Spielen vermitteln: Das *bildet* sie zu Menschen der Gemeinschaft
im Gewinnen und Verlieren.

Er wird ihnen das Schöne der Natur zeigen und benennen.
Er wird sie einem Sport zuführen
Und dem Musikmachen oder dem Malen.
und dem Lesen:
Aber das tun meistens die Mütter.

Der Heilige Geist ist der Geist des Lobes und der Anerkennung
Ein in diesem Sinn *gebildeter Mensch* freut sich neidlos an den Vorzügen Anderer...und an ihren Erfolgen...
*Gebildet is*t, wer über das Konkurrenzdenken hinausgekommen ist
und sein Selbstwertgefühl nicht aus dem Vergleich mit andern entwickelt.

Woraus kommt sie dann, die Selbstachtung?
Sie kann nur aus dem Glauben kommen,
dass wir geschaffene Seelen sind und dass jede Seele eine Sendung ist und keine zu vergleichen mit der andern...

In der vergangenen Woche haben die Firmkinder wieder getan,
was heute in Verruf geraten ist:
Sie sind zu einem Beichtgespräch gekommen.
Eigentlich war das schon Pfingsten für sie.
Denn **der Heilige Geist ist der Geist der Wahrheit** - der Wahrheit auch über mich selbst.
Und sie haben aufrichtig sich vorgenommen:
Ich will da und dort versuchen, mich zu bessern.
So haben sie *Arbeit an sich selber* geleistet.
Wo zeigt sich mehr als hier, wie gebildet schon ein junger Mensch ist,
wenn er sich selbst so prüfen kann...

Und der *Großvater hofft auf Bildung für seine Enkel* in dem Sinn, dass sie es verstehen, mit Gott in ein lebenslanges persönlichstes Gespräch zu kommen und auch, dass man um den Heiligen Geist bitten kann.

Um den Heiligen Geist muss man bitten -
auch wenn es stimmt, dass er weht wo er will
Bitten den Geist, dass er mich in seinen Besitz nehme,
dass er mich ermutigt
dass er mich barmherzig werden lässt,
dass er mich demütig werden lässt,
dass er mich Gott erkennen lässt immer mehr...
und den Menschen und das Ziel des Lebens..
und meine Verantwortung...
Und dass er mich die Würde des Menschen erkennen lässt
und mich antreibt zum Arbeiten...
Und mich erkennen lässt, was ich zu tun haben…
Und dass ich es so gut wie möglich mache, was ich zu tun habe.
Und dass er mich den Tod begreifen lässt, den Sinn des Todes als Weg zum Leben.
Und die Bedeutung des heutigen Tages…

Pfingsten A 2014 Joh 20,19-23

Auf dem Titelblatt einer Wochenzeitschrift sind junge Leute abgebildet, die ihre Arme in die Höhe strecken, viele davon die Augen geschlossen mit verzückten Gesichtern...
Text dazu: *Bereits jeder vierte Christ weltweit ist Pfingstler oder Charismatiker... Vom Geist der Ewigkeit erweckt!*
Ich traue mich nicht zu beurteilen, wie weit da der Geist wirkt…
oder einfach die rein menschlichen Emotionen...
Eines aber ist sicher: Wer von uns diese gefühlsmäßigen Rausch-Zustände nicht kennt, der muss nicht Sorge haben, dass der Heilige Geist in seinem Leben nicht wirken könne.

Bewahrt meinen Geist! sagt Christus.
Mein Geist ist eure Stärke, euer Licht, euer Leben.
Es ist nicht schwer, ihn zu bewahren:
Seid in allem treu eurer Pflicht!
Euren familiären und eurer beruflichen Pflichten..

Papst Franziskus sagt:
Junge Menschen müssen eingeführt werden
in die Kultur der Arbeit... und in die Schule der Anstrengung...
So werden sie das Glück erfahren, das man hat,
wenn man etwas schafft und geschaffen hat...
Da ist der Mensch dem Schöpfer ähnlich...

Der Geist Gottes ist der **Geist der Tat,** des Tuns.
Er treibt an, die Trägheit zu überwinden...
Und weil heute Vatertag ist, hier ein Satz aus *Er und Ich*:
Man muss die Kinder dazu erziehen, dass sie mehr tun als notwendig...
und die Väter müssen hierin Beispiel geben.

Heute haben hier in der Kirche eine kleine Gruppe von zwei Mütter und einem Vater und Kindern den ganzen Nachmittag gearbeitet an diesen wunderbaren roten Fahnen: Immer wieder musste herabgelassen werden und hinaufgezogen, weil sie noch nicht zufrieden waren. Einmal machte es Falten, ein andermal waren ein, zwei Fotos zu schräg...
Sie hatten ja Mitte der Woche schon zwei weiße Fahnen hängen.
Aber das Weiß hat ihnen nicht gepasst und die Fotos mussten größer gemacht werden. Manche hatten gemeint: Es ist gut genug.
Nein, sagten andere, das muss noch besser passen...
Wir können überzeugt sein: Der Heilige Geist ist die Kraft, die antreibt zum alles gut und vollkommen Machen.

In einem Sanatorium sitzen meist vier oder sechs Personen an einem Essenstisch. Ein Patient sagt:
Die Suppe ist ungenießbar; nicht zu essen!
Alle Andern am Tisch stimmen zu: Die Suppe ist nicht zu essen.
Nur eine Person meint: Mir schmeckt die Suppe gut.

Ich kann nicht finden, dass man sie nicht essen könnte, im Gegenteil! Diese Bemerkung hat ein wenig Verstimmung an dem Tisch aufgebracht.

Der Heilige Geist ist der **Geist der Wahrheit**… Der Mensch, der sich Ihm öffnet, wird zur freien Person *für* die Andern...
Er: *Mein Geist wirkt das Gute auf unsichtbare Weise und befreit die Seele aus der Abhängigkeit von den Andern…*
Er befähigt, selbständig zu sein.

Größere Zusammenkunft von Vertretern der Politik und Wirtschaft und des öffentlichen Lebens..
Normalerweise, so erzählt ein Teilnehmer, hört da jeder vor allem sich selber reden und hört kaum richtig hin, was die Andern sagen..
Aber dieses Mal war eine offene und schöne Atmosphäre da...
Man hat sich nicht selbst dargestellt… Jeder konnte frei aus sich heraus gehen... Man war geradezu inspiriert zu neuen Gedanken...

Keine Monologe, sondern Gespräch mit Zurückfragen,
wie der Andere das und das gemeint habe…
und ob man richtig verstanden habe…
Ein kleines Pfingsten! ... wo die Teilnehmer offen waren für den Geist echter Gemeinschaft...
Der Heilige Geist ist der **Geist des Dialogs,**
des Gesprächs... wo keiner sich nur behaupten muss/will,
wo jeder den Andern zu verstehen sucht…

Papst Franziskus spricht von einer *Kultur der Begegnung*:
Eine Gesellschaft geht zugrunde, wenn die Menschen sich wie Atome vereinzeln...Dem entgegen braucht es die *Die Kultur der Begegnung…*
Begegnung, wo nicht übereinander geredet wird,
sondern miteinander, wo meine Vorurteile mich Lügen strafen,
weil die Mitmenschen in Wirklichkeit ganz anders sind wie vorgestellt...!
Die Gasthäuser, Cafés, Hotels, der Markt, die Bank…
die Geschäfte, die Kirche, der Friedhof…
sind Orte der Begegnung auf tausenderlei Weise…

Der Heilige Geist ist **Geist der Begegnung**
und das in der Sanftmut...*Beglückende Sanftmut !*
Bemühe dich, sanftmütig zu sein…
Es ist zwar schon vorbei - das Thema: Aber kürzlich fiel in einer Runde doch noch einmal der Namen Conchita Wurst. Und da fanden ältere gut Bekannte, dass der Mann sehr gut gesungen habe…Und dass sein Vater erzählt habe, dass der Bub von klein auf schon Mädchenkleider geliebt habe… und Stöckelschuhe… und dass er ein hinreißendes Aussehen habe… eine sympathische Erscheinung...Ob ich seinen Song auch gehört hätte? Nein, noch nicht richtig...und verschweige dabei, dass ich den Song gar nicht hören wollte...Und zum ersten Mal hörte ich mir dann den Song offen an und konnte sagen: Schön, gefällt mir!
Und diese Tom-Conchita sehe ich jetzt mit andern Augen...

Der Heilige Geist ist der **Geist des Wohlwollens...**
und der **Geist der Offenheit.**..Geist der guten Wünschens für die Andern...
Geist des Persönlichen und **des Verstehen S**uchens..
Was er nicht ist: Er ist nicht der Geist des Pauschalurteils...
der Etikettierens...und der Schublade...
Der Heilige Geist treibt mich an, selber zu erfahren und zu begreifen und zu beurteilen.

Schwarzach-Tobel:
Vor mir ein Langsamfahrer - aber ich sehe: Ein ausländisches Kennzeichen und hinter mir eine größer werdende Kolonne, die alle denken: Ich sei die Ursache für den Stau...
Ich sei der Langsamfahrer, weil ich zusätzlich auch Raum gelassen habe zu dem Fremden… Aber ich dachte: Du darfst den Fremden nicht drängeln, auch wenn der Druck von Hinten größer wird und ich in der Versuchung war zu rufen:
Fahr zu! So vorsichtig brauchst du auch wieder nicht sein!
Der unheilige, der lieblose Geist schimpft, drängelt, fährt auf.
Der Heilige Geist drängt mich zu Achtung und Rücksicht...

Er: *Mein Geist, der Heilige, gibt euch meine Gesinnung ein...*
er bekehrt die härtesten Herzen...
Der gute Geist, der Heilige, ist wie ein Hauch der Freude,
der auf seinem Weg alles mit sich nimmt...
Er gibt euch Gedanken ein, immer neue und fruchtbare...
Hört auf ihn, denn er ist mächtig...

Empfangt den Heiligen Geist!
Wem ihr die Sünden vergebt, dem sind sie vergeben.
wem ihr die Vergebung verweigert...
...und wenn ihr nicht recht gehandelt habt, wenn euer Denken tadelnswert war, so genügt es, das einzusehen und innerlich die umfassende Liebe um Vergebung zu bitten...Dann ist alles wieder gut.
So bewahrt ihr meinen heiligen Geist in Euch...
Die kommende Woche wird als *Woche des Lebens* gehalten.
So müssen wir sagen: Jede Gemeinschaft, angefangen heute am Vatertag in der Familie, kann nur leben und sich entwickeln, wenn es in ihr die Vergebung gibt.
Dazu braucht es die Bereitschaft zur Vergebung.
Aber genauso wichtig ist, dass der Täter Reue empfindet und um Vergebung bittet...
Das gehört heute am Vatertag auch erinnert.
Wem ihr die Sünden vergebt, dem ist sie vergeben…
wem nicht.., dem nicht...
Woche des Lebens.
Das großartigste und erstaunlichste im menschlichen Leben ist die Vergebung. **Der Heilige Geist wirkt als Geist der Vergebung.**

Wenn ich von euch gegangen bin, werde ich euch den Heiligen Geist senden...
Rufe also oft den Heiligen Geist herab.
Die Heiligkeit ist sein Reich.
Möge er dich durchdringen.
Bitte ihn darum in meinem Namen...

Ein älterer Mensch, dem ich beim Wandern begegnet bin,
sagte mir: *Ich liebe das Aufwärtsgehen und die kleine Überwindung dazu. Wir haben in Religion gelernt, dass die Menschen von Natur lieber abwärts gehen, dass es aber zur Entwicklung notwendig ist, den Weg aufwärts zu gehen...*

Der Gute, Heilige Geist, der unentwegt drängt zum Aufwärtsweg...
Er wandelt den Menschen vom Ich-Menschen zum Du-Menschen.
Er wandelt die Habsucht im Menschen zum Geben, zum Teilen, zum Schenken... Aus dem Herrschsüchtigen macht er, wenn der ihn machen lässt, einen Menschen, der gerne dient. Aus dem Ehrsüchtigen einen Menschen, der die Andern ehrt und hoch schätzt...und sich bewusst ist, dass jeder Andere zur Heiligkeit geschaffen ist...
*Morgenstunde...*Minuten der Spiritualität.
Für eine kurze Zeiten keine *weltlichen* Gedanken und Worte...
Keine Nachrichten. Keine Zeitung.
Alles übersteigen...
Alles Werktägliche, alles äußerlich Notwendige ..
alles Strittige....alles Stressige...alles Ärgerliche..
alles Anziehende...alle Abstoßende...
ja, die Welt hinter sich zu lassen. Geistiger Weltuntergang.
Macht euch frei von allem, was das Leben des Geistes hindert...
frei von Angst und frei von Egoismus..

Über T. sagt Dr. H:
Jeder Mensch ist einmal oder öfter *krank, manchmal schwer.*
Und es gibt den Hang im Menschen, sich nicht helfen zu lassen…
sich lange nicht helfen zu lassen… bis an die Grenze...
wo es fast oder wirklich zu spät ist.
Auch in der Erkrankung bleibt es dem Menschen nicht erspart,
sich selbst für oder gegen Hilfe zu entscheiden..
Manche Dinge brauchen einfach Zeit
und sogar die Situation der Ausweglosigkeit!
Diese Weisheit eines Arztes zeugt vom der Weisheit Gottes…
von der Weisheit des Glaubens.

Gott lässt uns Menschen in die Sackgasse gehen, bis wir nicht mehr anders können als um Hilfe zu rufen und sie anzunehmen… und so umzukehren.
Vgl. Der Verlorene Sohn.
Jetzt kann der Geist wirken…jetzt wird er zugelassen, der Geist der Hilfe… der Geist der Armut...der Demut...

Printed by Books on Demand GmbH, Norderstedt / Germany